➤ 中国农业科学院科技创新工程（项目编号：CAAS-CSAERD-202403、10-IAED-06-2024、10-IAED-SYJ-013-2024）

➤ 国家重点研发计划政府间国际科技创新合作/港澳台科技创新合期项目适应气候变化的社区水资源管理"（项目编号：2017YI

经济管理学术文库·经济类

绿色低碳节水农业效率研究

The Efficiency of Green, Low Carbon, and Water Saving Agriculture

刘　静　等／编著

经济管理出版社

ECONOMY & MANAGEMENT PUBLISHING HOUSE

图书在版编目（CIP）数据

绿色低碳节水农业效率研究 ／ 刘静等编著. -- 北京 ：
经济管理出版社，2024. -- ISBN 978-7-5096-9954-6

Ⅰ．F323

中国国家版本馆 CIP 数据核字第 20249XG539 号

组稿编辑：曹　靖
责任编辑：郭　飞
责任印制：许　艳
责任校对：陈　颖

出版发行：经济管理出版社
　　　　　（北京市海淀区北蜂窝 8 号中雅大厦 A 座 11 层　100038）
网　　　址：www. E-mp. com. cn
电　　　话：(010) 51915602
印　　　刷：北京晨旭印刷厂
经　　　销：新华书店
开　　　本：720mm×1000mm/16
印　　　张：22. 25
字　　　数：342 千字
版　　　次：2024 年 10 月第 1 版　　2024 年 10 月第 1 次印刷
书　　　号：ISBN 978-7-5096-9954-6
定　　　价：88. 00 元

目　录

第1章　绪论……………………………………………………… 1

　1.1　研究背景 ……………………………………………… 1

　1.2　研究意义 ……………………………………………… 11

　1.3　文献综述 ……………………………………………… 14

第2章　气候变化对我国粮食生产的影响 ………………… 69

　2.1　中国气候及自然灾害的历史变化趋势………………… 69

　2.2　气候变化对我国粮食生产的影响 ……………………… 83

第3章　农田水利对农业绿色低碳生产的影响 …………… 105

　3.1　农田水利改革对农业碳足迹的影响 ………………… 105

　3.2　灌溉改革对水资源和能源利用效率的影响 ………… 135

第4章　水资源管理对农业节水效率的影响……………… 167

　4.1　"一提一补"水价改革节水效率及农业生产影响 ……… 167

　4.2　水资源管理改革对农户生计的影响分析 …………… 198

第5章 农业生产管理对农业绿色生产的影响·················· 220

  5.1 水资源管理改革对水污染治理影响 ·············· 220

  5.2 新型肥料生产、销售和使用环节制约因素 ·········· 239

第6章 主要结论及对策建议······························ 274

  6.1 主要结论 ······································ 274

  6.2 对策建议 ······································ 281

参考文献·· 289

第1章 绪论

1.1 研究背景

1.1.1 气候变化影响广泛

以全球变暖为最主要特征的气候变化问题引起了国际社会的广泛关注，国际组织、各国政府、研究机构以及众多的研究者们都对气候变化问题进行了大量的研究与探讨，取得了丰硕的成果，让我们对气候变化有了更科学的认识。联合国于 1992 年通过的"气候变化框架公约"，旨在全面控制温室气体，应对气候变化对人类造成的不利影响，期间的《京都议定书》与《哥本哈根协议》都体现了各国对气候变化问题的重视。中国国家发展改革委于 2008 年成立"应对气候变化司"，旨在提高中国应对气候变化的能力，可见，对气候变化的影响进行科学的认识并积极地应对已经迫在眉睫。

IPCC①第六次评估报告综合报告指出，与 1850~1900 年相比，2011~2020 年全球地表平均气温上升 1.1℃。随着全球温室气体排放持续增加，不可持续的能源消费、土地利用和土地利用变化、生活方式、消费模式与生产方式等因素在区域间、国家间和国家内部以及个人之间造成历史和未来贡献的不平等。人为活动导致的全球气候变化已经影响到各地诸多极端天气和气候事件。这导致了对自然和人类广泛而不利的影响，同时造成相关损失和损害。按照 2021 年公布的国家自主贡献（NDCs）数据推算，预计 2030 年全球温室气体排放量可能会导致 21 世纪全球温升超过 1.5℃，且很难将温升控制在 2℃以内。一系列事实证明，气候系统近百年变暖的趋势已是毋庸置疑。

在全球变暖的背景下，气温、降水等气候要素发生改变，气候变率增加使水文循环加速，进而导致极端天气、旱涝等气象灾害的频发，不仅影响社会经济的可持续发展，而且会威胁到人类的生存与发展（王颖，2017）。近年来，中国接连发生的一系列气候灾害事件，如 2010 年西南五省的持续干旱，甘肃舟曲因突降强降水引发的特大山洪泥石流，以及 2012 年北京"7·21"特大暴雨等，造成了严重的社会经济损失。面对气候变化外衣下隐藏的突发性灾害事件频发的事实，亟待对气候变化影响进行评估分析，提出科学合理的应对措施，以最大限度地降低气候变化带来的社会经济损失。

农业是自然、经济再生产相交织的产业，这种本质特性决定了农业生产必然受到自然条件的限制和影响（吴敌和明洋，2004；曾庆芬，2007），尤其是在气候变化背景下，农业生产所依赖的气温、降水等气候因素发生改变，极端天气、气候事件发生频率和强度呈增加趋势，特别是近年来各种区域性的干旱、强降水等极端天气极可能给农业生产带来较严重负面影响。许多研究表明，气候变化已经对中国的农业生产造成了重要的影响，

---

① IPCC：Intergovernmental Panel on Climate Change，政府间气候变化专门委员会，是负责评估气候变化的主要国际机构，该机构迄今已经发布了六次正式报告（1990 年、1995 年、2001 年、2007 年、2013 年、2023 年）。

未来也不可避免地带来不同程度的影响（林而达等，2006；陶生才等，2011；周曙东等，2013）。

1.1.2　我国水资源供需矛盾依然突出

水是人类最重要的生产和生活资料。虽然在全球范围内，水资源是最普遍、储量最充裕的自然资源，但其中 97.5% 是海水，不适于被人类利用，全世界实际可利用淡水资源的最大数每年只有 9×10^5 亿立方米（Shiklomanov，2000）。随着经济社会的不断发展，世界人口的不断增加，有限的水资源已经无法满足世界各国对水的需求，预计到 2100 年，世界人口将超过 120 亿，水资源总需求量将超过 1.2×10^6 亿立方米（Saleth，2002）。为此，各国政府对水资源问题进行了广泛的关注，世界环境和发展委员会早在 1988 年就提出：水资源正在取代石油成为全世界关注的主要问题。

我国是水资源非常短缺的一个国家，虽然水资源总量达位居世界第六的 2.8 万亿立方米（中华人民共和国水利部，2013），但是人均水资源占有量只有 2000 立方米，仅为世界人均水平的 1/4，是全球人均水资源最为贫瘠的国家之一。而我国北方的缺水形势尤为严峻，北方地区拥有全国 45% 的人口和 64% 的耕地，但可用水资源仅为全国可用水资源的 19%，人均水资源拥有量仅占南方人均量的 1/3（王金霞等，2008），海河流域基本是有河皆干，黄河流域在 20 世纪末基本是年年断流的状态，直到 21 世纪初加强了全流域调度管理以后情况才有所好转（秦长海，2013）。

我国华北地区的人均水资源占有量仅 335 立方米，不足全国人均水平的 1/6。由于地表水的匮乏，从 20 世纪 70 年代开始，地下水灌溉已成为该地区农户最主要的灌溉方式。长期的地下水超采使得华北平原地下水水位迅速下降，其中黑龙港流域深层地下水的水头最大埋深已超过 110 米（张光辉等，2009），但地下水埋深仍以每年 2 米左右的速度下降。同时，该地区已形成世界上面积最大的深层地下水沉降漏斗，目前，河北省地下水超采面积突破 67000 平方千米，占平原区国土面积的 90% 以上，地下水降落漏斗面积仍在不断扩大。对地下水过度开采使得大量机井报废，农业生产成本增加，还引发了地面下沉、海水倒灌、水质变硬、生态破坏等一系列的严重后果，生态代价惨重。然而，即便如此严峻的形势，农户在灌溉过程中仍大量使用漫灌等高耗水的传统灌溉方式，显然人们尚未意识到地下水这一宝贵的自然资源如果被开采枯竭将导致的严重后果。

1.1.3　灾害频发对小型农田水利工程设施运营维护提出挑战

2020 年度的"国际减灾日"报告中指出，极端天气事件主导着 21 世纪的灾害格局（杨解君，2021）。受气候变化和人类活动的双重影响，全球淡水的可获得性在迅速下降，更热、更旱、更涝的未来已悄然而至（Raveesh 等，2021）。气候变化引发的气候突变、极端天气已是 21 世纪旱涝灾害发生的最主要的致灾因子（王克等，2021），比如我国长江上游地区干旱加重的趋势与当地气温上升有关（王雨茜等，2017）、渭河流域发生的 ENSO 事件与旱涝灾害存在着统计因果关系（黄喜峰等，2020）。

农业生产是依赖自然环境最大的生态环境之一，受到诸如积温、降水等因素的影响，这也意味着农业生产容易受到旱灾和洪涝灾害的冲击。我国是世界上受干旱灾害影响最严重的国家之一，2001~2016 年中国年均农业干旱受灾面积为 179910 平方千米，约占自然灾害总受灾面积的 50%（王莺等，2019）。农业干旱将严重威胁和损害不同区域尺度上的农业用水供给和农业生产，危及粮食安全（Schmidhuber 和 Tubiello，2007）。中国气象灾害受灾面积高达 40%，平均每年因干旱受灾面积在 2200 万平方千米以上，损失粮食约 120 亿千克（王春乙，2007），干旱灾害已是制约粮食产量的重要因素之一（丁文魁等，2022）。洪涝灾害极易侵害普遍位于山前冲洪积扇平原区的农业用地（Forster 等，2008），降水过多会导致土壤水分过剩，严重影响农业生产能力。2021 年我国的强降雨导致河南北部和中东部农田遭受暴雨洪涝灾害，农作物受灾严重，局地秋作物减产或绝收；此外，同年 7 月台风引发了中东部沿海地区出现大风和强降水天气，部分农田遭受洪涝灾害，农作物倒伏并影响了后期产量形成。高温高湿的田间环境，导致病虫害滋生蔓延，水稻、玉米等病虫害偏重发生（何亮等，2021）。

小型农田水利工程设施是农业生产用水的末端设施，对抵御旱涝灾害具有重要意义。对于干旱灾害，打井修渠、铺设暗管等水利设施建设可以增加抗旱水源，在降水不足时及时对农田进行灌溉，实现了遇旱则灌；对于洪涝灾害，小型水库和塘坝等蓄水防洪工程、排涝工程或安装排涝机械等水利设施可以规范洪水走向，减少泥沙淤积，使易涝耕地免除淹涝，实现了遇涝则排。中国自 2011 年以来农田水利工程建设对干旱、半干旱和半湿润地区如河北、内蒙古、辽宁、吉林、黑龙江、西藏、甘肃、青海和新疆的抗旱效果较明显；对湿润地区如福建、江西、湖北和湖南抗涝效果较明显；在某些半湿润地区如山东、河南和某些湿润地区如江苏、广东、重庆兼具抗旱和抗涝效果（王柳等，2021）。

加强社区水资源管理提高农田水利设施管护水平已受到各级政府的重视，《国务院办公厅关于切实加强高标准农田建设提升国家粮食安全保障能力的意见》中明确提出结合农村集体产权制度和农业水价综合改革，健全工程管护机制，部分地方政府也发布加强农田水利设施管护工作的相关政策。但是，我国小型农田水利设施管护主体仍具有责任不明确的问题，严重阻碍了小型农田水利设施的高效与可持续利用，影响了我国农业发展（王芳等，2021）。而小型农田水利设施的产权改革，可以清楚划分管护权责，增强农户参与管护的意愿，降低管护过程中内生性交易费用，最终提升小型农田水利设施的管护效果越好（龙子泉等，2018）；农业水价改革有助于节水农业发展（姜文来和雷波，2010；山仑等，2011），促进农户节水行为（周玉玺等，2014；薛彩霞等，2018），提高农田小型水利设施的使用效率。所以，根据我国国情建立高效的社区水资源管理机制，对于高效利用小型农田水利设施、促进我国农业生产具有重要意义。

1.1.4 小型农田水利管理体制机制有待完善

中国大部分农户的农田地块较小且分散，没有形成规模化生产，因此灌溉范围和投资额度较小的小型农田水利对中国农业生产起着基础性的作用，是解决低质量农业生产的关键性设施（Liu 和 Li，2017）。据不完全统计，自新中国成立以来，我国已陆续建设了两千万处小型农田水利，但损坏程度却已达一半以上（王博，2020）。这是由于大中型水利设施的管护工作一般通过县级以上行政部门或专业管理机构进行，而小型农田水利设施往往只有"民办公助"的建设补助资金，在国家取消农业税及"两工"制度后，小型农田水利设施的管理和维护走向市场化方向，其维护问题需要使用农户自行解决，国家不再作为小型农田水利设施的治理主体，从而出现了产权模糊、管护主体缺位、治理机制不健全等问题，以及农户"只想用、不想管"和"重建设、轻管护"等现象（郭珍，2015）。

20世纪90年代中期，在国际排灌组织和世界银行的支持下，中国以节约农业水资源利用为目标，开展了用水户作为社区水资源管理主体的试点，即在村庄成立用水户协会，然而照搬国外经验的用水户协会在中国发生了"水土不服"，较多用水户协会的建立仅是迫于国家的政策推动，导致用水户协会仅有一具"空壳"却没有发挥真正的作用，自上而下的管理模式导致农民用水户的发言和决策权缺失，并存在农民参与度不强、缺乏经费、没有激励制度等问题，最终造成小型农田水利的治理效果较差并缺乏运行效率（王金霞等，2004；刘铁军，2007；刘敏，2015；杜威漩，2015；安永军，2020）。除了对用水户协会进行探索以外，水权交易也开始了试点推行，作为一种水资源需求管理方法，水权交易通过确立水资源的使用权，并制定转让和交易制度，试图达到节水目标；但是，由于水资源初始产权难以确定、规则制定难度大和实施困难等原因，使水权交易在实际中也难以有效运行（张戈跃，2015），许多地区政府给农户颁发了水权证，但农户却仍然不知道何为水权，交易更无法实现。社区水资源管理机制的缺失，使小型农田水利设施无法得到良好的治理，最终会导致灌溉水资源渗漏浪费，加重水资源短缺和利用效率低下的问题（徐成波等，2011；吴雪明等，2012）。

1.1.5　我国小型农田水利管理改革持续推进

农田水利改革是改善农田水利设施及其治理机制，提高农业生产效率的重要政策。2011 年中央一号文件重点强调水利建设，此后我国加大农田水利投资，农田水利基础设施的供给水平得到了有效提升。然而政府长期大包大揽导致社会资本和农民难以有效参与农田水利基础设施建设和管护，建后管护环节的缺失使得很多农田水利基础设施得不到及时修缮（王欣，2018），农田水利设施的使用存在"公地悲剧"。2016 年国务院通过的《农田水利条例》指出："政府投资建设或者财政补助建设的小型农田水利工程，按照规定交由受益农村集体经济组织、农民用水合作组织、农民等使用和管理的，由受益者或者其委托的单位、个人负责运行维护。"同年，还印发了《水利改革发展"十三五"规划》，提出了"十三五"水利改革发展的总体思路、发展目标、主要任务、总体布局和政策措施。2017 年 4 月，国家发展改革委、水利部印发了《全国大中型灌区续建配套节水改造实施方案（2016—2020 年）》，对"十三五"期间大中型灌区骨干工程设施配套改造、量测水设施建设、灌区管理体制和水权水价改革等作出了全面安排；其后又下发了《关于开展大中型灌区农业节水综合示范工作的指导意见》，为总结有效做法、提炼推广模式、树立节水标杆提出具体意见。2018 年，中共中央和国务院印发的《乡村振兴战略规划（2018—2022 年）》中指出，加强农田水利基础设施建设，鼓励农民参与其中，以获得更多的直接收益。这样，农民才能更好地参与到乡村基础设施的建设和管护中。为破解农田水利"组织难、投入难、管理难"的难题，国家不断采取改革试点工作探索良好的农田水利运行机制。在此期间，我国农田水利发展建设取得了瞩目成绩：推广生产效率高、自动化程度高的节水灌溉技术；探索水权、水价、基层用水组织等用水制度和设施长效维护机制。

1.1.6 我国农业水价综合改革不断深化

我国从 2008 年开始实行农业水价综合改革。2008 年，水利部部长陈雷在农业水价综合改革暨末级渠系节水改造方案编制工作会议上的讲话中强调了农业水价综合改革的重要性和紧迫性："积极开展农业水价综合改革,是保障国家粮食安全的迫切需要,是解决民生水利问题的迫切需要,是建设节水型社会的迫切需要,是加强农村水利工程建设和管理的迫切需要,是加快水管体制改革的迫切需要。"姜文来(2016)首次给出了农业水价综合改革的明确定义:所谓的农业水价综合改革就是采取工程、管理、财政、技术、结构调整等系列综合措施改革农业水价,保证农田水利工程良性运行,提高农业用水效率的行为。2011 年,中央一号文件《中共中央国务院关于加快水利改革发展的决定》中明确指出:"积极推进水价改革。充分发挥水价的调节作用,兼顾效率和公平,大力促进节约用水和产业结构调整。……按照促进节约用水、降低农民水费支出、保障灌排工程良性运行的原则,推进农业水价综合改革,农业灌排工程运行管理费用由财政适当补助,探索实行农民定额内用水享受优惠水价、超定额用水累进加价的办法。"2015 年国务院颁布了《中共中央国务院关于推进价格机制改革的若干意见》,其中提到:"推进水资源费改革,研究征收水资源税,推动在地下水超采地区先行先试。采取综合措施逐步理顺水资源价格,深入推进农业水价综合改革,促进水资源保护和节约使用。"在全球水资源短缺现象日益严重、农业水资源利用效率亟待提高的现实背景下,根据习近平总书记提出的"节水优先、空间均衡、系统治理、两手发力"的新时期水利工作思路[1],国务院办公厅于 2016 年印发《关于推进农业水价综合改革的意见》,确定了农业水价改革的总体要求,提出要夯实农业水价改革基础,并提出一系列保障措施,建立健全农业水价形成机制,辅以精准补贴和节水奖励机制。2021 年 7 月,发展改革委、财政部、水利部与农业农村部四部门联合发布《关于深入推进农业水价综合改革的通知》,对"十四五"时期推进农业水价综合改革作出指导。

1.1.7 农业领域节能减碳势在必行

在碳排放方面,随着我国经济水平提升,国际社会对我国施加的减排

---

[1] 习近平总书记在中央财经领导小组第五次会议上的讲话。全国节约用水办公室, http://qgjsb. mwr. gov. cn/zwxw/dfdt/201811/t20181129_ 1056291. html。

压力较重。我国需要转变发展模式，走低碳经济道路。国家主席习近平在第七十五届联合国大会承诺我国"力争 2030 年前二氧化碳排放达到峰值，努力争取 2060 年前实现碳中和"，在气候雄心峰会上承诺"到 2030 年，单位国内生产总值二氧化碳排放将比 2005 年下降 65%"。碳达峰、碳中和问题逐渐引起业界和学界的重视。联合国政府间气候变化专门委员会（IPCC）第 6 次评估报告进一步明确了人类活动产生的温室气体排放是导致全球变暖的原因，《2022 年全球食物政策报告：气候变化与食物系统》称"食物系统排放的温室气体占全球温室气体总量的三分之一以上"。所以农业是开展"双碳行动"的重点领域。但是我国追求碳减排不能以阻碍农业的发展为代价。农业政策应当追求在保障粮食产量的前提下，尽可能降低碳排放。

在能源利用方面，随着以能源集约型为代表的"石油农业"的发展，石油、化肥、农药、电力等能源的投入量不断攀升。据统计，2019 年中国农业领域能源消费量达到了惊人的 9018 万吨标准煤。其中，煤炭的消耗量为 2202 万吨，汽油和柴油的消耗量分别为 253 万吨和 1475 万吨。这些数字充分说明了能源在粮食生产中的重要地位。2011~2021 年，云南的农业生产投入越来越多的能源，能源消费总量呈稳定上升的趋势，由 2011 年的 194.55 万吨标准煤上升到 2021 年的 262.51 万吨标准煤，粮食生产正逐渐显现出以农业生产机电、运输设备耗能以及化肥施用耗能为主导的趋势（见图 1-1）。随着农业能源消耗数量的不断攀升，以及利用效率低下的问题越发凸显，能源消耗中的浪费现象也越发严重，且化肥、农药等能源投入对粮食生产的边际作用逐渐呈递减趋势，对粮食增产作用正在减弱，粮食生产发展与能源短缺约束之间的矛盾日益凸显。同时，随着灌溉农业的发展，灌溉农户的单产提高不仅伴随着灌溉能源投入的增加，其化肥投入、机械投入及资本投入均高于非灌溉农户，农田灌溉、化肥、农药等能源投入对粮食产出影响较大，但效率偏低。因此，提高粮食生产中水资源和能源利用效率及优化其资源投入是保障我国能源与粮食安全的重要手段。

（万吨标准煤）

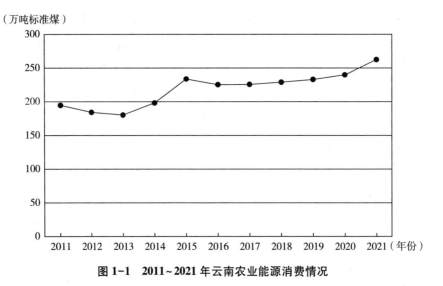

图 1-1　2011~2021 年云南农业能源消费情况

1.1.8　我国农业化肥施用问题突出

自 20 世纪 80 年代以来，化肥施用对我国粮食安全起到举足轻重的作用，化肥投入与粮食产量呈现显著的正相关性（张利庠等，2008；崔学军和陈宏坤，2018）。统计表明，中国用世界 9% 的耕地、6% 的水资源，生产出世界 26% 的农产品，供养了世界 20% 的人口。联合国粮农组织的资料显示，化肥对我国粮食生产能力的贡献率高达 45%~50%（崔学军和陈宏坤，2018）。

然而，当前化肥不合理施用造成负外部性问题突出。化肥施用总量大、强度高，肥料利用效率低、浪费严重，一方面，增加农户生产成本，造成农民经济效益损失；另一方面，引发土壤污染、水污染、大气污染、农产品质量下降等诸多问题（Zhang 等，1996；茹敬贤，2008；Ju 等，2009；Sun 等，2012；Zhang 等，2013），加剧农业面源污染，影响农产品国际竞争力，威胁农业的可持续发展。

在乡村振兴战略背景下，农业供给侧结构性改革不断推进，农业发展方式亟须由过度依赖资源消耗向追求绿色生态可持续转变，化肥面源污染问题亟待治理。2016 年中央一号文件指出，"加大农业面源污染防治力度，实施化肥农药零增长行动"；2017 年再次强调，"深入推进化肥农药零增长行动"；2018 年提出实施乡村振兴战略，生态宜居是关键，要"加强农业面源污染防治，开展农业绿色发展行动，实现投入品减量化、生产清洁化、废弃物资源化、产业模式生态化"；2019 年再次提出"加大农业面源污染治理力度，开展农业节肥节药行动，实现化肥农药使用量负增长"。2015 年原农业部相继出台了《到 2020 年化肥施用量零增长行动方案》和《关于打好农业面源污染防治攻坚战的实施意见》，文件指出力争到 2020 年，主要农作物化肥施用量实现零增长，肥料利用率达到 40% 以上。2015 年 7 月，国家工信部印发了《关于推进化肥行业转型发展的指导意见》，指出我国化肥行业在快速发展的同时也存在许多问题，化肥行业已经到了转型发展的关键时期。2017 年 2 月，原农业部制定了《开展果菜茶有机肥替代化肥行动方案》，针对苹果、柑橘、设施蔬菜（设施番茄、设施黄瓜）、茶园等施肥量较大的经济作物制定了相应的有机肥替代化肥行动方案。随后，原农业部将果菜茶有机肥替代化肥行动作为农业绿色发展五大行动之一。

1.2　研究意义

1.2.1　为制定适应气候变化的农业生产措施提供参考

我国是农业大国，虽然随着城镇化水平的加快，农村人口不断地减少，但目前农村人口依然占总人口的绝大比例，2011 年，我国有 6.5 亿农村人口，占总人口的 49%，农村人口的绝大多数以农业为最基本的生计策略，农业生产为农户提供了最基本的生活保障；我国也是农业弱国，农业生产的技术含量不高，基础设施不配套，天生弱质性的农业具有很高的自然风险，大量研究事实表明，农业（尤其是大田作物）是对气候变化最敏感的产业（林而达等，2006；陶生才等，2011）。随着社会的进步、经济的发展，农户的生计方式也越来越多样化，非农收入在农户收入中所占比重逐渐增加，但农业依然是绝大多数农民最主要、最基本的保障（杨春玲和周肖肖，2010），农业生计依然是绝大多数农户赖以生存的基本生计策略。因而农业的脆弱性也将导致农户成为对气候变化最脆弱的人群，气候变化对农业生产的影响也可能会给农村人口的生计带来不利影响。气候变化问题关系到农业生产、农民生活、农村发展，进行相关方面的研究具有重要的现实意义。粮食生产是农业生产的重中之重，对气候变化给粮食生产带来的影响作出定量的明确回答，既是保障我国粮食安全的需要，也是制定因地制宜的气候变化适应政策的主要依据（姚凤梅，2005）。

农业是自然、经济再生产相交织的产业，已有的相关研究多为定性的描述和从自然科学角度进行的定量分析，没有考虑农户行为以及其他的社会经济条件，有部分研究者对此进行了突破（Liu 等，2001，2004；Wang 等，2009；朱红根，2010；刘杰等，2010），但已有研究所用数据比较陈旧，缺少宏观的把握，且研究结论不一致。那么，面对近年来极端天气事件的频发，气候变化对粮食生产的整体影响程度是怎样的？气候变化对不同区域粮食生产的影响有何差异性？本研究试图对上述问题进行回答，分析气温和降水对不同区域粮食生产的影响程度，以期能够为制定因地制宜的农业生产适应措施提供参考依据。

1.2.2　完善水资源管理机制有利于提高我国农业应对气候变化能力

中国同时作为人口大国和农业大国，农业种植对于水资源和水利基础设施的依赖程度比其他任何产业都要高（卜刚，2021），庞大的粮食生产需求与贫瘠的资源禀赋状况，决定了确保国家粮食安全和提升农业生产能力均需要大量且能稳定运行的农田水利基础设施。在党和国家对灌溉事务的高度重视下，中国不仅持续增加了对农业水利基础设施的投入与建设，国家对水资源管理机制的研究也一直在探索中前进。在用水户协会和水权交易的经验基础上，国家提出农业水价综合改革，希望依托水利设施建设完善农业水价的形成机制。2018 年国家发展改革委等四部门联合颁布了《关于加大力度推进农业水价综合改革工作的通知》，明确指出推进农业水价综合改革，要以农田灌排设施工程管护机制为重要依托，因地制宜选择不同的管护模式，建立健全农田灌排设施管护机制。2021 年，中央一号文件再次提出了完善农村水价水费形成机制和工程长效运营机制。近年来，一系列政策文件均指出了提高水资源管理水平的紧迫性，在目前水资源管理机制不健全和运行模式不适应的困境下，鼓励地方创新水资源管理机制，将灌溉用水效率低下的农田水利设施转变成拥有先进理念和高效管理机制的现代化农田水利设施。由此可见，建立高效的社区水资源管理模式，已经成为治理农业水资源短缺和提升灌溉用水效率的政策要求。

1.2.3 农田水利与灌溉管理改革为农业减排提供新思路

农田水利与灌溉管理改革是改善农业灌溉设施和管理制度的一项举措，以提升农田用水供给的稳定性，进而保障作物产量，有助于构建粮食安全格局。但农田水利与灌溉管理改革对于农业碳足迹的作用并不明晰。通过分析国内外研究的现状，发现学者对于农业碳足迹的研究已经比较丰富，但基于农田水利与灌溉管理改革对农业碳足迹影响的研究较为欠缺。在我国保障粮食安全和"双碳"目标的任务背景下，这一选题的必要性不言而喻。在国际社会对我国施加的减排压力的背景下，农业是开展"双碳行动"不容忽视的领域。农田水利与灌溉管理改革是提升农业综合生产力，保障粮食安全的有效政策。因此，明晰农田水利与灌溉管理改革对农业碳足迹的影响，论证农田水利与灌溉管理改革在减排层面的积极作用，能够为持续推行、完善农田水利与灌溉管理改革提供理论支撑。

1.2.4 加强农田水利管理是提升农业面源污染治理的有效措施

长期以来，中国农业生产对灌溉的依赖性较强（蔡威熙，2021），农业用水量占全社会用水总量的 60% 以上，其中灌溉用水占农业用水的 90% 以上（徐涛，2018；董小菁等，2020）。农业用水方式粗放，水资源利用效率较低，根据《2020 年中国水资源公报》，全国农田灌溉水有效利用系数仅为 0.565。农业是用水大户，水资源管理改革是事关农业、农村发展和农民利益的重大改革事项，是保证农田水利工程长效运行、促进农业节水和农业生产方式转变、保障国家粮食安全的重要支撑[①]，同时也是深化农田水利改革的关键和要害所在[②]。进行水资源管理改革的主要目的是完善农田水利工程设施，促进农业用水方式由粗放型向集约型转变。随着社会经济发展水平的提高，人们对生态环境问题愈加重视，而作为国内外环境污染治理的难点领域，农业面源污染的治理逐渐成为社会关注的焦点。农业面源污染问题涉及整个农业生产和农村千家万户，具有广泛性、分散性和隐蔽性，治理难度较大（张宝文，2001）。2021 年 3 月，生态环境部和农业农村部联合印发了《农业面源污染治理与监督指导实施方案（试行）》，提出面源污染要精细监管，尊重农民群众意愿，实施"一区一策"，因地制宜采取治理措施。

1.3 文献综述

本节分别就气候变化及其对农业生产的影响、水资源管理模式及相关改革、农业碳足迹以及水资源和能源利用效率、水资源价格及其对农户生计的影响和农业面源污染以及化肥利用效率等领域的相关研究进行综述。

1.3.1 气候变化及其对农业生产的影响

1.3.1.1 气候变化研究进展

全球气候变化是一个复杂的过程，是多种因素共同作用的结果（拓

---

① 南京市江宁区人民政府。关于印发《南京市江宁区 2018 年度农业水价综合改革实施计划》的通知，http://www.jiangning.gov.cn/jnqrmzf/201810/t20181022_587845.html。
② 资料来源：汪洋副总理在全国农田水利改革现场会上的讲话。

守廷和刘志飞，2003），由于研究方法不一，目前在气候变化问题上（尤其是气温的变化方向上）还莫衷一是（王绍武等，2011）。气候反映的是某一地区冷暖干湿等基本特征，气温和降水是两种最重要的气候要素，同时，近年来极端气候事件的发生频率和强度也增加，给人类生活生产带来巨大影响，本节主要从气温、降水和极端气候事件三个方面阐述气候变化的研究进展。

（1）气温。

IPCC 第四次评估报告通过一系列的观测事实表明，1906~2005 年，全球平均气温的线性趋势为 0.74℃（0.56℃~0.92℃），预估未来 20 年还将以约 0.2℃/10a 的速率变暖，而且还会诱发全球气候系统中的许多变化，如干旱、强降水、热浪等极端天气事件的发生频率和强度有加大的风险，1976 年以后变暖最为明显，20 世纪 90 年代是最暖的 10 年，1998 年是最暖的年份。最新发布的第五次评估报告进一步证实了第四次的结论，指出在过去的 100 多年里（1880~2012 年），全球地表平均温度的线性趋势为 0.85℃（0.65℃~1.06℃），对于北半球来说，在过去的 1400 年里，1983~2012 年很可能是最温暖的 30 年（中度可信）。中国应对气候变化国家方案也指出，近百年来，中国年平均气温升高了 0.5℃~0.8℃，而近 50 年变暖更加明显，华北、东北以及西北地区气候变暖最为明显，长江以南地区则不显著（丁一汇等，2006）。

王绍武等（2001）通过对气候变化争议性问题进行全面分析，认为观测资料可以有力地证明 20 世纪气候变暖是无可争辩的事实，而且变暖在 20 世纪末的 20 多年时间里加速了。

Singer（1999）认为 20 世纪气候是否变暖尚有争议，他认为 1880~1940 年全球气温上升可能是自然变化（小冰期长期持续寒冷之后的回暖），而并非是人类活动的影响。靳建辉等（2012）对近年来全球气候变化的相关研究成果进行了梳理，认为对 IPCC 观察到的过去百年升温 0.74℃现象的合理推论应该是：全球变冷大趋势下的"次级"波动，而并非变暖的趋势定论。

虽然关于气候变冷还是变暖没有定论，作为主流观点的气候变暖（林之光，2010）受到了不少的争议（王绍武和龚道溢，2001），但是地面实测温度的升高、大面积的积雪和冰融化、海平面的持续上升等一系列的事实证明，至少目前全球气候系统变暖是毋庸置疑的，同时还引发全球范围内各种极端天气、气候事件的频发。面对气候变化，积极的适应和减缓措施是很有必要的。

（2）降水。

近百年来，全球平均降水量变化没有明显的趋势性，但具有明显的区域地带性。观测结果显示，高纬度地区大部分陆地区域降水每10年增加0.5%~1.0%；北纬10°~30°（中国绝大部分地区在此纬度范围）大部分陆地区域降水量每10年减少了0.3%；北纬10°到南纬10°热带大部分陆地区域降水量每10年增加0.2%~0.3%。

我国年降水量变化没有明显的趋势性，但降水在年际间、季节间的波动大，区域间差异大。彭世彰等（2009）的研究表明，近57年来我国的降水量略有增加，但增幅不大，其中西部地区增加了15%~50%，东部地区则频繁出现"北旱南涝"的现象。我国地域辽阔，在气候变化条件下，降水的变化由于明显的地域性而表现出比较复杂的特点。

农业是用水大户，以变暖为主要特征的气候变化将通过农业用水的变化影响作物的生长和产量。气温升高增加了农业生产灌溉用水量的需求，一方面气温升高，作物需要更多的生理水分维持生长；另一方面蒸发量大，可利用的土壤有效水分减少（王媛等，2004；彭世彰等，2009）。研究表明当气温升高1℃，农业灌溉用水将会增加6%~10%（郭明顺等，2008）。在气温升高趋势下，农作物的生态需水和灌溉用水都将增加，而降水的季节、年际分布不均以及流域径流量逐渐减少却不能够满足这一需求（居辉等，2007；彭世彰等，2009），往往不能适时补给作物的生长所需要的水分，因此，在灌溉设施不完善、不配套的情况下，灌溉跟不上，农业产量必然下降，特别是雨养农业区，将遭受更大的损失。

（3）极端气候事件。

极端气候事件是一种在特定地区和时间里发生的罕见事件，发生概率一般小于 5%或 10%，虽然发生概率小，但带来的社会影响是巨大的。近年来，国内外学者就气候变化引起的极端天气事件的发生特点进行了大量的研究。受观测资料限制，还无法确定 20 世纪极端气候值在全球尺度上的变化趋势，但可以确定其在区域尺度上的一些趋势性变化（殷永元和王桂新，2004）。自 20 世纪 60 年代以来，全球大部分陆地地区极端暖事件明显增加，而极端冷事件明显减少，大陆中高纬度大部分地区近 50 年暴雨的发生频率增加了 2%~4%，低纬度、中低纬度地区夏季的极端干旱事件增多（任国玉等，2010）。北半球中高纬度地区强降雨事件的出现频率可能增加了 2%~4%；一些大陆地区夏季将可能变得更干，遭受干旱灾害的可能也相应有所增加（殷永元和王桂新，2004）。

全球如此，中国也不例外。近年来，我国频发各种极端天气事件，给社会经济系统造成了巨大的影响。2008 年初南方多地遭遇冻雨天气，各种设施不堪"重负"导致瘫痪；2009 年秋季到 2010 年春季，由于持续高温少雨，导致西南五省遭受到了大范围的持续干旱天气，给当地的人民生活和农业生产带来了巨大的负面影响；2010 年 7 月北方北京等地遭受了持续十多天、超过历史极值的高温天气；2009 年 8 月甘肃舟曲由于极端暴雨天气导致特大泥石流灾害，上千人遇难；2012 年 7 月北京又遭遇了持续数天的强降水事件，造成了巨大的经济财产损失；2013 年 5 月中旬，南方遭到强降雨袭击，引发风雹、洪涝、山体滑坡等灾害。这些在气候变化背景下发生的突发性的极端天气事件给人民生活以及社会经济带来了巨大的损失，对农业更是致命性的打击。

国内学者针对我国的极端天气事件做了大量的研究（见表 1-1），一是通过对历史数据的统计分析，揭示出我国极端气候事件的特点（严中伟和杨赤，2000；任国玉等，2005；龚志强等，2009；杨萍，2009；周雅清和任国玉，2010；任国玉等，2010；闫俊和江俊杰，2012），我国极端天气事件变化趋势和全球类似，不同地域有不同的表现。冷事件减少，暖事件增加，暴雨和强降雨事件的发生频率以及强度都有所增加，遭受干旱的范围有明显的扩大趋势。二是利用气候模式对未来极端气候进行模拟分析，揭示出未来我国极端天气事件的发生特点（李明娟，2008；杨红龙，2010；高霁等，2012；张冬峰和石英，2012）。

表 1-1　极端气候事件模拟分析方法对比

笔者	气候模式	排放情景	区域	时间段	结论
李明娟	PRECIS	B2	陕西省	2071~2100 年	气温将升高，降水将增加但变幅较大，出现异常（偏多或偏少）年份的可能性增加，出现极端干旱气候事件的可能性仍然增大
杨红龙	PRECIS	A2	全国区域	2071~2100 年	总体上呈现暖湿化，温度呈现明显的升高趋势，降水则有更大的年际和季节性变化，然而不同地区的变化幅度不同，同时高温热浪指数都呈增加趋势
高霁等	PRECIS	A2	东北地区	2071~2100 年	极端高温事件增加，低温事件减少，最大连续霜冻日数以及冰冻日数都呈减少趋势
张冬峰和石英	RegCM3	A1B	华北地区	2010~2100 年	温度升高，降水增加，降水强度增加，21 世纪末期，极端天气事件更加明显

可以看出，不管是对历史数据的模拟还是对未来的预测，我国极端天气事件发生的特点是气温升高，降水总体上增加，但具有较明显的变化率和区域性，暴雨和强降水事件将增加。气候变化具有突发性，影响巨大的特点，尤其是可以对农业生产带来毁灭性的打击，因此，应该重视极端气候事件。

1.3.1.2　气候变化对农业生产活动的影响研究

气候变化背景下，农业生产所需要各种气候要素（如降水、气温、光照等）发生变化，同时各种极端天气、气候事件的发生强度和频率呈现加强的趋势，改变了农业生产环境，农业种植制度和种植结构也随之发生改变，加之病虫害发生面积、发生频率以及危害程度均呈增长趋势

（叶彩玲等，2005；刘彦随等，2010），将最终影响到粮食的产量和质量、农民的农业收入，进而威胁到我国的粮食安全。虽然科学技术在不断进步，但仍然不能使农业生产完全应对不可控的天气与气候条件，更无法抵御干旱、洪涝、冰雹、霜冻等具有毁灭性的自然灾害（林志玲，2009）。

鉴于气候变化影响的地域差异性，对气候变化的影响不能一概而论。多数学者认为气候变化的影响利弊皆有，夏军等（2008）认为气候变化将会使经济发展效率降低，投资风险增加，在某些情况下，也会产生有利的影响，为经济增长以及人类社会发展提供机遇。从目前来看，以不利影响为主（林而达等，2006；夏军等，2008；邸少华等，2011）。

由于气候变化的影响和响应具有地理分异性，在此仅概述国内相关研究结论。国内学者基于不同尺度（全国、区域、流域等），利用不同方法（历史数据分析、模拟预测等）进行了大量的研究。

（1）气候变化对种植制度的影响。

种植制度是一个地区在一定时期形成的一整套种植方式，包括种植结构、方式、配置以及熟制，是农业生产活动在较长时期里对自然条件适应的结果（周义等，2011）。在气候变化条件下，农业生产所必需的气温、降水、日照等因素的改变将影响农作物的种植制度、种植结构。一方面，温度升高，春季解冻提前，生长季节热量增加，复种指数提高；另一方面，温度升高，降水季节分不均，可能会使收获季节提前、种植时间延迟。同时由于气候变化的不确定性，种植制度的变化也具有不确定性（周义等，2011）。

气候变暖可以提高农业复种指数，增加作物种植面积（唐国平等，2000）。由于气温升高，近年来东北地区的主要作物种植面积发生了较大变化，玉米、水稻等喜温作物种植面积扩大，而春小麦种植面积减小，当然这跟社会经济和政策有关系，但最重要的原因是气候变暖，温度升高，为这些作物提供了种植的条件。

气候变化改变了区域原有的作物种植制度，打破了区域以前的种植格局。自 20 世纪 70 年代开始，我国冬小麦的种植面积逐渐北移，现已经扩展至北纬 39°的黄河灌区，预计到 2050 年，一熟制作物的种植面积将减少 23.1%，两熟制作物的种植面积可能会北移至目前一熟制地区的中部，三熟制作物的种植北界则将北移 500km，即从长江流域北移至黄河流域，面积将扩大 1.5 倍（林而达和杨修，2003；肖风劲等，2006）。

周力和周应恒（2011）基于 1985~2008 年的省际面板数据，分析了气候变化对粮食种植规模与单位面积产量的影响，研究结果表明，粮食产地已转移，形成"北粮南调"的格局，其中气候变化因素仅处于附属地位，主导因素是种植业和畜牧业、经济作物和粮食作物、农业和非农的成本收益比较，以及应对的政策和机会成本比较的结果。虽然该研究认为气候因素是产地转移的次要因素，但无论如何，气候要素为这种转移提供了条件，如果气候不适宜某种作物的种植，即使机会成本再小也不能改变该作物的种植需求。

（2）气候变化对粮食产量的影响。

气候变化对农业生产的影响最直接、最明显地反映在粮食产量上。有研究表明，温度每升高 1℃，水稻、小麦、玉米的生育期分别平均缩短 7~8 天、17 天、7 天，生育期的缩短将导致农作物产量平均下降 5%~10%（田涛和陈秀峰，2010）。全球主要产粮国由于连续遭受自然灾害导致粮食产量下降 2004~2006 年，受干旱等气象灾害影响，欧盟粮食产量下降 14%，美国粮食产量减少 3%，澳大利亚的小麦产量下降 52%，对各国的粮食库存带来影响，一些国家甚至由粮食出口国变为进口国。近年来，我国每年因自然灾害造成的粮食损失占粮食总产的 10%，其中灾害损失的 60%是旱灾带来的。预计到 2030 年，如果不采取任何措施，由于全球气候变暖可能会使我国种植业产量减少 5%~10%，三大主要作物（玉米、小麦和水稻）均以减产为主，这种冲击在 2050 年后会更大，但还不会对全球包括中国的粮食安全产生重大影响（林而达和杨修，2003；马世铭，2009）。

气候变化对农作物产量影响的研究方法可以分为局部均衡分析方法和一般均衡分析方法两大类。用局部均衡模型进行分析的前提假设是：各行业之间没有影响或者对经济体中其他行业没有影响（房茜等，2012），即假定气候变化仅对农业部门有影响，所以使用该方法的研究结果与实际情况会有一定偏差。一般均衡模型则是基于严格的经济理论，将经济系统看作一个相互依赖的整体，综合考虑经济系统中各个行业间的联系，对整个经济进行分析，抓住了农业与非农业部门之间的联系。其中局部均衡分析的主要方法有农作物模拟模型分析方法、农业生态地带模型分析方法、计量经济分析方法以及李嘉图模型分析方法。

1）局部均衡模型。

①农作物模拟模型。

农作物模拟模型是通过"控制实验"来测算气候条件和其他变量对某种农作物产量的影响大小，一般是在实验室或田里模拟各种气候情景（瞿凡等，2009）。目前，国内外广泛使用的作物模型主要有：PRECIS（Providing Regional Climate for Impacts Studies）模型，用于小麦，DSSAT（The Decision Support System for Agrotechnology Transfer）作物模型，用于水稻，CERES-Maize（Clouds and the Earth's Radiant Energy System）模型，用于玉米。我国学者大多采用CARES作物模型与气候模式进行耦合，结合不同的气候情景对未来气候变化的影响进行模拟（包刚等，2012）。

崔巧娟（2005）利用CARES-Maize模型，分别在不同气候排放情景下对未来玉米生长进行模拟，结果表明，如果只考虑气候变化的影响，玉米生育期呈现缩短趋势，大多数地区减产；若考虑二氧化碳的肥效作用，对进行充分灌溉的玉米产量都有促进作用，而对没有灌溉的雨养区的玉米产量有抑制作用。

熊伟等（2006）的研究着重考虑二氧化碳肥效作用的影响，将CARES模型与区域气候模式PRECIS相结合，基于不同的气候情景，模拟分析了三个年份（2020年、2050年、2080年）我国粮食供需情况。结果表明：若考虑二氧化碳的肥效，未来三种主要粮食作物（小麦、玉米和水稻）的单产水平都会增加，可基本保证未来的粮食安全；若不考虑二氧化碳的肥效作用，未来三种主要粮食作物单产将减少，采取灌溉的适应措施后，下降幅度会减少，但下降趋势不会改变。

刘颖杰（2008）利用 CARES-Maize 作物模型，基于 B2 和 PCR4.5 两种情景进行模拟，并分别考虑雨养和灌溉两种情景，对全国五个区域未来（2011~2100 年）的玉米产量进行模拟。研究结果表明，不同地区、在不同的排放情景下，有不同的影响结果。认为温度升高对西北大部分地区玉米的生长有负面影响，而对东北地区的影响是正面的。

可以看出目前的模拟研究，多是基于某种确定性的气候模式输出情景与作物模型的耦合，无法对气候的不确定性做出合理的描述，但这是在模拟技术不成熟时期的不得已的选择，具有由于成本低、变量易控制、效率高等优点，被广泛应用（秦鹏程等，2011）。

这种方法有一些不足之处，首先，由于人为的控制，不同的研究者由于研究目的和侧重点的不同，选取的控制变量均会有差异，因此，模拟存在不确定性；其次，模拟研究所设置的变量环境与实际情况有一定差距，所得结果也会存在偏差（房茜等，2012）；最后，用这些模型进行测算时，仅从某作物的生理角度出发，整个过程并没有考虑农民对气候条件变化采取的适应行为所带来的效应，因此研究结果可能会夸大气候变化对农业生产的影响程度（Mendelsohn 和 Dinar，1999）。

②计量经济模型。

农作物产出受气候因素和社会经济条件的共同影响，而作物模型没有考虑社会经济因素。因此，基于经济理论的计量经济模型分析可以跳出作物生长的圈子，从更宏观的角度来看待气候变化对农业的影响。

气候变化与人的生活息息相关，涉及自然环境、政治和社会经济问题，叶笃正首先看到这一问题的重要性，强调了进行气象学和经济学交叉研究的必要性和重要性（丑洁明等，2004）。丑洁明和叶笃正（2006）基于传统生产函数模型的不足之处，指出以往的粮食生产模型分析中，大多忽视了气候这一重要的投入要素，因此，他提出要构建气候—经济模型（C-D-C 模型），也就是在柯布—道格拉斯生产函数中引入气候投入因子来进行气候变化对农业影响的定量研究，笔者还通过历史数据进行模拟验证，C-D-C 模型优于 C-D 模型。

张俊香和延军平（2003）通过对陕西关中地区的时间序列数据进行相关统计分析，发现关中平原的气候呈现暖干化趋势，小麦产量增加幅度减慢，小麦产量对降水波动的影响比对气温模型的影响响应显著。降水的变化反映在小麦产量响应上常被放大。

朱红根（2010）运用 C-D-C 模型对气候变化给南方水稻产量带来的影响，结果表明：气候变化对南方水稻产量有显著的负面影响，且影响存在明显的区域差异性，平均温度升高 1℃，产量将减少 2.52% ~ 3.48%，预估未来各种气候变化情景都将使南方水稻产量减少。

刘杰等（2010）基于 1978~2006 年我国 31 个省份的农业经济数据以及 160 个气象站点的数据，构建 C-D-C 模型分析气候变化对我国农业经济产出的影响，研究结果证明引入气候因子提高了模型的整体拟合度，弹性分析单个气象因子的影响结果表明温度比降水对农业经济产出的影响更为显著，同时，全国各地区对降水和气温等气候因子的敏感程度不一；极差率分析气象条件的综合影响结果显示，在经济因子保持不变的情况下，重庆、海南、湖南、青海和甘肃对气候变化的敏感性较大，河南、宁夏、山东、贵州和四川的敏感性较小。

③李嘉图模型。

与关注气候变化对某一种作物产量影响的研究方法不同的是，李嘉图模型（Ricardian Model）是要找出气候变化是怎样对不同地区的土地租金或者土地价值产生影响（liu 等，2004）。李嘉图模型是由 Mendelsohn 等（1994）提出，使用横截面数据来分析气候变化对土地价值的影响（Mendelsohn 等，1994）。李嘉图模型最大的优点是考虑了农户的适应措施（Liu 等，2001），用农业土地的纯收入来进行气候变化影响分析可以纠正传统生产函数分析造成的结果偏差，与其形成方法互补，尽可能准确地估计气候变化对农业的影响大小与程度；可以用于不同尺度的研究（Mendelsohn 等，1994）。随后，许多学者开始利用该方法进行气候变化对农业影响的定量研究，但研究多集中于国外，国内的相关研究还很少。

Fleischer 等（2008）利用农户调查获取农户层面数据，采用李嘉图模型对以色列农民种植业年纯收入与气候变化之间的关系进行分析。由于以色列面积较小，区域间气候条件在一年中的变异不大，故本书采用"年平均气温"作为气候变量。研究结果表明，不考虑灌溉的情况下，气候变化的影响是正面的；考虑灌溉的情况下，分析结果显示，只有缓和的气候变化影响才是正面的，而长期的剧烈的变化是负面的。

Gbetibouo 等（2005）利用李嘉图模型来分析气候变化对南非农作物的影响。选取南非 300 个地区的 7 种农作物（玉米、小麦、高粱、甘蔗、花生、向日葵和大豆）进行综合分析，用夏季和冬季的降水、温度作为气候变量。结果表明，与降水相比，农作物产量对温度的变化比较敏感，温度上升对种植业纯收入有积极影响，然而降水的减少是负面的。研究强调了季节和地区差异在对应气候变化中的重要性，由于气候变化影响具有空间分布性，所以不同农业生态区的适应措施也不同。

Kabubo-Mariara 和 Karanja（2007）基于农户调查数据结合使用二手数据形成的横截面数据，用李嘉图模型进行了气候变化对肯尼亚农作物的经济影响研究分析，为了避免共线性，笔者选用夏季和冬季的温度，以及秋天和夏天的降水。结果表明，气候会影响农作物的生产力；气温和降水与单位面积纯收入之间是非线性关系；边际影响的结果表明全球变暖对农作物生产力有负面影响。笔者还对比了引入流量和水文变量、家庭特征变量（家庭规模，畜禽养殖，农场规模，工资率、户主的主要职业、家庭的平均教育年期，家庭规模等）之后的回归结果，比仅用气候变量的模型更加显著。其中，家禽养殖对种植业纯收入有负面影响，说明气候变化条件下，家禽养殖与种植业是竞争关系，而非互补关系。

Sanghi 和 Mendelsohn（2008）用面板数据分析巴西和印度农业对气候变化的敏感性，研究种植业纯收入以及土地价值如何随着气候的改变而变化。模型预测温度升高 3℃~5℃，降水减少 7%，会导致印度粮食减产 30%~40%，而实证分析结果表明，印度的种植业纯收入减少 7%~17%，而巴西是 10%~30%，两地区的差异主要在于适应能力。认为未来的研究应该通过农户调查，不仅进行微观层面的分析，还进行适应性影响因素的研究。

李嘉图方法为评估气候变化对农业生产的经济影响提供了有效方法，但他不是对其他方法的替代，而是进行反复检验的一个补充方法，由于各国自然地理、社会经济条件的差异，在具体的运用中，需要针对各国的实际情况进行修改（Liu 等，2001，2004；杜文献，2011）。在中国使用李嘉图模型时，面临着衡量投入价格的难题，如家庭劳动力或者役畜的边际贡献的价格对计算纯收入是很重要的，另外，仍有许多需要进一步研究的问题，如没有考虑劳动力，CO_2 的肥效作用，没有考虑农户的适应性等（Smit 和 Cai，1996）。

Liu 等（2001，2004）的研究基于中国 1275 个农业主产县 1985～1991 年的农业纯收入、气候以及其他经济和地理变量数据形成的县级截面数据，用李嘉图模型进行气候变化对中国种植业纯收入的影响分析，研究选取四个季节的降水和气温作为气候变量。结果表明，温度升高和降水增加都对中国的农业有积极的影响，与降水相比，气温的影响更大。然而，无论是气温还是降水，影响均具有明显的季节性和区域性。除了春季，其他季节温度升高都会增加农业纯收入，但是冬季降水增加是有利的，而夏季降水增加则是不利的。总体来看，气候变化对中国的农业生产有积极的影响，北方地区和温带地区很可能从气候变化中受益，而南方地区尤其是热带和亚热带地区很可能遭受损失。该研究的不足之处是由于中国没有农业劳动力雇佣市场，没有考虑劳动力成本，所以会高估农业的纯收入。

Wang 等（2009）基于中国 28 个省份的农户调查数据形成横截面数据，利用李嘉图模型来分析气温和降水对种植业纯收入的影响。结果表明，全球气候变暖对雨养农业有害，而对灌溉农业有利，气候变化的影响在最开始的时候影响很小，随着时间推移影响会越来越大。影响也具有区域性，东南地区的影响较小，而东北和西北地区可以承受较大的危害。该研究的优势在于引入了灌溉变量，突出了灌溉在气候变化影响中的重要作用，不足之处是研究没有涉及径流对农户带来的间接影响。

2）一般均衡模型。

由于社会经济系统是一个相互联系的整体，气候变化会直接或间接地影响经济系统中的各个部门，抛开其他部门来单独研究气候变化对农业的影响，虽然可以减小研究中的困难，但难免会带来一些偏差。一般均衡（CGE）模型源于瓦尔拉斯的一般均衡理论，将社会经济整体作为分析研究对象，因而可以用来进行气候变化对农业与非农业部门之间相互影响的综合研究（王灿，2003）。气候变化农业领域运用一般均衡模型进行分析的文献较少，主要是用来分析气候变化应对政策对社会经济系统的影响。

瞿凡等（2009）基于世界银行的 LINKAGE 模型并借鉴了一些多国应用的一般均衡模型，分析了气候变化背景下，中国的农业生产、贸易以及宏观经济受到的影响。预计结果表明，气候变化条件可能导致 2080 年 GDP 下降 1.3%，农业占 GDP 比重也将下降；受气候变化对农业生产力的影响，与种植业相比，中国的食品加工业将遭受更大的影响。

（3）气候变化对农业生产成本的影响。

生产成本是纯收入的重要影响因素，在产出不变的情况下，成本的增加必然使得纯收入下降，因此，农业生产成本直接关系到农业纯收入的水平。气候变化对农业生产成本的影响主要表现在以下几方面：

首先，气温升高使微生物分解土壤有机质的速度加快，因此，为了满足作物的生长需求，需要增加肥料的使用量，进而增加了投入成本（王淑香，2010）。

其次，气温升高，蒸发量增加，气候干燥，土壤有效水分缺失，同时降水季节性差异大，不能及时补给作物需要，因此，提高了灌溉的需求，对于灌溉农业地区加大了灌溉成本（鲜天真等，2011）。

最后，气候变暖，病虫害增多，增加了农药的需求量，加大了种植成本。气候变暖扰乱了生物种间的关系，极易暴发病虫害（Naidu 等，1998）。气温升高有利于物病虫害越冬、繁殖，为病虫害范围扩大提供了条件（张润杰和何新凤，1997；张厚瑄，2000）。

在气候变化条件下，作物品种的更换也会增加成本，高费用的新品种也是一笔支出。总之，气候变化会从方方面面增加从业的种植成本，但由于气候变化影响的区域差异、利弊皆有，单方面的成本增加不一定会带来整体上纯收入的减少。

1.3.1.3 农业领域应对气候变化能力研究

虽然气候变化的影响具有不确定性，但目前所见的事实表明，气候变化已经直接或间接地对我国社会经济带来了不同程度的影响，且具有明显的区域性，利弊皆有。我们不能谈气候而色变，而要制定合理的应对措施，适应和减缓并重，增强应对能力，趋利避害，有效降低不利影响造成的危害，充分利用有利影响带来的机遇（林而达等，2006）。

应对气候变化的两个途径是"减缓"和"适应"，但是长期以来，气候变化应对措施主要侧重于减缓，而对适应重视不够。20 世纪 90 年代初期，我国就开始注重气候变化的应对能力建设，设立专门机构，积极参与国际谈判、进行合作交流等，国家发展改革委于 2008 年设立了"应对气候变化司"，旨在从国家宏观战略层面致力于全方位地加强气候变化的应对的能力，但其工作重点倾向于清洁能源、低碳、国家谈判等减缓政策的制定与协调，对适应的关注力度较小（应对气候变化司）。气候变化对农业的影响研究意义深远，而应面对的是农业部门应对气候变化的紧要之举。气候变化适应性建立在影响结果的基础之上，受到社会经济水平、脆弱性水平以及农户的认知程度等的影响。相较影响研究，适应性研究起步晚，积累的文献较少。

孙芳（2008）利用 DSSAT 作物模型，以宁夏马铃薯种植为例，通过改变模型参数模拟了播期改变、栽培育种等适应技术措施的应对效果进行定量分析，研究结果表明，改种新品种、改变播期、调整种植结构等措施可以有效应对农业气候。袁静（2008）利用 CERES-Wheat 模型对小麦生长进行模拟，认为培育、引进新品种，调整播期等措施都能够有效提高小麦产量。这些基于作物模型的研究结果提出了具体适应行为的方向，具有重要的指导作用，但适应措施的实施是否能够落地则是未知的，因此，该方法但具有一定的局限性，应该用实证分析方法找出能够落地的一些措施。

周力和周曙东（2012）基于水稻主产省份1985~2008年的面板数据，运用计量经济学分析方法，对中国水稻主产区极端气象事件的灾后适应能力进行研究，发现有些地方并没有从种植业转向养殖业，反而是在政府的激励和扶持下逐渐恢复甚至不断扩张，现有的灾后适应能力多为微观层面的农户行为，因此亟待政府力量的强化。朱红根（2010）基于农户调查获得的微观数据对农户适应行为及影响因素进行实证分析，结果表明很多农户都感知到了气候的显著变化，而且超过半数的农户采取了适应性行为措施，个人特征（如户主年龄、文化程度、距市场距离、获取信息的意愿及气象信息服务条件等）是主要影响要素。农业经济学的方法基于历史数据，从社会因素、个体特征等方面对采取适应措施的影响因素进行分析，可以对引导农户实施适应措施进行指导。

曾文革等（2010）提出应该积极构建并完善我国农业领域应对气候变化的法律保障体系，从法律制度上强化气候变化的适应能力，主要包括在土地、水资源利用，林业保护、农业生态环境保护等方面进行立法。

农业既是碳汇又是碳源，目前我国的农业由于高度依赖于化肥、农药、机械等的大量投入，以及毁林开荒等不合理的土地利用方式导致农业呈现高碳排的态势，研究表明，农业对二氧化碳的贡献率是15%~25%，农业成为一个较大的碳源。齐振宏等（2011）认为可以通过转基因技术，减少农业生产过程中农药、化肥等的施用量，减少机械的使用频率，进而减少农业的碳排量。Mercer等（2012）也将"转基因适应策略"作为未来气候变化适应的主要方向和途径。翟治芬（2012）以玉米为例，综合运用多种研究方法，对不同地区所采取的节水技术进行适应性评价，指出了雨水集蓄、少耕免耕以及地膜覆盖三种节水技术适宜采用的地区。

吴普特和赵西宁（2010）的研究认为，政策机制、技术进步、生产投入等人为因素在农业用水和粮食生产中已逐渐占据主导地位，他们对农业节水、粮食增产的影响率分别为27%、40%，因此通过政策机制保障、技术创新和生产投入增加等措施可在一定程度上减缓气候变化给中国粮食生产带来的负面影响。

认知程度也被作为一个重要的影响因素。Grothmann 和 Patt（2005）构建了一个社会认知模型——个体自主适应气候变化模型（MPPACC），并通过案例进行验证研究认为，MPPACC 与适应行为可以很好地匹配，适应和适应能力研究中应该包含社会认知变量，如风险认知。侯麟科等（2010）也认为认知因素是适应行为的重要影响因素。

农业领域的适应主要包括两方面的内容，一是农户自发性的调整行为；二是政府基于科学合理的评估制定的政策、规划对农户的生产行为进行指导（吴丽丽和罗怀良，2010）。主要结论集中在：调整种植结构、改变种植制度、培育新品种、改善农业基础设施，发展节水灌溉、加强气象监测能力、风险转移制度建设等（林而达和杨修，2003；李希辰和鲁传一，2011）。

我国地域辽阔，区域差异大，各地区自然气候条件、经济水平和种植制度等情况各不相同，因此对气候变化的敏感程度也不同。国内外在农业对气候变化的适应性方面已经进行了大量的研究，但进展还非常有限，提出的对应策略尚不具有普适性，不能满足现实需求（谢立勇等，2009；吴丽丽和罗怀良，2010）。因此，基于我国的特点，适应研究不仅要从宏观战略层面进行把握与政策制定，更重要的是重视和加强区域层面以及具体领域的针对性研究，提出因地制宜的气候变化适应措施（林而达等，2006）。

1.3.1.4 文献评述

（1）主要结论。

气候系统变暖已是毋庸置疑，并且给社会经济系统带来了不同程度的影响。气候变化会通过气温、降水、光照等因子的变化使农业生态环境（气温、农业用水、病虫害、极端天气事件等）发生改变，进而威胁到农业生产（种植制度、粮食产量等）和农业收入。

气候变化对农业的影响具有区域差异性，不同地区在自然条件、社会经济水平、种植制度结构等方面存在较大的差异，因而对气候变化的敏感性不同，受到气候变化的影响大小也不同。在具体的影响方向上还没有一致的研究结论，多数研究认为，气候变化的影响整体上是负面的，但对不同区域来说，利弊皆有，然而在区域性的具体影响上还没有一致的研究结论。

应对气候变化的主要途径分别是适应和减缓。国家宏观战略层面上的应对策略和相关政策对农业领域关注度不高，而且主要侧重于减缓。同时由于存在区域差异性，相关研究还比较有限，没有普适性的对应措施，所以未来适应性研究还应该进一步在区域和具体领域上进行针对性的研究。

（2）研究方法。

气候变化农业领域研究方法可以分为两大类，一类是自然科学中基于气候排放情景，将作物模型与区域气候模式相结合进行模拟预测；另一类是社会科学中基于相关经济理论，结合相关数据，运用计量经济模型进行实证研究。

作物模拟模型由于参数设置的不同存在很大的人为因素与不确定性，而且依据排放情景对未来的模拟不一定就符合未来的发展趋势，再者，作物模型是在以作物生物机理为基础，不能反映社会经济状况以及农户的适应行为，在一定程度上会带来影响结果评估的偏差。

由于选取经济理论（生产函数理论、李嘉图理论、一般均衡理论等）、收集数据类型（宏观、微观；截面、时间序列和面板）、研究侧重点（粮食产量、种植面积以及种植业纯收入等）的不同，有不同的研究方法，如 C-D-C 模型、李嘉图模型、一般均衡模型等。其中，一般均衡模型综合考虑了社会经济系统各部门的联系，主要是用来衡量政策的影响；C-D-C 模型没有考虑农户的适应行为，可能会夸大影响；李嘉图模型则可弥补上述不足，对土地上的纯收入进行分析，反映了农户采取一系列适应措施的综合结果。

（3）研究的重点。

综上所述，气候变化对农业影响研究领域，不同学者做出了大量的研究，得出了许多有价值的结论，但已有研究还有以下未尽之处：①农业生产是自然、经济再生产的过程，但已有研究多为定性的描述，定量分析方面也多运用作物模型分析，忽视了农户行为以及其他的社会经济因素，而已有研究采用计量经济方法的研究较少（Liu 等，2001，2004；Wang 等，2009；朱红根，2010；刘杰等，2010）。②目前运用计量方法的研究多为区域尺度上对某种特定作物的影响评估，少有全国尺度的宏观把握，而且对具体影响程度还没有一致的结论。③已有研究所使用数据多为 2006 年之前的数据，而无法对近年来的气候变化带来的影响做出评估。

针对以上分析，本章采用省级面板数据，将数据扩展至 2012 年，从宏观上对气候变化的影响做出回答，可能的优势有：①以粮食单产为分析对象，粮食作物包括谷类作物（稻谷、小麦、玉米、谷子等）、豆类作物（蚕豆、大豆等）、薯类作物（马铃薯、甘薯等）。已有研究都是以某一特定作物，如小麦、玉米或水稻作为研究对象，这些分析给出了有价值的分析结果，但它们都忽略了农户面对气候变化可能采取的适应行为，可能会使影响估计偏高或偏低。而选用粮食单产在一定程度上可以避免这种分析带来的对结果的高估或低估。②已有研究没有得出气温和降水的具体影响形态，也缺少全国不同地区影响差异的宏观把握。本章通过在粮食单产影响分析模型中通过引入降水和气温的不同形式，进行多角度的分析，包括二次项、交互项以及气象要素与地区之间的交互项，分析气温和降水对粮食生产的影响形态，以及对不同地区影响的差异性。

1.3.2 关于农田水利管理模式及相关改革

1.3.2.1 农田水利管理模式研究

目前中国农村地区常见的灌溉水资源管理模式为"单一主体"参与的"私人"和"群体"治理。私人治理是由经营者进行治理的农田水利运行模式，经营使用权由农户私人所有，即小型农田水利设施由个人拥有或承包，将灌溉水售卖给具有灌溉需求的农户，并由个人对售价和设施维护进行决策的模式（王昕和陆迁，2015a）。群体治理是指小型农田水利设施由使用边界内的农户群体管理和维护，经营使用权由农户群体所有，没有经营者售卖灌溉水或灌溉服务，灌溉的价格和设施的维护均由农户群体制定和决策，虽然农户群体可能会推选一位"组长"负责灌溉费用、维修费用的收取，并支付少量工资，但是"组长"仅作为水利设施使用者之间互相协商的联络人，并无更多的决策权力。已有地表渠系灌溉村庄的研究认为建立用水户协会认为的农户"参与式"管护大部分未能实际发生作用（姜东晖等，2007；Uysal 和 Atis，2010；王亚华，2013；Ghosh 等，2019）。

水资源的"多元合作"管理模式在近些年开始逐渐出现，该模式主要是由基层政府、村基层组织、市场主体、乡村精英和农户等主体互相合作以完成对农业水资源的治理，灌溉服务、水价制定、设施维护等由各主体协商制定和决策，如河北的"纸屯模式"（常明等，2022）、福建的"永春模式"（周茜和郑林颖，2020）等。同时，"多元合作"也是中国乡村治理未来的主要发展方向，但是现有研究对水资源"多元合作"管理还缺少系统的总结和归纳。

1.3.2.2 农田水利设施在水资源管理中的作用

水资源是农业的根基，是农业生产中不能缺少的物质基础（朱红根等，2016；龙玉琴等，2017；杨鑫和穆月英，2020），而农田水利设施作为农业水资源的保障措施，其在农业生产中发挥的作用已被大量国内外研究者关注，相关文献的研究内容如下：

农田水利设施作为基础设施和典型的公共资源，是农业生产中必不可少的物质条件和社会条件，可以发挥生产效应和对生产要素的替代效应。基础设施对农业生产效应的相关研究首先开始于对其成本节约效应的探索，较早的研究主要基于谢菲尔德引理，通过构建成本函数探讨基础设施的成本节约效应，在对希腊的农业基础设施研究中使用该方式检验其成本节约效应，发现存在对私人投入的替代效应和对要素投入结构的调整效应（Costa 等，1987；Lynde 和 Richmond，1992；Nadiri 和 Mamuneas，1994；Mamatzakis，2003）；随后学者将生产技术效率的提高认为也是成本节约效应在农业基础设施中的体现（Onofri 和 Fulginiti，2008），由此，基础设施对农业生产效应的研究开始转向对作物产量和技术效率作用的探索。农田水利基础设施的完善是促进作物产量和生产效率增长的重要因素也得到国内外研究者的证实（Teruel 和 Kuroda，2005；Rakotoarisoa，2011；卓乐和曾福生，2018），并认为其对粮食的增产效果强于农业电力设施和交通设施的建设（蔡保忠和曾福生，2018），并最终会促进农户收入和地区经济的增长（Assets，2009；Ellahi 和 Mahboob，2013）；其原因在于农田水利设施是实现农业生产规模经营与机械化的物质基础，其对劳动力和物质资料的投入具有互补和替代效应，能通过降低生产成本，最终促进农业生产率增长（吴清华等，2015；朱晶和晋乐，2016）。

节水技术设施作为农田水利设施技术进步的直接体现，在面对水资源严重紧缺和灌溉用水效率低下的双重胁迫下，积极推广节水技术成为当前我国农业应对缺水问题的必然选择。中国节水技术设施可分为喷滴灌、微灌和低压管灌等，与农田水利基础设施等传统灌溉方式对比，节水灌溉设施通过减少输水和灌水过程中的渗漏损失提高了灌溉用水效率。目前国内外研究者对节水灌溉技术的使用意愿、使用效果以及农业生产效应的影响探索已有大量成果，相关研究认为农户特征、水资源量、农业水价、干旱风险、社会网络、认知程度和风险偏好等方面均能对农户节水技术的采纳意愿和程度起到作用（周玉玺等，2014；冯晓龙等，2016；王昕等，2019；许朗和刘金金，2013；贺志武等，2018；刘红梅等，2008）。对节水技术设施的使用绩效研究则主要探讨节水效果、经济效益和生态效益（徐涛等，2016；Rodríguez 等，2010；李豫新和汤莉，2001）。而节水设施对农业生产效应的影响研究主要围绕在对作物产量、生产效率和灌溉用水效率作用的效果评估；国内外文献中针对不同作物、节水技术、地区农户的调研数据，均发现节水技术设施能够显著提升作物的产量、生产技术效率和灌溉用水效率（金雪等，2017；贾蕊和陆迁，2017；郭唐兵和叶文辉，2012；张玲玲等，2019；佟金萍等，2015；蔡荣等，2018），另外有学者分别基于中国江苏省和阿尔及利亚东北部农场的调查数据，均验证出节水灌溉技术采用有助于农业产出提升 6% 以上，且不同的节水灌溉方式的提升幅度具有差异性（Zheng 等，2020；Oulmane 等，2020）；产量的提升则最终促进了农户增收和贫困率的下降（黄腾等，2018），其余内外学者对美国科罗拉多州以及中国甘肃省的研究，均表明了节水灌溉技术的采用能够显著减缓贫困农户的生计脆弱性，降低农户贫困发生率（Schuck 等，2005；胡伦和陆迁，2018）。此外，有学者对孟加拉国西南地区的研究发现，采用节水灌溉技术可具有改变种植结构的作用（Schulthess 等，2017），研究区部分休耕和雨养耕地转为了双季作物种植。

1.3.2.3 灌溉水资源管理在农业生产中的作用

（1）用水户协会。

农田水利设施管护模式可以看作灌溉管理制度中的一种，作为农业灌溉事务的规则制度，其在农业生产中的重要性不言而喻。中国对灌溉管理制度的改革创新起始于建立"用水户协会"的探索。奥斯特罗姆（1990）认为无论是政府主导的模式还是私有化方式，都不是有效治理公共池塘资源的唯一方案，在此基础上她用博弈论的方法研究了除"利维坦"模式和市场化方法以外的管理模式，提出了自主治理理论，认为资源的使用者可以在规则的范围内自主维护和治理资源系统。而用水户协会的设计原则正是试图让农户自发组织起来，建立起对农田水利设施管理和维护制度，最终完成对灌溉系统的自主有效治理。

1995 年，在国际排灌组织和世界银行的支持下，中国以节约农业水资源利用为目标，开展了用水户作为灌溉管理主体的改革，并尝试将农田水利的管理和维护交由用水户协会。虽然用水户协会在尼泊尔和西班牙等国外灌溉系统中取得了成功（Thapa 等，2016；Villamayor - Tomas，2018），但研究者对中国用水户协会的效果评价却出现分歧。部分学者认为中国用水户协会在缓解灌溉矛盾、节约水资源花费、释放劳动力、提高水资源获取的公平性以及调动农户的渠道维护积极性等方面取得了一定成效（张陆彪等，2003；姜东晖等，2007；刘静等，2008），但也有部分学者认为用水者协会并未发挥出明显的节水效果。如王金霞等（2004）对黄河流域灌区的研究发现，认为用水户协会能否发挥有效的节水作用，在于是否建立了完善的激励制度；韩青和袁学国（2011）对张掖灌区用水者协会的研究得出，当地用水户协会无法达到节水目标的原因在于，协会的运行依然是"自上而下"的行政方式，农户并不具备真正的决策权。

现有对农村水资源管理的研究多是基于用水户协会视角,并已得出丰富的研究成果;然而,自小型农田水利设施产权制度改革以来,用水户协会模式仅是政策推动下的表象,对在中国农村广泛存在的私人、群体和合作治理模式的治理效果尚缺乏探讨。

(2)小型农田水利产权制度改革。

全国农业税及"两工"制度退出历史舞台后,村社集体不再是农田水利建设的主体,并随着国务院在 2002 年颁布的《水利工程管理体制改革实施意见》,小型农田水利设施的市场化、私人化、股份化的改革逐步开始,希望通过产权改革调动了农户和社会建设及管护农村水利。

现代经济学中产权理论最早是由 Coase(1937)提出,他在《企业的性质》中提出不同的主体在交换商品的使用权时,通过签订合同的方式会产生交易成本,交易成本被认为是产权理论概念的萌芽。而产权则被定义为对资源或商品的用途权利进行清晰界定,包括所有权、经营权和收益权等,这些权利关系对经济主体制定了行为框架和规则,指导他们之间进行资源和物品的交换。在现代经济学中,产权拥有以下特点:①权利的排他性。产权是一种排他性权利,除了拥有的经济主体外,其他经济主体均被排斥。②产权权利具有依存关系。所有权是经营权和收益权等其他权利的基础。③产权可以进行交易和转让。在产权已经明确的情况下,各经济主体只能在产权范围内追逐利益最大化,但产权可以在法律范围内进行交易和转让,从而打破现有的行为规则。科斯在《社会成本问题》中则诞生了著名的"科斯定理",即无论资源的产权如何,只要交易成本为零,就算存在明显的外部性,市场均衡的结果依然可以达到帕累托最优(Coase,1960)。科斯认为完善的产权制度能保障经济的平稳运行,商品交易其实是权利的买卖,正是由于权利的无法界定以及权利和义务的不对称,造成了市场失效,而严格的私有产权制度有利于合作、组织和效率。由此,产权理论被认定为制度经济学的基础,认为产权的界定可以影响经济体及个人之间的行为,产权的明晰可以实现国家或社会资源的有效配置。因此,界定不同经济主体之间的产权成为社会经济中重要的内容。

已有研究认为小型农田水利管理和维护的缺位问题与产权制度息息相关。一部分研究认为由于私有产权的优势，产权的私有化发展有利于对农田水利设施的管理和维护。其中，宋洪远和吴仲斌（2009）认为水库、机井、提泵站等小型农田水利产权的改革才能引导私人部门参与进入小型农田水利的建设和维护；马培衢和刘伟章（2006）对漳河灌区的研究认为农田水利设施的所有制度越明晰越有利于农户形成联户治理模式；刘辉（2014）通过对湖南省小型农田水利设施的研究认为，产权的明晰有利于小型农田水利的维护的同时，还有利于灌溉农户遵守灌溉规则；胡继连等（2000）通过对山东省肥城市水利产权改革案例的研究，认为农田水利改革的首要驱动力为旧产权的权责不清，缺乏运行效率；王金霞（2000）探讨了 1983~1998 年河北省地下水灌溉系统产权变迁，认为水资源短缺、集体经济的衰落、人力资本等因素是产权系统变迁的原因，并以每单位水的粮食产出作为灌溉技术效率的衡量指标，得出集体产权下灌溉技术效率低于非集体产权，并细化了非集体产权下各产权类型的灌溉技术效率（王金霞等，2000），并在基于 2001 年和 2004 年河南和河北地下水灌溉农户的研究，得出向私人购买地下水的农户具有更高的单位水生产率（王金霞和张丽娟，2009）。

另一部分研究认为小型农田水利产权的私人化发展存在着低效、纠纷等不利影响。安永军（2020）通过对宁夏平罗县支渠的运作模式研究，认为市场化的私人供给模式下由于产权的清晰化，虽然能够实现水资源的及时供给，但却具有经济低效和合法性缺失的问题，因此提出国家力量介入与专业承包人建立约束和控制关系的"市场包干制"能达到更优的公共品供给效率。刘敏（2015）认为农田水利工程产权逐渐明晰的发展过程中，由于用水秩序规则的缺失和私人产权的弊端，水事纠纷和节水灌溉工程推广的抵抗现象丛生，而解决途径为提高社区在农田水利合作中的主体地位。刘铁军（2007）认为我国小型农田水利产权在明晰化的过程中形成了不同的管护方式，即私人、集权和用水户合作管理治理模式，并认为其分别存在供给不足、交易成本较高、用水户缺乏投资及治理的积极性等问题，并提出了应发展自主治理模式。

（3）其他管理模式。

除了建立用水户协会和农田水利设施产权改革外，水权交易也是近年来新兴的一种灌溉管理方法，但由于涉及初始产权难以确定，实施难度大，水权转让规则不够完善，水权配置市场参与不够等原因，在实际运用中也存在诸多问题（张戈跃，2015）。而在用水者协会和水权交易等经验基础上，2015 年中国开始大力开展农业水价综合改革试点，虽然国家在农业水价改革的设计中明确了价格改革要以健全农田水利设施管护机制为依托①，但目前关于农业水价政策效果评估的文献却多数着眼于讨论灌溉价格设计和浮动机制对节水效果、作物产量和灌溉用水效率等的作用（郭善民和王荣，2004；赵永等，2015；Moghaddasi 等，2009；廖永松，2009），如 Chen 等（2014）从经济学的角度出发，利用理论模型推导证明了水价政策能减少农户的用水量；Tsur 等（2004）认为水价设计的主要目标应为了提高用水效率；Moghaddasi 等（2009）通过对伊朗 172 户农户的调研数据研究，发现水价较高的地区水价政策的节水效果更明显；与此同时，水价政策对不同作物节水效果的差异性也被证实，Wang 等（2016）、刘静等（2018）对河北省"一提一补"水价政策作用的研究结果均表明，"一提一补"政策对减少小麦用水量有显著效果，对减少玉米用水量均不显著，但对棉花节水效果则存在分歧；陆秋臻等（2019）利用河北省衡水市农户调研数据，实证得出"一提一补"水价改革对玉米和经济作物单产的影响并不显著，但是对小麦单产会有显著的负面影响且用水量在其中起到完全中介作用；董小菁等（2020）在对新疆地区的研究发现，不同水价政策会导致农户灌溉用水机会成本变化，从而使农户根据作物耗水程度改变了种植决策；刘晓敏等（2010）认为水价对太行山农户使用节水技术的意愿有显著正向影响；廖西元等（2006）从水价的

---

① 资料来源：《关于加大力度推进农业水价综合改革工作的通知》（发改价格〔2018〕916 号）。

收取方式研究发现，按水量收费比按亩收费更能促进节水技术采纳。

由此可见，中国小型农田水利管护制度经历了用水户协会推广、产权制度改革和水权水价设计等改革方式，在不同地域形成了差异化的管护模式，并且不同研究者对已有的农田水利管护制度褒奖不一，尚未形成统一的研究结论。

1.3.2.4 灌溉系统管理绩效的研究

探讨社区水资源管理模式的效果如何，首先需要对其绩效进行合理评估。20世纪90年代，美国学者Ostrom和Lam构建了一套灌溉系统治理绩效的评估体系，从开展集体行动角度认为灌溉系统治理绩效的问题存在于供给和占用两方面，提出应从供给和占用维度评估绩效（Lam, 1998），如设施的完好程度和水资源的分配公平性等指标；随着灌溉系统治理绩效评估的发展，除了供给与占用维度的评估方式外，部分学者开始围绕绩效的定义设计灌溉系统绩效的评估指标，即认为绩效是与目标相关联的一系列行为以及是行动最后的结果（Murphy和Cleveland, 1991; Campbell, 1990），提出以参与灌溉治理会议的频率及对治理结果的满意程度等指标作为治理绩效的评估方式（胡振通和王亚华, 2019）。在受到国外对灌溉系统绩效评估方式的影响下，目前针对中国农村社区水资源管理绩效的评估研究，也主要从供给和占用角度或是通过满意度表征。蔡荣（2015）将江苏省盐城市地表输水渠的淤泥堵塞和坡堤损坏程度作为农村社区水资源管理的最终效果；龙子泉等（2019）对湖北省小型农田水利治理绩效的研究中，将灌溉设施的完好程度、能否满足农户需求的供给水平和农户遵守使用规则的情况作为农田水利设施的管护绩效；柴盈和曾云敏（2020）在对广东省劳动力转移对小型农田水利治理绩效的影响研究中认为，应从供给和分配两个维度衡量管护效果，指标包括维护情况、用水情况、用水是否满足需求、是否能满足高峰期供水、公平性等；杨柳等（2018）对宁夏和内蒙古黄河灌区的农村社区水资源管理绩效的研究中认为，应从供给程度和分配公平性两个方面衡量，提出将设施的损坏程度和用水分配的公平程度作为表征指标；刘辉（2014）认为要纠正小型农田水利设施建设和管理中"搭便车"问题，从供给和占用维度出发，认为应通过水利设施是否良好、农户是否遵守规则和供水是否充足 3 个指标评估治理绩效。另外，有学者认为农田水利设施实际使用者的感受是设施绩效的最好表达，将农户满意度作为管护绩效（罗岚等，2020）；也有学者在对陕西省渠灌区的研究中同样将农户满意度作为管护绩效，对当地三种小型农田水利管理与维护模式研究发现，农户对用水户协会方式的满意度及认可程度最高，对由村集体进行管护的满意度最低，而对私人承包经营的治理方式满意程度居中（王昕和陆迁，2015b）；还有学者则认为农村社区水资源管理效果不仅包括农户满意度的"精神效果"，还包括有衡量损害程度的"物理效果"（宋晶和朱玉春，2018）。已有针对农村社区水资源管理模式绩效的研究，主要聚焦在供给、占用角度或是通过农户的满意度表征；然而，灌溉用水效率、农户生产行为、农业面源污染等，却鲜有研究者将其作为农田水利的治理绩效进行衡量。

1.3.2.5 农田水利与灌溉管理改革相关研究

从 20 世纪 80 年代开始，许多发展中国家在不同时间陆续开始了灌区的灌溉管理改革，主要为了解决水资源利用效率的低下和农业生产率降低两大问题。例如，在过去的 20 多年里，菲律宾大约有 2000 个灌溉协会被组建起来，来代替国有灌溉管理局的职能，其只保留收取水费的职能，灌区的运行和管理由灌溉协会来负责，通过这种方式来对大中型灌区进行私有化改革。土耳其和埃及也同样通过成立由农民进行管理的用水协会，由用水协会来负责建成的农田水利设施及田间灌溉渠道的维护与管理，对于运行过程中产生的费用由协会自身承担，其主要费用来源为农民交给协会的灌溉用水的费用，大多根据农户使用的灌溉面积和农作物类型来共同决定水费。同时，我国在认识到水利设施管理中存在的问题后，逐步开始了以管理改革为重心的水利工作，提出"加强经营管理，讲究经济效益"的工作方针，推行水资源管理制度的改革，将更多的政策倾向水资源管理。在推进水利工作不断改革中，形成了以农业用水协会和私人承包的自主管理并行的两种主要管理体制，是农村水利管理领域的一项重要改革和创新，为推动用水户参与灌溉管理提供了重要的途径。

2011 年中央一号文件重点强调水利建设，此后我国大力加强农田水利投资，农田水利基础设施的供给水平得到了有效提升。然而，政府长期大包大揽导致社会资本和农民难以有效参与农田水利基础设施建设和管护，建后管护环节的缺失使得很多农田水利基础设施得不到及时修缮（王欣，2018），农田水利设施的使用存在"公地悲剧"。王亚华等（2019）研究发现我国灌溉治理效率水平与公平水平较高，而农户参与水平较低。孟德锋等（2011）研究结果表明农户参与灌溉管理可以提高灌溉系统的维护水平、完善用水分配，进而能提高需水量大的作物的产出。龙子泉等（2018）通过对两个农民用水协会的案例进行对比研究发现，健全的制度规则和优秀的领导者能促进组织成员的沟通，约束个体行为，有利于集体行动的一致性，作用于社会资本对小型农田水利设施管护效果产生正向影响。刘辉（2014）同样认为制度规则具有积极作用，小型农田水利设施越趋于平原湖区，治理主体产权界定越清晰，取水的分配规则越强化，小型农田水利治理绩效越好。秦国庆等（2021）基于河南 209 宗小型农田水利设施的 4 期非平衡面期板数据，得出工程确权显著促进小型农田水利设施治理绩效的结论。也有学者认为，诸多水事纠纷现象由产权明晰化为特征的水利产权改革所引致，原因是水利工程管理体制改革与农田水利社区管理的传统实践之间有所冲突，从而引发了农田水利合作中的市场失灵和政府失灵（刘敏，2015），需持续探索更加有效的农田水利改革方式。可见我国学者对于农田水利改革方面的研究大多聚焦在治理效果的层面上，还没有研究对农田水利改革政策的环境外部性进行探讨。

1.3.3 农业碳足迹以及水资源和能源利用效率

1.3.3.1 农业碳足迹研究

（1）宏观视角下农业碳足迹研究。

宏观视角下农业碳足迹研究比较充分。在农业科技进步的历史进程下，高效的碳系统比低效碳系统更可持续。农业产量增加的同时碳足迹水平也随之变化，不少学者根据历史数据对农业碳足迹的变化规律进行总结。1961~2017 年全球范围内的农业集约化使得单位面积碳足迹增加，单位产出碳足迹减少。我国在过去近 60 年来碳足迹从 1961 年的 2.49 亿吨增长到 2018 年的 8.7 亿吨，增长超过 2 倍。而由于产业集聚和农业发展，2005~2019 年我国农业碳足迹呈现下降趋势（田云和尹忞昊，2022）。此外，田云和尹忞昊（2022）研究发现种植业产业发展与其碳排放呈现互为因果关系。

在宏观层面农业碳足迹研究中，还有很多学者关注农业政策调控对碳足迹影响。农业政策与碳足迹存在显著的负向关系，技术创新在农业政策对农业碳足迹的影响中起到中介作用（胡川等，2018）。其中，免耕政策可以有效减少土壤和农机燃料带来的碳足迹，减排程度因作物种类而有所区别（Tristram 和 Gregg，2002）；农田建设政策通过提高农业规模经营效率而间接削减农业碳足迹（陈宇斌和王森，2023）；财政支农投入能通过提高本省农业技术进步来抑制农业碳排放总量的增加（黄伟华等，2023）。

在众多碳足迹影响因素中，学者侧重点并不一致。黄祖辉和米松华（2011）认为农业技术和管理措施具有积极的减排效应。尹岩等（2021）认为科技资金配置率和设施农业规模是对设施农业碳排放最具有影响的两个因素。周一凡等（2022）认为农业产业结构、机械化程度和化肥施用强度、农村能源消费和农民收入是驱动农业碳足迹增长的重要因素。

各类投入品中，肥料是主要农业碳源。黄祖辉和米松华（2011）、Benbi（2018）研究认为肥料引致的碳足迹在整个农业系统碳足迹中所占比重最大，提升化肥使用效率是降低农业碳足迹的重要方式。

可以看出，宏观层面农业碳足迹研究重点是农业碳足迹总体趋势和农业政策，以及其他影响因素。其中在投入品的研究中，学者普遍认为肥料是农业碳足迹最主要的来源。宏观层面的研究可以把握碳足迹的总体概貌，可作为宏观政策参考。但是无法顾及微观农户生产行为的复杂性，难以提出针对农业经营主体的可操作性的政策措施。

（2）微观视角下农业碳足迹研究。

农业经济研究需要以农民为本，关注农民所思所想、所处立场，探索明晰其生产行为的内在动力，才能够采取行之有效的外部干预，最终达到农业"双碳"目标。

微观视角农业碳足迹研究中，主要是影响因素的研究。其中，种植规模作为影响因素的研究较多，Yan 等（2015）、Rakotovao 等（2017）认为规模效应能够降低碳足迹。而徐湘博等（2022）认为土地转入规模扩大通过增加化肥投入和促进种植结构主粮化抑制土地经营规模扩大的减碳效应。田云等（2015）研究发现耕地面积小的农户，更倾向于选择低碳生产。此外，产量是影响农业碳足迹的重要因素，Heidari 等（2017）认为作物产量提升利于减排。影响农业碳足迹的其他因素，Yan 等（2015）考虑气候条件以及作物管理实践对作物碳足迹的影响。Lam 等（2021）考虑作物种类与碳足迹的相关性。关于小农户兼业情况对碳足迹影响的研究，王珊珊和张广胜（2013）认为兼业会促进稻农的高碳生产行为。而陈香云（2022）认为农村劳动力转移对农地利用碳排放有显著的抑制作用。此外，田云等（2015）研究表明农户为务农年限长、户主为男性、年龄较小、对低碳农业的认知程度较高、农民专业合作组织成员、户主为村干部，更倾向于选择低碳生产。微观视角农业碳足迹主要碳源的相关研究中，Zhang 等（2017）研究表明在我国不同产区的不同作物系统中占主导地位的碳源不同。Lam 等（2021）认为肥料施用对温室气体足迹的贡献最大。

（3）碳足迹测算。

碳足迹的测算几乎没有一致性。目前的研究对农田生态系统碳足迹系统边界定义不一致，碳排放参数获取方法不一致，所以农业系统碳足迹测算差异较大，尚未构建一个符合中国作物生产情况的碳足迹模型。Wiedman 和 Minx（2008）定义碳足迹是用来衡量某种活动引起的（或某种产品在其生命周期内积累的）直接和间接温室气体总排放量。Pandey 等

（2011）综合前人 20 多年的碳足迹研究概括碳足迹定义："是由个人、组织、过程、产品或事件从指定的边界范围内足迹到大气中的以二氧化碳当量表示的温室气体的数量。"根据所采用的方法和碳足迹的目标来确定温室气体种类和边界。一般以温室气体足迹的质量或面积表示。农业碳足迹测算所涵盖的温室气体包含甲烷、一氧化二氮、二氧化碳。Pathak 等（2010）对印度食物系统碳足迹进行测算，结果表明动物性食品（肉类和牛奶）和水稻种植主要导致了甲烷的排放，而其他作物的种植主要导致了一氧化二氮的排放。农场经营、农场投入生产、运输、加工和食品制备期间主要排放二氧化碳。《中华人民共和国气候变化第二次两年更新报告》明确农业碳排放主要由动物肠道发酵甲烷排放、粪便管理甲烷和氧化亚氮排放、稻田甲烷排放、农用地氧化亚氮排放以及秸秆田间焚烧甲烷和氧化亚氮排放组成。每种气体对应不同的全球变暖潜能值（GWP），均可以换算成二氧化碳当量。碳足迹主要的核算方法包括生命周期评价法、投入产出法和混合生命周期评价法（计军平和马晓明，2011）。

投入产出法是 1936 年 Wassily Leontief 提出通过编制投入产出表及建立数学模型，反映经济系统各个部门（产业间）的碳足迹关系的经济学方法。它是一种自上而下的方法，用上游的投入量，推算出下游的排放量。它的优点是明确核算边界，缺点是忽视了多种类的分类核算下所体现的足迹差异，由于投入产出分析法仅使用部门平均足迹强度数据，因此不适合用于分析微观系统（计军平和马晓明，2011；曹淑艳和谢高地，2010）。

全生命周期评价法以特定产品为对象，核算其在生产、使用、废弃及回收等各阶段造成的温室气体足迹（ISO，2006），适合微观层面碳足迹核算。但是存在边界难以界定的问题，对数据要求较高，存在截断误差（Lenzen，2000）。

混合生命周期评价法综合了该方法将投入产出分析和生命周期评价结合在同一分析框架内，既保持了生命周期评价的针对性，又避免了生命周期评价的截断误差，同时有效地利用了现有的投入产出表，减少了碳足迹核算过程中的人力和物力投入，适用于各种宏观和微观系统的分析（计军平和马晓明，2011），但是对研究人员的理论要求较高。投入产出和生命周期两个系统对接仍然需要进一步发展（张丹，2017）。

本章碳足迹测算基于微观农户视角，核算对象是马铃薯和玉米最大地块的碳足迹，适合使用全生命周期碳足迹测算方法进行测算。

（4）灌溉对农业碳足迹的影响研究。

灌溉作为农业生产的必要环节，在农业碳足迹影响因素研究中具有一定的研究价值，但是目前此类研究为数不多。

其中，Karim 等（2012）、Zhou 等（2015）、Pishgar－Komleh 等（2017）、Benbi（2018）、张慧芳等（2021）通过对不同地区、不同作物的碳足迹，一致认为灌溉可以减少农业碳足迹，主要由于节水灌溉技术的使用和生产效率的提高。

Zhang 等（2018）、王梅先（2022）、祝伟和王瑞梅（2023）、Zhu 等（2023）通过对不同地区、不同作物的碳足迹，研究发现灌溉增加农业生产中的能源消耗，并且有激励农业经营主体增加要素投入的作用，所以有提升农业碳足迹的作用。

可见，目前的研究关于灌溉对农业碳足迹的影响尚存争议，可能由于碳排放测算方法差异或者测算边界不统一等多种因素导致研究结论不一致，还需要对碳足迹相关研究进行具体分析。

1.3.3.2 农业水资源和能源利用效率研究

（1）农业水资源利用效率研究。

国内外学者关于灌溉管理改革对于水资源利用效率的作用，有着极大的不同看法。这种差异可能源于研究方法、数据来源、地域特性以及灌溉管理改革的实施情况等多种因素。国外学者对于用水协会在灌溉管理改革中的成效进行了多角度的探讨，得出的结论各不相同。从用水量的角度来看，墨西哥学者在对灌溉管理改革进行分析后，发现农业用水协会大大节约了农作物的用水量，而同时土耳其和印度学者提出了截然相反的研究结论，用水协会成立后，地方政府将灌溉管理的权责转移给农民，结果发现农业用水量不降反升，与我们所期望看到的结果大相径庭。从灌溉用水效率的角度来看，也存在两种不同的结论。灌溉管理权转移在不同地区的实施效果存在显著差异，在多米尼加的农户的供水效率显著提高，达到25%~30%，然而，在斯里兰卡，灌溉管理改革并没有使农业的供水效率和供水质量得到显著改善。

关于国内对于灌溉管理改革的研究，大多学者表明了灌溉管理改革的成效显著，对于水资源利用效率产生了提升作用，水分生产率也显著提高。如阿布都热合曼·阿布迪克然木（2018）研究了参与式灌溉管理改革的作用，他使用农业的投入产出数据，将其代入投入 DEA 模型，来测算出农户的水资源利用效率、土地利用效率，分情况讨论了参加与未参加灌溉管理对水土资源利用效率，结果显示，虽然总体上农户的灌溉水资源利用效率和土地资源利用效率并不高，但参与灌溉管理的农户在这方面的效率值明显高于未参与灌溉管理的农户。与此同时，为了对灌溉管理改革的效果有更全面的了解，中国社会科学院农业政策研究中心针对黄河流域进行了实地调研，深入剖析了四个大型灌区的灌溉管理状况。研究发现，灌溉管理方式的转变对农作物用水量几乎无显著影响，这表明单纯的灌溉管理改革并不能有效改变作物的用水需求。实际上，真正的挑战在于构建内在的节水激励机制。若缺乏有效的激励机制，仅停留在表面上的管理方式变革，难以真正提升水资源利用效率。而张陆彪等（2003）针对湖南省铁山灌区进行实地调研，对农户参与式的灌溉管理改革的内在机制进行了深入分析，对灌溉管理中的激励机制的重要作用进行剖析，其中起到重要作用的措施主要包括收费到户、输水到户、水费价格公开、协会账目公开、灌溉面积和实用水量公开，这不仅使得灌溉管理更加透明和规范，更重要的是激发了用水户的节水积极性，为我们提供了宝贵的实践经验。因此建立长效的节水激励机制是提高灌溉改革效果的重要手段。

（2）农业能源利用效率研究。

对于农业能源投入的组成，不同农作物的主要能源投入存在较大差异，但主要分为直接能源和间接能源，直接能源包括在农业机械中使用的柴油、电力等，间接能源包括在种植过程中使用的化肥、农药、种子、农膜等。对于生产能源消耗较大的农作物，如水果对化肥、农药的需求量较大，而对于粮食作物来说，需要灌溉的农作物在柴油上的能源投入占比大，相比种植旱地作物，能源消耗量要少得多。为了弄清楚农作物生产中的主要能源投入构成，国外学者 Elsoragaby 等收集了 11 种不同的农作物，一一进行计算，发现农作物生产中占第一位的能源投入为电力，占比为46%，几乎占到总能源的 1/2，其后占比较大的分别是化肥（20%）和柴油（14%）。这说明提高农作物的能源利用效率对于解决能源紧缺的现状具有极大的改善作用。而目前对于测算和分析农业能源效率的研究中，主要使用两种方法，即参数分析法和非参数分析法。参数分析法主要以随机前沿生产法为主，Rahman 等就是利用参数分析法，在加入环境因素的限制后，以小麦为研究对象，估算了孟加拉国种植小麦时的能源效率，发现小麦的能源效率存在提升空间。非参数分析法主要以数据包络分析法为主，这种方法的缺陷在于不能了解各个投入的参数情况，但在分析行业与地区层面具有较大的适用性，如 Mousavi-Avval 等就是采用了 DEA 模型，通过计算伊朗在苹果生产中的能源投入，得出电力、柴油、化肥和农药等能源投入冗余，在苹果生产中还存在较大的节约空间。随后有多位学者根据不同农作物的生产数据进行测算，结果都得出节能政策的推广可以减少部分的能源投入，提高能源利用效率。

目前国内学者对农业能源投入及其利用效率的研究较少，且多聚焦在产业与地区层面。对于农业能源消耗的研究由吴湘淦进行的，他将农业生产中的化肥、农药、柴油、电力、饲料等纳入农业能源消耗的范围进行折算，随后《中国能源统计年鉴》的编发为国内学者研究能源问题提供了宝贵的数据资源，年鉴中包含各区域的能源平衡表，特别是第一产业能源消费数据，使学者在分析农业的能源消费情况可以直接将农药、化肥等农业能源纳入总体的研究中，使农业能源投入的核算体系更加全面。从之后的农业能源研究中，国内学者在衡量农业能源效率时，都将农业的全部能源投入包含进去，以此计算出来全要素生产率，如栾义君等将农业能源投入纳入生产 DEA 模型进行测算,发现在 2002~2011 年,中国的农业能源效率有了小幅度的上升,而且地区之间的差异明显。与此同时,换了不同模型计算也得出了同样的结论,如冉启英等利用 SBM 模型,在加入碳排放约束后,计算农业能源的全要素效率,也表明地区之间的农业能源效率存在明显差异,而且发现区域间的农业能源效率差距是在不断缩小的。那么基于农业效率的研究结果发现,中国农业能源效率的整体水平较低,为了探究其原因,Fei 等在考虑农业技术异质性的基础上进行研究,结果表明农业能源效率低的主要原因在于农业的管理效率低下。同样,平卫英的研究表明,能源价格的相对变动会对农业能源效率产生显著的负向影响,而技术进步则产生显著正向影响。魏琪等、周辉等、冉启英等学者均发现,农村收入水平增长和农业产值占比增加对促进农业能源效率的提高具有正向作用。戴红军等学者还研究了劳动力、资本等其他投入要素价格的相对波动对农业能源效率的影响,发现其也具有一定影响。综上所述,农业能源效率受能源价格、技术进步、农村收入水平、农业产值占比和投入要素价格波动等多种因素共同影响。在制定相关政策时,需综合考虑这些因素以促进农业能源的高效利用和可持续发展。

1.3.3.3 文献评述

关于农业碳足迹,在研究视角上,宏观层面农业碳足迹研究内容较充分,包括农业碳足迹总体趋势以及农业政策等因素对宏观碳足迹的影响。其中划分农资投入的研究中,学者普遍认为肥料是农业碳足迹最主要的来源。宏观层面的研究可以把握碳足迹的总体概貌,进而作为宏观政策参考。但是无法顾及到微观农户生产行为的复杂性,使实际的政策建议难以落实到农户层面,无法从碳足迹产生的源头入手促进农业减排。因此,进行微观层面农业碳足迹研究更具可操作性。微观视角的研究相对较少,现有研究内容包括实地测算微观碳足迹数据、利用生命周期法或者投入产出法测算碳足迹并考虑农户特质和生产条件等因素与其相关关系的经济学研究。此外,在宏观层面和微观层面农业碳足迹的研究中有大量学者认为农业碳足迹主要碳源是肥料,尤其是化肥。对于农田水利改革方面的研究大多聚焦在治理效果的层面上，还没有研究展开对农田水利改革政策的环境外部性进行探讨。碳足迹测算方面，农业碳足迹测算方法逐渐成熟，除了工程学家实地测量之外，学者普遍使用全生命周期的方法，少部分使用投入产出法。目前关于灌溉对农业碳足迹的研究数量较少，大多研究关注的是灌溉模式、灌溉水源等硬性条件对于农业碳足迹的影响，基本没有关注到灌溉治理方面的内容。据此，本研究立足微观农户视角聚焦农田水利改革对农业碳足迹的影响进行研究，既丰富了微观视角农业碳足迹的研究，又填补了农田水利改革政策的环境外部性研究的空白。

关于能源利用效率，通过对已有文献的分析可以发现，中国农业能源效率存在较大的提升空间，资本、劳动力、农业收入与产值占比都对农业能源效率具有影响，但对于灌溉管理改革对农户能源利用效率进行研究的现有文献较少，而且大多集中在行业和地区层面的农业能源效率，同时对于微观农户的能源效率研究也较少将间接能源纳入能源效率的测算范围，从而在研究中低估了微观农户的能源投入量。基于此，本研究将从灌溉改革背景下进行分析，将间接能源投入纳入计量之中，来考虑其他农业生产要素的改变对能源利用效率的影响。

1.3.4 水资源价格及其对农户生计的影响

1.3.4.1 地下水相关研究进展

（1）地下水形势。

地下水每年为全球提供近 30% 的可更新淡水资源，远远超过河湖（0.3%）、湿地及冻土（0.9%）等提供的淡水资源量。全球 40% 的粮食得益于地下水的灌溉，在许多干旱或半干旱地区，地下水已成为支撑当地社会经济发展的唯一水源。据统计，20 世纪 80 年代中期，全球每年地下水开采量约 5500 亿立方米，到 20 世纪末，全球地下水开采量已超过 7500 亿立方米，10 年间，地下水开采增长量超过 2000 亿立方米/年（闫丽娟，2013）。

随着二三产业的不断发展，我国地下水供水量以年均 2% 的速度增长。目前，全国近 2/3 的城市使用地下水供水，40% 的耕地使用地下水灌溉，90% 以上的农村人口饮用地下水。在地下水实际开采量中，灌溉用水比例约为 54.3%，而在海河流域粮食主产区，这一比例为 67%（闫丽娟，2013）。

Cao 和 Wang（2008）的研究将我国华北地区地下水资源开采发展分成了三个阶段：第一个阶段是地下水开采起步阶段（1949~1960 年），该阶段的主要特征是地下水资源逐渐开始被利用但开采规模较小，农户开始打井利用地下水资源。第二个阶段是地下水开采加速阶段（20 世纪 70 年代），开采总量已具相当大的规模。第三个阶段是从 20 世纪 80 年代初至今，地下水资源继续被大规模开采，而地下水的过度开采问题已成为一个重要难题。

长期的地下水超采已使我国形成了世界上面积最大的深层地下水沉降漏斗，全国以城市和农村井灌区为中心形成的地下水超采区数量已从 20 世纪 80 年代初的 56 个发展到 2015 年的 400 多个，超采区面积从 8.7 万平方千米扩展到 30 万平方千米（乔世珊，2008；吉炳轩，2016），而地下水埋深更是以 2 米/年的速度下降，带来了地面下沉、海水倒灌、水质变硬、生态破坏等一系列的严重后果。

（2）地下水超采原因与对策。

许多学者早就为探寻地下水超采的原因展开一系列研究工作。许多研究表明，降雨减少是导致地下水超采的重要气候因素（王贵玲等，2005；曹建民和王金霞，2009）。同时，大面积作物生产、深水井比例的提高、工业用水需求的增加等人类活动加剧也是导致地下水超采的重要因素（陈克强，2005；曹建民和王金霞，2009；许月卿，2003；赵耀东等，2014）。

许多学者也针对性地提出了相应的对策。张光辉等（2009）的研究认为合理调节种植结构，发展抗旱节水作物是缓解地下水超采状况的重要举措。这一结论与许月卿（2003）、杨永辉等（2001）以及郭燕枝等（2014）的研究结果相似。此外，有学者认为可以采取开源节流、采用节水技术等措施，同时建立人类与自然和谐发展的用水机制（王贵玲等，2007；张光辉等，2011；赵耀东等，2014）。

（3）水资源管理体制变迁。

1）水资源供给管理向需求管理的转变。

在各个国家水资源管理的起步阶段，通过工程或技术手段增加水资源供应量来缓解水资源短缺的矛盾是所有国家进行水资源管理的基本手段，这种做法也被称为水资源供给管理（刘静，2012）。传统水资源供给管理方法包括：实施区域间的调水工程（如南水北调工程）、提高雨洪利用率（如通过提高水库的蓄水能力或采用人工回灌技术）或开发新水源（如开发地下水）等（王金霞等，2008）。而当通过工程技术手段增加水资源供给已无法满足增加的水资源需求量时，各国政府的水资源管理目标逐渐从提供更多的水转变为设计水的需求和使用政策来影响用水户行为，这种管理方式被称为水资源需求管理。需求管理的重点是减少水资源浪费、经济用水。发展有效使用水资源的方法和设备，创造激励机制，让水资源供给者和使用者都能更仔细地有效使用水，改善供水成本回收机制、重新按照由低到高的使用价值配置水资源（刘静，2012）。需求管理的基本手段有两种：一种是依赖市场机制的价格控制手段，另一种是依赖行政管理的数量控制手段（王晓君等，2013）。

同世界上其他国家和地区一样，水资源供给管理在过去新中国成立之初的40年内始终在中国水资源管理中占主导地位。在社会主义计划经济体制下，政府认为有责任促进水资源开发而且中央计划经济的优点之一就是可以大量动用资源兴修大的水利工程。我国水资源管理历程中具有划时代意义的事件是1988年《水法》的颁布。1988年《水法》在水权、水的计划管理、水使用许可证制度、用水者和污染者付费原则、防洪防汛等各个方面做了界定。然而由于缺乏实际经验，这部《水法》没有能清晰界定流域委托管理的法律基础，综合水资源开发管理的程序和解决水资源争端的机制问题（刘静，2012）。全国人民代表大会于2000年对1988年《水法》进行修改并于2002年8月29日颁布新《水法》，新《水法》主要侧重于以下方面：强调水利局和流域委托管理机构在水资源开发计划、分配和管理中的法律地位和责任；同时阐明节水的重要性和优先权以及提高水资源使用效率；再次强调用水许可证制度和用水者付费原则；指定水事冲突的解决仲裁机制，该机制主要用于相关利益集团用水分配不当和水资源管理当局滥用水资源。

2）政府管理体制向用水者管理体制的转变。

综上所述，自新中国成立以来，我国的水资源管理主要是由政府直接参与的供给管理来实现。而到 20 世纪 80 年代，由于家庭联产承包责任制的推行，造成农村基层管水组织的缺失，国家不得不面临灌溉设施年久失修、水资源利用效率低下、灌溉面积萎缩的多种问题（刘静，2012）。许多研究指出，这些问题产生的根本原因在于灌溉系统由政府或政府机构管理，而政府和政府机构对当地灌溉系统情况掌握的信息有限，且原有的政府管理体制难以对成千上万的用水者所面临的各种事宜做出及时合理的反应（刘静等，2008）。为了有效提高灌溉管理和水资源利用效率，我国效仿其他国家的做法，成立用水者协会，将灌溉系统的管理权责由政府部门转移给当地的用水者。张陆彪等（2003）的研究表明用水者协会这种参与式灌溉管理的形式在解决水事纠纷、节约劳动力、改善渠道质量、提高弱势群体灌溉水获得能力、节约用水、保证水费上缴和减轻村级干部工作压力等方面，均取得显著成效。

3）地下水灌溉系统所有制由集体向非集体所有制转变。

自 20 世纪 80 年代以来，受到水资源短缺程度的加剧、社区生存环境的恶化、社区人力资本的改进、市场化发育程度的提高以及政府水利财政政策和水利信贷政策等诱导因素的影响，我国的地下水灌溉系统所有制正逐渐从计划经济体制下的集体所有制向以市场为导向的非集体所有制演变（王金霞等，2000）。主要用地下水灌溉的河北省，非集体所有的机电井系统比例已经从 20 世纪 80 年代初的 20% 不到提高到 90 年代末的近 70%（王金霞等，2000）。王金霞（2000）的实证研究指出机井在非集体所有制下的技术效率明显优于集体所有制。刘静（2012）认为地下水产权制度的变化使地下水的管理变得更为复杂。

1.3.4.2 水资源价值和价格研究

根据经济学理论，价值是价格的基础，价格是价值的货币表现，价格围绕价值上下波动。

传统的水资源价值观建立在"资源无价"的基础上，认为资源取之不尽、用之不竭。长期以来，由于这种观念的存在，价值在生产过程中无法发挥资源分配杠杆的作用，导致水资源被过度利用，水资源危机日益严峻，严重影响了经济社会的发展（姜文来，1998）。新中国成立之初，由于"资源无价"观点为大多数人所接受，水资源一般无价或以极低的价格提供给消费者，与此同时，政府将大量公共投入用于大型水利设施的修建以增加水资源的供应，并予以水资源供给大量的补贴（牛坤玉和吴健，2010；刘静，2012）。一般认为，水资源低价或无价有以下两个方面的弊端：第一，水价太低使农户缺乏节水意识，导致了大量水资源浪费现象的出现，从而降低了水资源利用率；第二，低水价使供水单位无法收回供水成本，缺乏维护灌溉基础设施的资金，大量水利设施年久失修。于是，随着供水成本的上升，开源供水不仅无法满足人们用水量的增长，同时带来了一系列的环境问题。

国外对水资源价值问题的关注始于20世纪70年代，Young和Grey通过实验证明水的价值不可能超过最经济水源的边际成本，Seagrave等运用线性规划模型的推算方法提出了在不同组合条件下的最佳解和水资源价值（姜文来，1998）。20世纪80年代以后，全球范围内资源与环境问题的加剧引起各国政府、多种组织研究机构、环境学家、经济学家的重视。Fakhraei等（1984）对随机供水情况下价格问题进行了研究，分析了水量配给规律和价格稳定性影响，Moncur（1987）针对城市用水定价和干旱对策展开了研究，分析了水资源价格在干旱条件管理中的作用。之后众多学者对水资源的不同定价方法展开了研究（Mann，1987；Tufgar等，1990；Agarwal等，2000）。Mahmoud AbuZeid（2001）的研究指出，农业水价的构成中不仅需要反映水资源的价值，还应包括供水服务成本以及成本回收机制。Meinzendick 和 Dosegrant（1997）表示制定水价应该建立在完全供给成本之上。当水的价格等于完全供给成本时，每个用水者所需要和消耗的用水量，是他从最后一单元水使用量所得到的效益等于最后一单元水的成本即水的边际效益等于价格时的数量，当所有用水者都达到这个均衡时，整个社会用水也会达到最大效益。然而，完全按照完全边际成本定价所需要的信息非常复杂。因此，即使是应用复杂的研究方法也不可能计算出一个大家都接受的价格。在实践中，水价向上波动可能会引起政治上的不利局面，因此受到收入分配和政治目标等因素的影响，水价将会低于它真正的价值（Tsur 和 Dinar，1995；Becker 和 Lavee，2002）。大量研究表明，维持低水价的政策对提高水资源分配效率有着严重的负面影响（Moore 等，1994；Varela-Ortega，1998；Becker 和 Lavee，2002）。

国内对水资源价值的研究始于 20 世纪 80 年代。当时许多学者对资源核算的必要性进行了探讨，这些研究不同程度的都涉及了水资源价值问题（李金昌，1989，1990；李景华，1990）。关于水资源价值的确定，不同的学派之间有所争议。地租理论学派认为地租是水资源价值的重要组成部分（胡昌暖，1993；沈大军等，1998）；劳动价值论学派认为仅靠水资源的自然再生产已无法满足社会经济发展的需要，在经济发展过程中，需要人类长期地在保护和利用水资源等自然资源的过程中投入大量的人力和物力，因此天然的水资源已打上了人类劳动的烙印，因而具有价值（蒲志仲，1993；颜振元，1988）；综合价值学派认为，水资源的价值应该综合考虑稀缺性、资源产权和劳动价值三个方面（李金昌，1991，1994；沈大军等，1998；王浩等，2003）。许多学者先后提出了水资源定价模型，具有代表性的有：李金昌（1995）根据地租理论与生产价格理论提出的资源价格模型；姜文来（1998）提出的模糊数学定价模型；傅春和胡振鹏（1998）、彭新育和王力（1998）为代表的影子价格模型；张志乐（1995）提出的替代措施法。在这些理论基础上，从 20 世纪 80 年代起，我国水价改革逐步推行。农业灌溉水价变革也被寄予很高的期望：由于农业的节水潜力巨大，提价传递的价格信号能够约束农户的用水行为，达到节约用水的目的，同时可以实现水资源的合理配置，使灌溉效率提高，最终实现水资源可持续利用（牛坤玉和吴健，2010）。虽然和水价改革刚刚起步的时候相比，水价已有大幅提升，灌溉费用在农户种粮成本中的占比已从 1980 年的 3% 上升到 2000 年的接近 10%（廖永松，2009），但目前总体而言仍然难以对灌溉用水量起到调节作用，农户缺乏节水激励，而且许多灌区仍处于经营亏损状态，灌溉基础设施缺乏维护，渠道渗水漏水现象严重，灌溉效率低，影响农户缴纳水费的积极性，如此一来形成供水系统管理不善的恶性循环（刘莹等，2015；廖永松，2009）。

1.3.4.3 水价对农户生计的影响

（1）水价与农户用水量的关系。

在已有文献中，一部分文献的研究结果表明，提高水价能够减少农户对水资源的利用。其中许多学者从水资源弹性角度出发展开研究，认为一般情况下水资源的需求价格弹性为负，且农业用水对价格比较敏感（Frank 等，1997；裴源生等，2003；周春应和章仁俊，2005）。另外，有些学者利用计量、线性代数以及 CGE 等模型进行实证研究，如刘莹等（2015）的研究结果表明，农户用水量对水价会经历一个无弹性到敏感弹性再到低弹性的过程，这与郭善民（2004）的结论相近。赵永等（2015）利用多区域静态 CGE 模型研究了不同省区水价提高对灌溉用水量的影响，结果显示，以各省区水价提高 15% 为例，流域灌溉用水量将减少总灌溉用水量的 1.5%。另一部分水价研究使用了其他的定量分析方法，如 Moghaddasi 等（2009）通过伊朗的实例研究，结果表明高水价的节水效果是显著的。贾绍凤和康德勇（2000）的研究预测水价提高会对华北地区的用水量产生抑制作用，未来华北地区的水资源需求量将减少 25%~50%。有学者定量分析了黄河流域水价与水资源需求的关系，结果表明在其他条件一定的情况下，农业灌溉水价平均提高 10%，农业用水量将减少 5.71%~7.41%；若灌溉面积不变，将现行水价提高至成本价，最终能够节水 63.05 亿立方米，节水率达 22.8%（毛春梅，2005）。

在这些文献中，有些学者进一步研究了水价对用水量的影响机制，结论显示水价改变了以后，农户会适应性地改变其生产决策，从而影响农户用水量，达到节水的目的。牛坤玉和吴健（2010）研究了水价变化条件下农户节水行为的变化，发现随着水价的提升，农户的节水决策会经历减少灌溉用水、采用节水技术、开采地下水以及水改旱四个阶段。另外，水价调整之后，农户会选择节水灌溉方式或改变种植结构，实现减少灌溉用水量的目的（于法稳等，2005；雷波等，2008；江煜和王学峰，2008）。

然而，也有一些学者持不同观点，认为水价政策并非十分有效。郭善民等（2004）的结论也认为水价政策不会对农民的节水行为产生影响。Mamitimin 等（2015）通过对塔里木河流域的农户调研，分析表明地表水水价的提高可能引起地下水开采的加剧。许多研究表明当水价低于某一限定价格时，此时提高水价几乎不能或很少能引起农户用水需求的减少，而只能导致农户收入减少；而当水价太高时，农户可能因此放弃种植，农业用水的需求弹性也会变得很小甚至为零，因此农业用水只有在一定区间内具有弹性（Moore 等，1994；Schaible，1997；Varela-Ortega 等，1998）。

（2）水价与作物产量的关系。

廖永松（2009）的研究结果显示水价上升导致的单位面积灌溉水量的减少会引起小麦和玉米单产的减少。刘莹等（2015）认为在水价上涨的初期，作物单产是保持不变的，当水价上涨到某一值时，作物单产会随着要素投入的减少而减少。Berbel 和 Gómez-Limón（2000）认为提高水价会促使农户减少需水作物的种植。

（3）水价与农户收入的关系。

多数学者认为提高水价会对农户收入带来负面影响。郭善民（2004）认为提高水价虽然有利于提高供水单位的收益，但却降低了农户的福利水平。廖永松（2009）通过三大灌区农户调研一手数据，分别从用水量、粮食产量和农民收入三个角度评估灌溉水价改革的影响，其实证结果表明，水价上涨虽然有利于减少农户用水量，但也会阻碍粮食增产和农户增收。刘莹等（2015）认为水价上升会导致农户种植收入的持续下降，并指出种植收入的下降主要来自水价上涨导致的农户种植决策的改变。Berbel 和 Gómez-Limón（2000）以及 Aidam（2015）分别对西班牙和加纳两国的水资源情况进行分析，认为水价的提高确实会对农户用水量的减少有一定作用，但这是建立在水价提高到一定程度的基础上，而这时的水价已经对农户收入、生产活动、就业等方面带来了巨大的负面影响。

而赵连阁（2006）的研究有不同的结论，他利用线性规划的方法评价了水价改革的社会、经济和环境效果，结论显示，水价提高的结果之一就是导致农户减少了需水作物的种植，如果农户不受限制的调整种植结构，其收入不但不会下降，反而还会上升。

1.3.4.4 "一提一补"水价改革研究

（1）"一提一补"水价改革效果研究进展。

针对河北省衡水市桃城区试点的"一提一补"水价改革的实施效果，许多学者已经展开研究。许多学者将试点村与非试点村在"一提一补"政策实施前后的用水量数据进行比较，结果表明该政策实施以后试点村用水量大幅下降，节水效果显著（常宝军，2008；孙梅英等，2009；常宝军和刘毓香，2010）。Wang 等（2016）的研究结果表明"一提一补"制度对小麦和棉花用水量的影响是显著的，对玉米用水量的影响并不显著。陆秋臻和刘静（2017）利用倍差法从农户生计的角度证明了"一提一补"的实施并没有导致农户的粮食产量和收入降低。王军等（2016）的研究表示虽然"一提一补"调控机制的节水效果是显著的，但该机制的可持续性令人担忧。

（2）"一提一补"与其他政策的比较研究。

黄杰（2008）对总量控制和"一提一补"调控机制两种制度进行了比较，他认为：一方面，总量控制实施的是阶梯式水价，只有超罚没有节奖，而且工作量大，操作成本高，操作上没有"一提一补"简便易行；另一方面，总量控制多收的钱去向不明，容易引起用水户的抵触情绪，而一提一补多收的钱大多以补贴的形式返还给了用水少的用水户，公开透明，群众满意度高。常宝军（2008）的研究也对总量控制的弊端进行了相似总结。Chen 等（2014）最先从经济学角度对该政策做出评价，通过对几种典型水价政策理论模型的推导和比较，结果显示"一提一补"不仅能够节水，而且能够提高农户的福利水平。

1.3.4.5　文献评述

综上所述，国内外学者对于农业水价制度的研究先后经历了三个阶段：第一阶段是对农业水价制度定价方法和理论的研究探索；第二阶段是对农业水价实施方法和路径的研究；第三阶段是对各个地区农业水价政策实施效果的评估。总的来说目前学术界对于农业水价制度已经有了广泛的理论探讨和实践总结。但还存在以下几点局限：

第一，研究视角较为单一。一是现有大量文献针对农业水价政策效果的评估都集中于节水效果一个方面。而事实上农业水价改革会带来一系列连锁的影响，最直接的是可能会影响农户的灌溉行为，从而影响了农户的用水量，进一步可能会影响作物的产量甚至农户的收入，这些都是可供研究的视角。二是目前的研究多集中于北方缺水地区的农业水价改革研究，而其中又以地表水的研究居多，很少涉及地下水水价改革研究。

第二，规范分析较多，实证分析较少。目前大多数文献所用的方法都是规范分析，通过对一个地区水价改革实施前后的数据对比之后得出结论，这种分析方法的主要缺陷就是无法排除这些数据层面的政策效果不是由政策以外的因素造成的，显然缺乏说服力。而目前学术界对于水价政策效果评估的主要实证研究方法有三种：一是计量的方法，通过建立计量模型估计水价政策对各个被解释变量的影响参数，得出结论；二是数学规划的方法，在假定每亩投入产出固定的前提下，求解最优种植结构，进而分析有种植结构调整引起的总用水量和收益的变化；三是可计算一般均衡模型的方法。

第三，缺少系统性的理论框架。农业水价改革是一项系统工程，水价政策作为单一的政策工具在很多情况下并不能达到促进水资源节约、农业增产、农民增收等多重效果，因此在实施的过程中需要加强顶层设计，需要与其他相关制度配套实施同时进行，才会有助于价格政策功能的实现，但已有的研究主要是从某些单一或局部的领域进行分析，各个问题相对独立、自成体系，缺少对农业水价改革的全过程、全方位和全员性探讨，缺乏完备的理论框架体系。

1.3.5 农业面源污染以及化肥利用效率

1.3.5.1 农业面源污染研究

国内面源污染的相关研究最早开始于 20 世纪 80 年代，主要源自关于珠江、太湖、滇池、洱海等流域水质变化及水环境的研究。以珠江为例，在珠江流域水体富营养化日益严重的情况下，根据实地检测数据与工作考察经验，有学者发现除工业废水污染和城市生活污水污染两处点源污染外，珠江流域面源污染的五大来源分别是水土流失、农药污染、矿区径流污染、酸雨污染和城市暴雨径流污染（李学灵，1985）。由于国内关于面源污染状况的统计工作尚未开始，部分从水资源角度出发的针对面源污染的研究，仍以笔者的实践与工作经验为主。20 世纪 80 年代中期，林芳容（1985）介绍了包括水文模型、土壤流失方程、面源修正的 BOD-DO 模型以及计算污染的负荷函数在内的农地面源污染计算模型，并运用洮水和天津于桥水库的研究实例进行了模型应用的说明，为面源污染量的计算与统计工作提供了方法参考。

自 20 世纪 90 年代以来，国内学术界普遍认为农业源污染是面源污染的重要组成部分，部分学者关注到农田水分、养分以及水肥间的相互作用，并做了面源污染层面的相应探索。有学者从肥料科技方面探讨如何在施肥获得高产的同时，又能减少及消除污染，实现农业清洁生产（赵定国，1992；廖宗文等，2001）。有学者将水分和养分间的协同效用应用到面源污染研究中（徐振剑等，2007），发现控水灌溉不仅省水节电增产，而且经济效益十分显著，是控制农业面源污染的有效措施（马立珊等，1997；靳孟贵等，2002；茆智，2002；万玉文和茆智，2015；于伟咏等，2017）。为减少农业源的面源污染，专家学者陆续开展了在农田污染源头以及污染末端进行污染防控的实测和理论试验。或从植保角度入手，完善病虫害总体综合防治模式，从而减少农药施用量，减轻农业面源污染

（缪荣蓉等，1999）；或从肥料角度入手，发展肥料科技，主张以微生物菌肥代替化肥，以期达到既稳产又减污的效果（郭慧光和闫自申，1999）；或从工程角度入手，探索使用人工湿地处理农田废水，控制面源污染的可能性（刘文祥，1997；吴启堂和高婷，2003；王耀琴，2004；董凤丽，2004；莫绍周，2005）。随着对农业面源污染认识的深入，人们逐渐意识到面源污染的防治不是一蹴而就的，也不是实施单一措施就能完成的。要从多维度、多层面出发，将各个环节综合起来统一行动。部分学者从化肥、农药、地膜、污灌及农用固体废物四方面阐述了清洁生产的必要性（莫测辉等，2000）；有学者从综合治理的角度说明了农业生态工程对减少农业污染，实现农业可持续发展的作用（卞有生，2001）；有学者指出畜禽粪便、生活污水等废弃物的不当利用对面源污染的附加作用（全为民和严力蛟，2002；程序，2002；刘润堂等，2002；高怀友等，2003；文军等，2004；杨林章等，2004；张宏艳，2004；张维理等，2004；武淑霞，2005；潘乐，2012）；另有学者分析了农户的施肥行为，研究在农户层面降低农业面源污染的有效途径（何浩然等，2006；巩前文，2007；史常亮等，2016；高晶晶等，2019）。近年来，农业面源污染的相关研究呈现出多领域、跨学科的态势（兰婷，2019），集中于特定区域、作物、方向等更具有针对性的、更深入的专业研究。我国农业面源污染的研究自一开始就以保障粮食稳产为首要前提，以保障农民权益、提高农民收益为条件，始终根植于农业生产，体现出我国农业面源污染研究生产与防控并重、治理与建设齐进的基调，充分展现了可持续发展的理念。

造成农业面源污染，特别是农田面源（也称种植业源）污染的主要来源之一是化肥，化肥是农业生产投入的重要组成部分，其用量是衡量节水、减污效果的重要指标。针对农田水利工程等基础设施的建设，国内外学者对其与农业生产投入的关系进行了研究，研究成果大致可分为两个方向：一部分学者认为交通、灌溉等基础设施能够降低农业生产成本（Schultz 和 Theodore，1964；Mamatzakis，2003；Teruel 和 Kuroda，2005；辛毅，2006；朱晶和晋乐，2016）；另一部分学者分析发现，灌溉设施和农村公路的增加有利于增加农业生产要素投入，农业基础设施建设对粮食生产中的劳动要素具有替代效应，对资本要素和中间要素具有互补效应（吴清华等，2014；曾福生和李飞，2015）。由此可见，在农田水利工程等农业基础设施与农业生产投入关系的相关研究中，学术界并未形成一致的研究结论。在农业水价综合改革方面，学者更多关注水权交易、水价形成机制、社会资本的参与、水利设施的完善与维护等（王亚华等，2017；田贵良等，2017；余根坚等，2019；姜翔程等，2020；董小菁等，2020）。但鲜有研究聚焦于该项政策的生态环境效益。

1.3.5.2 化肥利用效率及农户施肥行为

（1）中国化肥利用效率研究。

学者认为化肥施用技术效率低，造成化肥面源污染，较多学者选择利用能量比值法、随机前沿生产函数（SFA）、数据包络分析法等，测算化肥利用效率，并进一步识别化肥利用效率的影响因素。

已有研究显示，中国主要农作物的化肥利用效率普遍较低。具体研究对象、方法、使用数据及主要结果，如表1-2所示。值得一提的是，周芳和金书秦（2016）提出衡量化肥利用效率的新方法，即化肥产出率——每单位化肥投入所对应的农产品产量，实际上等于作物单产/化肥施用强度。

表1-2　中国化肥利用效率测算研究比较

笔者与年份	测算对象	数据	方法	主要结果
巩前文（2007）	湖北省主要农作物	农户调查数据	能量比值法	湖北省化肥施用效率下降
杨增旭和韩洪云（2011）	小麦和玉米	1996~2009年主产省份的面板数据	随机生产函数	0.474和0.452
Wu（2011）	—	吉林、黑龙江、浙江、安徽、四川3129户农户调研数据	随机前沿生产函数	0.333

续表

笔者与年份	测算对象	数据	方法	主要结果
李晶瑜（2012）	小麦、玉米、稻谷	宏观年鉴数据	随机前沿生产函数	0.37、0.26 和 0.37
史常亮等（2015）	小麦	1998～2013 年全国 15 个主产省年鉴数据	随机前沿方法的单一投入技术效率测度模型	0.45
史常亮等（2015）	水稻	4 省 577 个水稻种植户的微观调研数据	基于超越对数随机前沿生产函数方法的单一投入要素技术效率测度模型	0.35
颜璐（2013）	棉花	新疆莎车县 203 户棉农的实地调查数据	随机前沿分析法	0.4598
张豪（2016）	—	河南省洛宁县 269 户的农户调查数据	随机前沿生产函数模型	2012 年和 2014 年农药化肥利用效率平均值分别是 0.09337、0.21968
刘德伟等（2017）	主要粮食作物	宏观统计年鉴数据	C－D 随机前沿生产函数	0.603

资料来源：根据已有文献整理所得。

影响化肥利用效率的因素主要有：①农户户主的基本特征，包括农户的受教育程度（Wu，2011；李晶瑜，2012；颜璐，2013；史常亮等，2015；张豪，2016）、是否为村干部（朱宁和马骥，2014）、是否获得技术培训（杨增旭和韩洪云，2011；颜璐，2013）、对化肥利用率的认识程度（颜璐，2013）等。②家庭特征，包括农民的收入水平（杨增旭和韩洪云，2011；李晶瑜，2012；张豪，2016）、农户的种植规模（杨增旭和韩洪云，2011；李晶瑜，2012）。③市场特征，包括化肥价格（杨增旭和韩洪云，2011；李晶瑜，2012；史常亮等，2015）、市场化程度（Wu，2011）。④生产特征：土地性质（Wu，2011）、土壤质量（颜璐，2013）、灌溉次数（朱宁和马骥，2014）等。

（2）农户施肥行为实证研究。

学者通过对不同地区的农户进行实地调研和访谈，基于农户经济理论，利用一般线性模型、双对数模型、Probit 模型、Tobit 模型、Logistic 模型和 Heckman 模型等计量方法定量分析农户施肥行为的影响因素，从农户个人特征、农户家庭特征、耕地情况、生产活动特征、农业市场特征等方面分析农户施肥行为。

1）农户个人特征。

性别、年龄、务农年限：巩前文等（2008）基于江汉平原284个农户数据，利用Probit模型结果发现，户主为男性且从事农业生产年数越长，越不愿意减少化肥施用量。刘渝（2011）基于湖北江汉平原地区235份农户问卷的数据，运用双对数回归模型分析化肥施用量的影响因素，发现教育对减少化肥施用量有明显的作用，农户年龄越大越不愿意减少化肥施用量。于婷婷（2013）基于江西省三个村299户农户调研数据，通过建立Tobit模型和OLS模型探究外出务工行为、汇款行为对农户家庭施肥行为的影响机制，发现农户年龄与化肥施用量呈现"U"型关系，年龄较小与年龄较大的农户倾向于增加化肥施用量。田云等（2015）研究发现，年龄小、务农年限长、户主为男性、对循环农业认知程度高、参加农民专业合作组织的农户会降低化肥和农药施用量。崔新蕾等（2011）的研究发现女性更愿意通过接受相应的补偿来减少化肥施用量。

农户受教育水平：马骥（2006）利用河北、山东200户农户微观数据，采用双对数模型，研究表明，农户劳动力受教育程度越高，粮食作物的化肥施用量越少。同样，利用调研数据得出类似结论的研究还有茹敬贤（2008）、巩前文等（2008）、刘渝（2011）、颜璐（2013）、仇焕广等（2014）、尹晓宇（2016）。但是，何浩然等（2006）经过分析指出无法确定农户受教育水平越高，越会减少化肥施用量。Yan等（2016）运用我国19个省份1043户农户的调查资料，发现农户受教育年限对施肥量呈正向影响。Asfawa和Admassieb（2004）研究得出，农户家庭成员的受教育程度越高，或与周围人的信息交流越多，施用化肥量越少。

农户对待风险的态度：仇焕广等（2014）基于农户调研数据，通过实验设计确定农户风险规避程度，结果表明，农户风险规避程度与过量施用化肥呈正相关关系，与茹敬贤（2008）的研究结果一致。尹晓宇（2016）指出种植大户对待风险的态度对其化肥施用强度是负向影响。

Paulson 和 Babcock（2010）认为虽然化肥是风险递增的农业投入品，但是风险厌恶的农户为了降低农作物产量的风险，依然选择多施化肥。天气的随机性和土壤条件的不可改变性增加了农业生产的风险，这些不确定性导致农户过量施用化肥（Sheriff，2005；Rajsic 等，2009）。Heisey 和 Norton（2007）提出过去 40 多年中发展中国家尤其是亚洲国家的农药和化肥用量迅速增加，原因主要是耕地有限，人口密集，农产品需求量大。

2）农户家庭特征。

关于农户家庭特征，一般研究认为，农户的家庭总收入越高，经济基础越好，农户在购买化肥以及其他生产物资时，受到的资金约束越少，相应地，化肥施用量也会增加（马骥，2006；茹敬贤，2008；尹晓宇，2016；李志朋，2016），Brauw 和 Rozelle（2008）分析 2000 年中国 6 个省份的农户施肥量数据，指出农户的非农收入是一个因素，且呈负相关影响。更多争议的焦点在农业劳动力与外出务工方面。

在农业劳动力方面，农业劳动力占人口总数比例越高的农户家庭，农业收入为家庭主要收入来源，为了获取更高的农业收益，农户在生产过程中会更科学地施用化肥，从而倾向于少施肥（崔新蕾等，2011；颜璐，2013；肖新成和谢德体，2016）。龚琦和王雅鹏（2011）也认为农业劳动力减少可以增加农民家庭的非农收入，减小对农业生产和化肥施用的依赖，从而减施化肥。然而，李志朋（2016）的研究结果表明，家庭农业劳动力比重越大，劳动力越多，农户化肥使用行为会越不合理。

在外出务工方面，劳动力外出务工比例较高的家庭，务工收入已然成为家庭主要收入来源，第一，农业劳动力的机会成本较高，为了节约劳动力成本，农户会选择增加平均化肥施用量，减少化肥施用次数，造成化肥过量施用（茹敬贤，2008；仇焕广等，2014；史常亮等，2016；陈黎和仇蕾，2017）；第二，此类家庭对农业生产的重视和依赖程度低，务农经验缺乏，忽视农业生产技术，不知道如何科学施肥，造成化肥施用行为不合理（李志朋，2016；肖新成和谢德体，2016）；第三，非农就业的增加，提高了家庭现金收入，使得农户购买化肥时的资金压力在某种程度上得以缓解，导致农户会多施肥（何浩然等，2006）。Zhu 等（2012）的研究表明，汇款行为对中国农村家庭的生产投入（包括化肥投入）没有显著的影响，资金的约束并不会影响化肥的投入（Abler，2015）。于婷婷（2013）认为家庭劳动力资源因为劳动力转移而减少，家中务农劳动力数量较少，无人进行田间管理，放弃施肥，故认为外出务工人数越多，农户家庭化肥投入水平越低。Russell（2003）对印度农户化肥施用不合理的原因进行研究分析，发现非农就业劳动力转移速度越快，越能降低农户种植农作物的风险，农户选择增加化肥施用量来提高农作物产量。

3）耕地情况。

在耕地质量方面，马骥（2006）、仇焕广等（2014）研究发现土地质量越好，农户越倾向于降低化肥的施用量。肖新成和谢德体（2016）却发现耕地质量越高，农作物产量越高，农户为了进一步增加产出，反而更倾向于增加化肥施用量，因此同等条件下，耕地质量越好，农户越容易增加施肥量（巩前文等，2008）。Paswel 等（2009）通过对非洲肯尼亚西部的 260 户农户调查研究，发现忽略土壤肥力条件与化肥需求量之间的关系，导致化肥不合理施用。

在土地规模方面，土地因细碎化无法被规模化利用，农户无法因地施肥，只能凭自身主观经验判断施肥品种和施肥量，降低化肥施用效率（史常亮等，2016；陈黎和仇蕾，2017）。反之，随着农户种植规模的扩大，产生规模经济效益，农户会更加重视农业生产，降低单位面积上投入的化肥等农资品及管理成本，以更低单位投入成本获得同等的农作物单产，达到农作物增产增收的目的（颜璐，2013；李志朋 2016；肖新成和谢德体，2016）。刘渝（2011）、田云等（2015）认为即使实际经营耕地面积越大，耕地细碎化程度降低，农户也难以降低化肥施用量。于婷婷（2013）发现化肥施用量与土地面积呈倒"U"型，即人均耕地面积处于一定规模时，农户才会选择科学施肥。

4）生产活动特征。

随着农业结构由种植业向养殖业调整，为达到收益最大化的目标，农户将土地转向产量高、收益大的水果、蔬菜等经济作物（龚琦和王雅鹏，2011；葛继红和周曙东，2011；于婷婷，2016；肖新成和谢德体，2016；尹晓宇，2016）。复种指数越高，农作物播种面积数值越高，化肥投入强度必然增加，已有研究证明复种指数显著的、正向的影响农户化肥施用量（何浩然等，2006；陈黎和仇蕾，2017）。有机肥作为化肥的重要替代品，它的施用能够改善土地肥力、提高土壤养分，在一定程度上可以减少化肥的施用量（马骥，2006；茹敬贤，2008；颜璐，2013；肖新成和谢德体，2016）。Ghosh（2004）考察了印度两种主要作物的数据，发现多数情况下，适度增加农家有机肥使用比例并不会产生任何经济损失。但是，何浩然等（2006）认为有机肥对化肥的替代关系并不显著。农户倾向于省时省力的施肥方式，例如减少施肥次数或采用撒施方式，在传统的施肥习惯和粗放的施肥方式下，为达到增产的目的必然靠增加化肥施用量来保证肥效（李海霞等，2008；张福锁，2012；肖建军等，2014）。

在农业技术培训方面，农户通过参加农业技术培训，不仅可以接触到施肥新技术的相关信息，而且有机会寻求农技推广人员答疑解惑，从而有利于化肥利用效率的提高（马骥，2006；刘渝，2011；颜璐，2013；Jia等，2015；史常亮等，2016；肖新成和谢德体，2016）。但是，何浩然等（2006）、茹敬贤（2008）、姜昕等（2017）提出，农技培训提供机构往往是化肥供应商的利益相关者，他们的主要培训目标是促进作物产量和化肥销量，较少考虑经济和环境等因素，反而造成农技培训与化肥施用强度有正向关系。一方面，企业组织的农业技术推广，依托于农资产品介绍进行，农民对这种推广方式心存疑虑，并没有真正采用新技术；另一方面，地方政府提供的农技推广服务不够完善，未能改变农户传统施肥习惯，新型施肥技术在推广中受阻。巩前文等（2008）、宋宇（2016）指出绝大部分农户甚至鲜有接受技术培训和指导的机会。

5）农业市场特征。

在农产品价格方面，农产品前期价格或者农户对农产品的预期价格影响农户化肥施用量（马骥，2006），两者之间存在一定的正相关关系。化肥作为最主要的农业生产投入品，其价格直接影响了农户的化肥施用量，当化肥价格提高，农户在减少化肥施用量（马骥，2006），同时会寻求化肥的替代品。Abdoulaye（2005）运用 Tobit 模型实证分析了尼日尔农户化肥使用行为的影响因素，发现化肥价格越高，农户施肥量越少。

在化肥市场方面，农户的信息获取渠道较少，经销商是重要的渠道之一，农户与经销商之间信息的不对称，在客观上造成了农户施肥过量（茹敬贤，2008）。纪月清等（2016）进一步从农资市场混乱与农户信息不完全角度，指出我国化肥市场差异化，包括纯度高低、颗粒大小、释放速度或氮磷钾比例等方面，这些差异往往通过价格反映出来，使农户难以通过自身经验正确地辨别，加之信息获取成本较高，进而导致一些"理性无知"的农民在购买高质量化肥后仍按照传统方法施肥，因此造成了过量。市场上假冒伪劣的化肥泛滥，使产量达不到预期水平，诱导农户养成过量施肥的习惯（史常亮等，2016）。

在农产品商品化率方面，农产品商品化率越高表明农户与市场联系越紧，对增加单位面积产量的要求越强烈，同时农户从种植业获得的现金收入越多，农户越积极地购买化肥，越倾向于增施化肥（巩前文等，2008）。马骥（2006）认为以获取收入为目的的农户，在生产决策中追求利润最大化，会根据往年的生产资料使用情况作出成本分析，能够对生产资源做出最佳运用决策；而自家消费为目的的农户大多数为低收入户，从理论来看，为维持其自身的生存和发展，只能依靠增加化肥等农业生产资料的投入而获得稳定产量，因此其粮食作物化肥施用量较高。

6）社会因素。

在政策方面，国家对化肥行业的多方面价格管制政策，造成化肥要素市场的扭曲，使化肥价格与其真实成本相差甚远，低价化肥可以替代劳动力，农户选择过量施用低成本的化肥（马骥，2007；黄文芳，2011；葛继红和周曙东，2012；于伟咏等，2017）。现行的粮食补贴政策均是为了实现粮食增产、农民增收，并未有力约束农户施肥行为，也未充分考虑农业面源污染问题，以致变相鼓励农民不合理施用化肥（徐春春，2008；

史常亮等，2016）。然而，黄季焜等（2009）利用描述性分析和回归分析发现，无法证明粮食补贴对农户生产决策（包括粮食种植面积和投入）造成了扭曲。侯玲玲等（2012）的研究也表明，农业补贴与化肥投入量的增加两者之间并没有显著的关系。Abler（2015）认为补贴政策的促进作用在解释中国化肥过量施用时被夸大了。

在城镇化与工业化进程加快的背景下，农业劳动力成本增加，化肥与劳动力之间的替代关系更加明显，农民通过增施化肥替代劳动，导致施肥总量增加（何浩然等，2006；李洁，2008；胡浩和杨泳冰，2015；史常亮等，2016）。栾江等（2016）认为劳动力转移推动了中国化肥施用量的增加，同时，农户家庭劳动力的非农转移提高家庭收入，农业种植结构趋向于非粮化，这将增加整体施肥量。史常亮等（2016）采用 STIRPAT 模型，利用 2004~2013 年 31 个省份的面板数据，结果表明，农户因为劳动力的非农转移，选择在农业生产中增加化肥施用量。Ebenstein 等（2011）利用 1987~2002 年农户面板数据，运用 2SLS 计量方法，实证研究发现，劳动力由农村向城市的转移与化肥施用量存在正相关关系，且高频率、短时期的劳动力转移更易导致化肥过量施用。Abler（2015）从生产要素替代的角度反驳道，劳动力投入的替代品是机械，肥料则主要替代了土地，这样看来，农业劳动力的转移应该增加额外的机械，而不是增加额外的化肥。

（3）化肥减施增效研究。

化肥减施增效是缓解农业面源污染、推动农业可持续发展的重要路径。2015 年，原农业部提出化肥零增长及减施增效的具体目标。金书秦等基于国家统计局公布的年度数据，对化肥零增长行动实施状况进行连续三年的评估，到 2017 年，全国施肥总量和强度连续两年下降，施肥结构更趋合理。但是，在化肥施用量得到控制的同时，部分地区施肥强度偏高、有机肥环境风险、耕地地力偏低、施肥技术推广受阻等问题不容忽视（熊英和吴健，2017）。魏莉丽（2018）分析农户采纳化肥减施增效技术的意愿，发现实际中减施增效技术的经济效益不高，农户不敢肯定其社会效益，对生态效益的期望不大，但愿意尝试减施增效技术。张灿强（2016）基于全产业链视角，对推动化肥投入零增长路径进行探讨，分析了化肥产能过剩问题突出，市场秩序亟待加强，消费结构升级使得"减肥"压力加大，监管和执法能力有待提升，这些问题都在一定程度上造成化肥使用不科学以及施用量居高不下，张卫峰等（2018）也提出新形势下必须实现肥料全产业链的革新。

1.3.5.3 文献评述

在农业面源污染方面，现有文献的研究成果为本研究提供了重要借鉴，随着农业水价综合改革从局部试点示范向面上整体推进工作的开展，各地区的农田灌溉形式势必会发生一定的改变。在这种情况下，是否还能兼顾面源污染的治理？其面源污染的治理又会有怎样的效果？目前国内在农田面源污染领域的实证型研究并不少，但较少关注在农业水价综合改革下的地区性农田面源污染治理效果。通过在云南省陆良县农业水价综合改革试点的调查，本书将实证分析农业水价综合改革政策对试点村农田面源污染的影响及其作用机制，并在此基础上考察农业基础设施与农业生产要素，尤其是化肥、种子等物质资料投入的关系。对于促进农业节水减污，推动农业可持续发展具有重要的现实意义。

在化肥利用效率方面，已有研究主要集中于肥料利用率、农户施肥行为和意愿两大方面，近年来，随着"化肥减施增效"目标的提出，相关的研究逐渐增多。但是，现有文献依然存在完善空间与争议之处。已有经济方面的研究主要集中于对使用环节农户施肥行为的实证分析，缺乏对肥料生产、销售环节的实证分析。肥料生产企业和销售商作为肥料产业的两大重要主体，其对农户施肥行为有着不可忽略的作用，有待于继续探究。从产业链视角来看，肥料生产、销售、使用等环节存在诸多问题，这些问题都或多或少导致肥料不合理施用的现状。因此，实现化肥减施增效，需要肥料产业链各个环节中的主体共同发力，抓综合施策，并对各个环节的问题重点突破，从而形成"减施"合力，达到"增效"的目标。

第2章 气候变化对我国粮食生产的影响

2.1 中国气候及自然灾害的历史变化趋势

气候变化导致旱灾洪涝灾害等极端气候事件的频度和程度加剧，显著影响农业用水的可利用量和水质，以及作物需水，会对我国农业生产造成不利影响。小型农田水利设施在抵御水旱灾害上会发挥巨大作用，设施管护制度、水利产权改革、农业水价改革等制度建设对于高效使用小型农田水利设施具有重要意义，所以农村水资源管理能力的提升有助于增强我国农田的抗旱和排涝能力，进而应对气候变化下水旱灾害对农业生产的负面影响。

2.1.1 中国气候的时空变动

2.1.1.1 中国31省份年均气温的时空变化

（1）1961~2020 年中国31个省份年均气温的变化。

1961~2020 年中国年均气温呈现出上升的趋势（见图2-1），由1961年的13.91℃上升至2020年的14.71℃，整体在12.85℃~14.82℃范围内波动；其中，2013~2020 年的中国年均气温虽然呈现上升趋势，但是变动幅度较小，在 14.45℃～14.82℃ 范围内变动，上升幅度较小。1961～1967 年，中国年均气温整体略有下降，由 1961 年的 13.91℃ 下降到 1984 年的 13.08℃；此后的 1968～2020 年，中国年均气温整体呈现较为快速的增长趋势，由 1967 年的 13.08℃ 上升至 2020 年的 14.71℃，其中于 1976 年出现此 53 年间的最低值 12.85℃，于 2019 年出现此 53 年间的最高值 14.82℃。

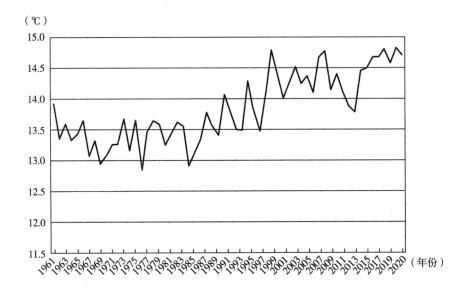

图 2-1　1961～2020 年中国 31 个省份年均气温变化

（2）2001～2020 年中国 31 个省份年均气温的空间变化。

1）2001～2020 年中国八大地区年均气温的对比情况。

2001～2020 年，我国八大区的年均气温地域差别较大（见表 2-1）。南部沿海地区的年均气温一直显著高于其他七大区的年均气温，20 年来的年均气温高于 20℃，在 22℃ 附近波动。东部沿海、长江中游和西南地区这三大区的年均气温一直维持在 15℃ 以上，在 17℃ 附近波动，但是西南地区的年均气温略高于长江地区，长江地区的年均气温略高于东部沿海。黄河中游和北部沿海的年均气温常年处于 10℃～15℃，但是黄河中游的年均气温更低，黄河中游的年均气温在 11℃ 上下波动，北部沿海的年均气温在 12.5℃上下起伏。东北地区和大西北地区的年均气温位于八大区年均气温的低位，常年低于 10℃；东北地区的年均气温最低，在 6℃左右变化，而大西北地区的年均气温高于东北地区，在 7℃上下浮动。

表 2-1　2001~2020 年全国八大区年均气温变化　　　单位：℃

地区	2001~2003 年	2004~2005 年	2006~2008 年	2009~2010 年	2011~2013 年	2014~2015 年	2016~2018 年	2019~2020 年
东北地区	6.16	6.04	6.54	5.44	5.43	6.56	6.33	6.88
北部沿海	12.51	12.51	12.80	12.18	12.11	13.05	13.06	13.08
东部沿海	16.88	16.90	17.29	16.85	16.72	16.85	17.47	17.43
南部沿海	22.52	22.19	22.31	22.19	21.87	22.49	22.44	22.85
黄河中游	10.89	10.82	11.17	10.86	10.72	11.27	11.43	11.38
长江中游	17.12	17.16	17.42	17.17	16.96	17.17	17.48	17.42
西南地区	17.49	17.23	17.48	17.62	17.31	17.68	17.62	17.54
大西北地区	6.87	6.85	7.18	7.26	6.88	7.25	7.47	7.43

2) 2001~2020 年中国八大地区年均气温变动的对比情况。

2001~2020 年，我国八大地区气温上升幅度也存在不同。2001~2020 年，东北地区的气温上升幅度最大，2019~2020 年的年均气温比 2001~2003 年的年均气温要高 0.72℃；北部沿海、东部沿海和大西北地区气温上升的幅度均大于 0.50℃，分别为 0.58℃、0.56℃和 0.56℃；黄河中游的年均气温在此 20 年间的上升幅度接近 0.50℃，具体为 0.48℃；大西北地区年均气温的此 20 年间的上升幅度最小，仅 0.05℃。

2.1.1.2　中国 31 个省份年均降水量的时空变动

(1) 2001~2020 年中国 31 个省份年均降水量的时间变化。

2001~2020 年中国年均降水量整体呈现比较平稳的趋势，在 851.98~1213.33 毫米范围内变化，除 2011 年和 2016 年出现了两个极值外，其余年份的降水量在 1000 毫米左右小范围浮动。2011 年全国年均降水量是此 20 年间的最低值，为 851.98 毫米；2016 年全国年均降水量是此 20 年间的最高值，为 1213.33 毫米。

虽然我国年均降水量整体呈现比较平稳的趋势，但是2001~2010年年均降水量的变动幅度要小于2011~2020年年均降水量的变动幅度。并且，2001~2020年中国年均降水量的变动存在明显的先上升后下降的周期性特征（见图2-2）。

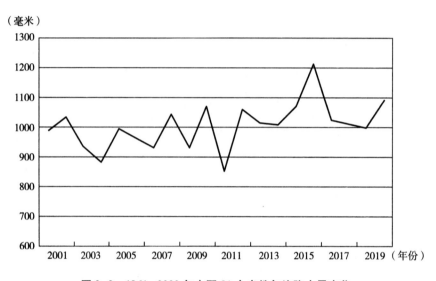

图2-2　1961~2020年中国31个省份年均降水量变化

（2）2001~2020年中国31个省份年均降水量的空间变化。

1）2001~2020年中国八大地区年均降水量的对比情况。

2001~2020年，我国八大区的年均降水量地域差别较大。南部沿海地区的年均降水量一直显著高于其他七大区的年均降水量，20年间平均降水量为1649.43毫米。长江中游的年降水量仅次于南部沿海地区，20年间平均降水量为1335.44毫米。东部沿海和西南地区的年均降水量在2001~2008年基本持平，此8年间的年均降水量在1150毫米上下变化，但是2008年之后东部沿海地区的年均降水量要比西南地区的年均降水量高出100毫米以上。东北地区、北部沿海和黄河中游这三大区的年均降水量基本持平，20年间平均降水量在630毫米附近波动，其中黄河中游的年均降水量比东北地区和北部沿海要略高。大西北地区的年均降水量最低，20年间平均降水量为443.14毫米。

2）2001~2020 年中国八大地区年均降水量变动的对比情况。

2001~2020 年，我国八大区年均降水量的变动存在区域差异。东部沿海和东北地区的年均降水量在此 20 年间波动最大，均超过 180 毫米。东部沿海的年均降水量由 2001~2003 年的 1195.12 毫米上升至 2019~2020 年的 1381.94 毫米，增加高达 186.82 毫米；东北地区的年均降水量由 2001~2003 年的 561.13 毫米上升至 2019~2020 年的 743.82 毫米，增加高达 182.69 毫米。长江中游的年均降水量在此 20 年间上升的幅度也超过 100 毫米，为 120.36 毫米。大西北地区、西南地区和北部沿海地区的年均降水量在此 20 年间的变化在 50~65 毫米变化，分别为 51.03 毫米、62.63 毫米和 63.27 毫米。黄河中游的年均降水量在此 20 年间波动最小，仅增加了 35.16 毫米。但是，南部沿海地区 2019~2020 年的年均降水量低于 2001~2003 年的年均降水量，年均降水量减少了 50.94 毫米（见表 2-2）。

表 2-2　2001~2020 年全国八大区年均降水量变化　单位：毫米

地区	2001~ 2003 年	2004~ 2005 年	2006~ 2008 年	2009~ 2010 年	2011~ 2013 年	2014~ 2015 年	2016~ 2018 年	2019~ 2020 年
东北地区	561.13	623.90	577.30	694.07	685.34	565.11	653.60	743.82
北部沿海	572.72	631.92	610.30	620.29	654.26	587.84	663.38	635.99
东部沿海	1195.12	1115.13	1181.02	1287.20	1193.90	1455.13	1395.98	1381.94
南部沿海	1614.62	1454.58	1670.73	1737.33	1676.78	1662.83	1814.88	1563.68
黄河中游	630.55	615.06	607.10	632.66	627.03	646.09	670.47	665.71
长江中游	1336.77	1263.74	1248.71	1364.87	1240.64	1469.50	1462.14	1457.13
西南地区	1176.13	1116.79	1150.05	1090.73	1087.07	1284.02	1231.82	1238.76
大西北地区	437.76	419.07	421.08	419.60	434.42	439.16	485.23	488.79

2.1.2　中国 31 个省份自然灾害的时空变动

2.1.2.1　中国 31 个省份旱灾的时空变动

（1）2001~2020 年中国 31 个省份旱灾受灾率和成灾率的时间变化。

1）2001~2020 年中国旱灾受灾率和成灾率的时间变化。

2001~2020 年，中国旱灾受灾率、成灾率整体呈现下降趋势，下降幅

度巨大。旱灾受灾率由 2001 年的 24.71% 下降至 2020 年的 3.03%，旱灾
成灾率由 2001 年的 15.22% 下降至 2020 年的 1.5%。在 2001~2012 年表
现出比较明显的先升后降的周期性特征，波动性较大，但是整体上旱灾受
灾率、成灾率仍在降低；2013~2020 年旱灾受灾率、成灾率呈现出平缓的
下降趋势。

2）2001~2020 年中国旱灾与气温、降水的时间关联特征。

从图 2-3 和图 2-4 中可以看出，2001~2020 年，我国旱灾的发生与
高年均气温和低年均降水量之间存在关联关系。比如在 2008 年、2012 年
和 2020 年，全国年均气温较低、年均降水量较高，国内旱灾受灾率、成
灾率较低；在 2007 年、2009 年和 2017 年，全国年均气温较高、年均降
水量较低，国内旱灾受灾率、成灾率较高。

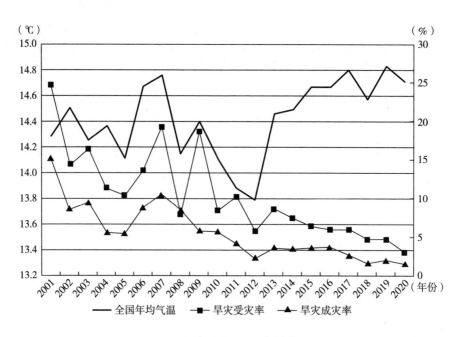

图 2-3　2001~2020 年中国旱灾受灾率、
成灾率和全国年均气温

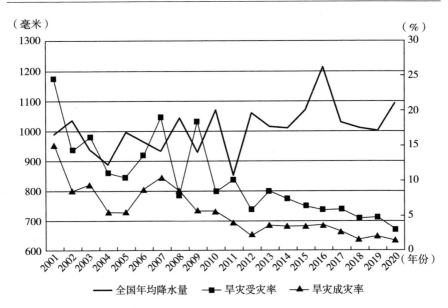

图 2-4　2001~2020 年中国旱灾受灾率、成灾率和全国年均降水量

（2）2001~2020 年中国 31 个省份旱灾受灾率和成灾率的空间变化。

1）2001~2020 年中国旱灾受灾率和成灾率的空间变化。

2001~2020 年，我国八大地区旱灾的严重程度不同。东北地区、大西北地区和黄河中游的旱灾受灾率和成灾率在八大区中属于高水平，这三个地区 20 年间的旱灾平均受灾率分别为 17.12%、14.22% 和 14.09%，旱灾平均成灾率分别为 8.51%、7.41% 和 7.96%。东部沿海和南部沿海的旱灾受灾率和成灾率在八大区中属于低水平，这两个地区的旱灾平均受灾率分别为 2.02% 和 4.13%，旱灾平均成灾率分别为 1.34% 和 1.80%

2）2001~2020 年中国旱灾与气温、降水的空间关联特征。

我国八大地区旱灾的严重程度与当地年均气温和年均降水量之间存在关联。东北地区、大西北地区和黄河中游这三个高旱灾受灾率和高旱灾成灾率的地区年均降水量均较低，20 年间平均年降水量不超过 650 毫米；同时这三个地区的气温是八大地区中最低的三个地区，年均气温在 6℃、7℃ 和 11℃ 左右浮动，温度低导致当地空气中含水量较低、气候干燥，加之当地降水量较低，这三个地区的旱灾较为严重（见表 2-3）。

表 2-3　全国八大区旱灾受灾率与年均气温、年均降水量

单位:%,℃,毫米

地区		2001~2003 年	2004~2005 年	2006~2008 年	2009~2010 年	2011~2013 年	2014~2015 年	2016~2018 年	2019~2020 年
东北地区	受灾率	33.93	20.38	27.75	24.32	3.53	10.16	14.21	2.68
	气温	6.16	6.04	6.54	5.44	5.43	6.56	6.33	6.88
	降水	561.13	623.90	577.30	694.07	685.34	565.11	653.60	743.82
北部沿海	受灾率	22.00	5.15	8.78	9.81	6.42	9.15	2.38	1.11
	气温	12.51	12.51	12.80	12.18	12.11	13.05	13.06	13.08
	降水	572.72	631.92	610.30	620.29	654.26	587.84	663.38	635.99
东部沿海	受灾率	4.90	4.54	1.89	3.39	5.64	2.37	0.60	0.06
	气温	16.88	16.90	17.29	16.85	16.72	16.85	17.47	17.43
	降水	1195.12	1115.13	1181.02	1287.20	1193.90	1455.13	1395.98	1381.94
南部沿海	受灾率	5.51	4.50	2.54	0.21	0.28	0.80	0.17	0.38
	气温	22.52	22.19	22.31	22.19	21.87	22.49	22.44	22.85
	降水	1614.62	1454.58	1670.73	1737.33	1676.78	1662.83	1814.88	1563.68
黄河中游	受灾率	24.25	14.06	17.39	17.60	8.68	13.07	9.80	7.87
	气温	10.89	10.82	11.17	10.86	10.72	11.27	11.43	11.38
	降水	630.55	615.06	607.10	632.66	627.03	646.09	670.47	665.71
长江中游	受灾率	13.03	6.32	6.80	5.76	11.71	1.64	3.10	4.89
	气温	17.12	17.16	17.42	17.17	16.96	17.17	17.48	17.42
	降水	1336.77	1263.74	1248.71	1364.87	1240.64	1469.50	1462.14	1457.13
西南地区	受灾率	13.07	9.82	12.00	15.79	9.97	2.99	0.81	4.51
	气温	17.49	17.23	17.48	17.62	17.31	17.68	17.62	17.54
	降水	1176.13	1116.79	1150.05	1090.73	1087.07	1284.02	1231.82	1238.76
大西北地区	受灾率	19.62	19.14	25.02	18.23	12.34	11.72	6.60	1.12
	气温	6.87	6.85	7.18	7.26	6.88	7.25	7.47	7.43
	降水	437.76	419.07	421.08	419.60	434.42	439.16	485.23	488.79

　　东部沿海和南部沿海这两个低旱灾受灾率和低旱灾成灾率的地区年均降水量高,20 年间平均年降水量均高于 1200 毫米;这两个地区年均气温在 17℃ 和 22℃ 左右浮动,虽然在八大地区中年均气温相对较高,但是仍较为温和,加之当地降水充沛,旱灾并不严重(见表 2-4)。

表 2-4　全国八大区旱灾成灾率与年均气温、年均降水量

单位: %,℃, 毫米

地区		2001~2003 年	2004~2005 年	2006~2008 年	2009~2010 年	2011~2013 年	2014~2015 年	2016~2018 年	2019~2020 年
东北地区	成灾率	33.93	20.38	27.75	24.32	3.53	10.16	14.21	2.68
	气温	6.16	6.04	6.54	5.44	5.43	6.56	6.33	6.88
	降水	572.72	631.92	610.30	620.29	654.26	587.84	663.38	635.99
北部沿海	成灾率	22.00	5.15	8.78	9.81	6.42	9.15	2.38	1.11
	气温	12.51	12.51	12.80	12.18	12.11	13.05	13.06	13.08
	降水	572.72	631.92	610.30	620.29	654.26	587.84	663.38	635.99
东部沿海	成灾率	4.90	4.54	1.89	3.39	5.64	2.37	0.60	0.06
	气温	16.88	16.90	17.29	16.85	16.72	16.85	17.47	17.43
	降水	1195.12	1115.13	1181.02	1287.20	1193.90	1455.13	1395.98	1381.94
南部沿海	成灾率	5.51	4.50	2.54	0.21	0.28	0.80	0.17	0.38
	气温	22.52	22.19	22.31	22.19	21.87	22.49	22.44	22.85
	降水	1614.62	1454.58	1670.73	1737.33	1676.78	1662.83	1814.88	1563.68
黄河中游	成灾率	24.25	14.06	17.39	17.60	8.68	13.07	9.80	7.87
	气温	10.89	10.82	11.17	10.86	10.72	11.27	11.43	11.38
	降水	630.55	615.06	607.10	632.66	627.03	646.09	670.47	665.71
长江中游	成灾率	13.03	6.32	6.80	5.76	11.71	1.64	3.10	4.89
	气温	17.12	17.16	17.42	17.17	16.96	17.17	17.48	17.42
	降水	1336.77	1263.74	1248.71	1364.87	1240.64	1469.50	1462.14	1457.13
西南地区	成灾率	13.07	9.82	12.00	15.79	9.97	2.99	0.81	4.51
	气温	17.49	17.23	17.48	17.62	17.31	17.68	17.62	17.54
	降水	1176.13	1116.79	1150.05	1090.73	1087.07	1284.02	1231.82	1238.76
大西北地区	成灾率	19.62	19.14	25.02	18.23	12.34	11.72	6.60	1.12
	气温	6.87	6.85	7.18	7.26	6.88	7.25	7.47	7.43
	降水	437.76	419.07	421.08	419.60	434.42	439.16	485.23	488.79

2.1.2.2　中国 31 个省份洪涝灾的时空变动

(1) 2001~2020 年中国 31 个省份洪涝灾受灾率和成灾率的变化。

1) 2001~2020 年中国洪涝灾受灾率和成灾率的时间变化。

2001~2020 年, 中国洪涝灾受灾率、成灾率具有显著的先上升后下降

的周期性特征，2011~2020 年洪涝灾的受灾率和成灾率的数值和波动性要小于 2001~2010 年洪涝灾的受灾率和成灾率（见图 2-5）。

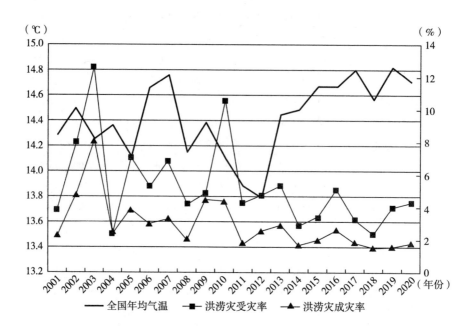

图 2-5 2001~2020 年中国 31 个省份洪涝灾受灾率、成灾率和全国年均气温

2）2001~2020 年中国洪涝灾与气温、降水的时间关联特征。

2001~2020 年，我国洪涝灾高受灾率和高成灾率与我国高年均气温和高年均降水量相关；反之亦然。比如在 2002 年、2016 年、2019 年和 2020 年，全国的年均气温和年均降水量均高，洪涝灾受灾率和成灾率也高；在 2006 年、2009 年、2011 年、2014 年、2017 年和 2018 年，全国的年均气温和年均降水量均低，洪涝灾受灾率和成灾率也较低（见图 2-6）。

（2）2001~2020 年中国 31 个省份洪涝灾受灾率和成灾率的空间变化。

1）2001~2020 年中国洪涝灾受灾率和成灾率的空间变化。

2001~2020 年，我国八大地区洪涝灾的严重程度存在差异。长江中游

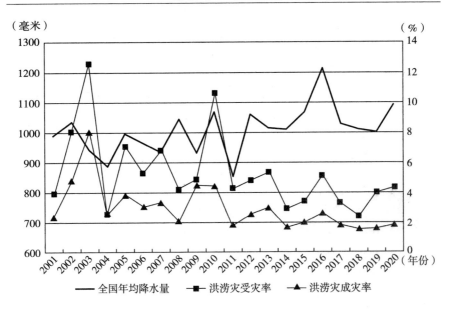

图 2-6　2001~2020 年中国 31 个省份洪涝灾受灾率、

成灾率和全国年均降水量

地区洪涝灾受灾率和成灾率一直显著高于其他七个地区，20 年间的平均洪涝灾受灾率和成灾率分别为 9.78% 和 5.69%；大西北地区洪涝灾受灾率和成灾率处于八大地区中的最低水平，20 年间的平均洪涝灾受灾率和成灾率分别为 2.65% 和 1.62%；北部沿海的洪涝灾受灾率和成灾率也位于八大地区中的低水平，20 年间的平均洪涝灾受灾率为 3.26%（见表 2-5）。

表 2-5　全国八大区洪涝灾受灾率与年均气温、年均降水量

单位:%，℃，毫米

地区		2001~2003 年	2004~2005 年	2006~2008 年	2009~2010 年	2011~2013 年	2014~2015 年	2016~2018 年	2019~2020 年
东北地区	受灾率	4.76	5.80	2.98	5.01	6.25	2.14	3.03	7.84
	气温	6.16	6.04	6.54	5.44	5.43	6.56	6.33	6.88
	降水	561.13	623.90	577.30	694.07	685.34	565.11	653.60	743.82

续表

地区		2001~2003年	2004~2005年	2006~2008年	2009~2010年	2011~2013年	2014~2015年	2016~2018年	2019~2020年
北部沿海	受灾率	3.83	2.47	3.09	6.82	4.68	1.56	2.27	1.37
	气温	12.51	12.51	12.80	12.18	12.11	13.05	13.06	13.08
	降水	572.72	631.92	610.30	620.29	654.26	587.84	663.38	635.99
东部沿海	受灾率	11.85	0.87	7.48	4.92	3.08	1.83	0.90	1.06
	气温	16.88	16.90	17.29	16.85	16.72	16.85	17.47	17.43
	降水	1195.12	1115.13	1181.02	1287.20	1193.90	1455.13	1395.98	1381.94
南部沿海	受灾率	5.84	4.10	6.40	7.64	1.78	2.48	1.60	1.94
	气温	22.52	22.19	22.31	22.19	21.87	22.49	22.44	22.85
	降水	1614.62	1454.58	1670.73	1737.33	1676.78	1662.83	1814.88	1563.68
黄河中游	受灾率	7.34	4.41	3.97	4.46	4.49	1.17	3.41	2.03
	气温	10.89	10.82	11.17	10.86	10.72	11.27	11.43	11.38
	降水	630.55	615.06	607.10	632.66	627.03	646.09	670.47	665.71
长江中游	受灾率	13.15	7.70	10.18	16.12	6.23	7.47	7.91	9.51
	气温	17.12	17.16	17.42	17.17	16.96	17.17	17.48	17.42
	降水	1336.77	1263.74	1248.71	1364.87	1240.64	1469.50	1462.14	1457.13
西南地区	受灾率	9.54	5.54	5.39	7.59	4.30	3.43	2.23	2.50
	气温	17.49	17.23	17.48	17.62	17.31	17.68	17.62	17.54
	降水	1176.13	1116.79	1150.05	1090.73	1087.07	1284.02	1231.82	1238.76
大西北地区	受灾率	4.19	1.78	2.81	3.17	3.16	1.85	3.17	1.07
	气温	6.87	6.85	7.18	7.26	6.88	7.25	7.47	7.43
	降水	437.76	419.07	421.08	419.60	434.42	439.16	485.23	488.79

2) 2001~2020年中国洪涝灾与气温、降水的空间关联特征。

我国八大地区洪涝灾的严重程度与当地年均气温和年均降水量之间存在关联。洪涝灾最严重的长江中游地区的年均降水量和年均气温在八大地区中一直处于较高水平，分别在1300毫米和17℃上下波动。洪涝灾最不严重的大西北地区的年均降水量和年均气温在八大区中一直处于低水平，年均降水量在450毫米左右，年均气温在7℃左右；同样地，洪涝灾并不严重的北部沿海地区年均降水量和年均气温也位于八大地区中的较低水平，年均降水量在 600 毫米左右，年均气温在 12.5℃左右（见表 2-6）。

表 2-6　全国八大区洪涝灾成灾率与年均气温、年均降水量

单位:%,℃,毫米

地区		2001~2003 年	2004~2005 年	2006~2008 年	2009~2010 年	2011~2013 年	2014~2015 年	2016~2018 年	2019~2020 年
东北地区	成灾率	3.49	2.78	2.76	4.16	3.52	1.26	1.83	3.15
	气温	6.16	6.04	6.54	5.44	5.43	6.56	6.33	6.88
	降水	561.13	623.90	577.30	694.07	685.34	565.11	653.60	743.82
北部沿海	成灾率	2.41	1.97	1.56	3.78	2.19	0.93	0.97	0.60
	气温	12.51	12.51	12.80	12.18	12.11	13.05	13.06	13.08
	降水	572.72	631.92	610.30	620.29	654.26	587.84	663.38	635.99
东部沿海	成灾率	6.68	0.54	3.72	1.93	1.09	0.88	0.42	0.40
	气温	16.88	16.90	17.29	16.85	16.72	16.85	17.47	17.43
	降水	1195.12	1115.13	1181.02	1287.20	1193.90	1455.13	1395.98	1381.94
南部沿海	成灾率	3.10	2.45	1.92	4.78	1.11	1.31	0.77	0.50
	气温	22.52	22.19	22.31	22.19	21.87	22.49	22.44	22.85
	降水	1614.62	1454.58	1670.73	1737.33	1676.78	1662.83	1814.88	1563.68
黄河中游	成灾率	4.69	3.17	1.70	2.52	2.52	0.70	1.91	0.61
	气温	10.89	10.82	11.17	10.86	10.72	11.27	11.43	11.38
	降水	630.55	615.06	607.10	632.66	627.03	646.09	670.47	665.71
长江中游	成灾率	8.73	5.38	5.15	10.30	3.06	4.31	4.28	4.30
	气温	17.12	17.16	17.42	17.17	16.96	17.17	17.48	17.42
	降水	1336.77	1263.74	1248.71	1364.87	1240.64	1469.50	1462.14	1457.13
西南地区	成灾率	5.33	3.78	2.65	2.72	1.97	2.00	1.25	0.86
	气温	17.49	17.23	17.48	17.62	17.31	17.68	17.62	17.54
	降水	1176.13	1116.79	1150.05	1090.73	1087.07	1284.02	1231.82	1238.76
大西北地区	成灾率	2.52	1.28	1.67	1.79	1.63	1.36	2.19	0.51
	气温	6.87	6.85	7.18	7.26	6.88	7.25	7.47	7.43
	降水	437.76	419.07	421.08	419.60	434.42	439.16	485.23	488.79

2.1.3 小结

在目前全球气候变化导致自然灾害的频度和程度都加强的背景下，本节研究了我国气候变化和旱涝灾害之间的关联关系。从全国层面出发，研究了中国31个省份年均气温、年均降水量和自然灾害的时空变化情况，并分析了我国旱灾和洪涝灾害的时空变动与我国年均气温和年均降水量之间的关联关系。

第一，对中国31个省份年均气温和年均降水量的时空变化情况进行了分析。在时间变化上，1961~2020年中国年均气温呈现出上升的趋势，由1961年的13.91℃上升至2020年的14.71℃；2001~2020年中国年均降水量整体呈现比较平稳的趋势，在851.98~1213.33毫米变化。在空间变化上，2001~2020年，我国八大区的年均气温地域差别较大，南部沿海地区的年均气温一直显著高于其他七大区的年均气温；并且不同地区气温上升幅度也存在不同，东北地区的气温上升幅度最大。2001~2020年，我国八大区的年均降水量也存在地域差别，南部沿海地区的年均降水量一直显著高于其他七大区的年均降水量；在区域年均降水量的变动上，东部沿海和东北地区的年均降水量在此20年间波动最大。

第二，对中国31个省份旱涝灾害的时空变动情况进行了描述，并分析了我国旱灾和洪涝灾的发生与年均气温和年均降水量之间的关联关系。在时间变化上，2001~2020年，中国旱灾受灾率和成灾率整体呈现下降趋势，旱灾的发生与高年均气温和低年均降水量之间存在关联关系；中国洪涝灾受灾率和成灾率具有显著的先上升后下降的周期性特征，洪涝灾的发生与高年均气温和高年均降水量相关。在空间变化上，2001~2020年，我国八大地区旱灾和洪涝灾的严重程度存在差异，并且旱灾和洪涝灾的严重程度与当地年均气温和年均降水量之间存在关联。例如，东北地区的旱灾受灾率和成灾率在八大区中属于高水平，当地的年均气温和年均降水量在八大地区中处于低水平；长江中游地区洪涝灾受灾率和成灾率一直显著高于其他七个地区，而其年均降水量和年均气温在八大地区中一直处于较高水平。

2.2　气候变化对我国粮食生产的影响

气候变化问题已引起世界各国的广泛关注，IPCC 报告指出，气候系统变暖已是毋庸置疑，在这样的背景下，气温、降水等气候要素发生变化，极端天气、气候事件的发生强度和频率都将增加，这些可能会使粮食减产，淡水供给量减少、质量下降，疾病的影响和传播范围加大，影响经济社会的可持续发展，甚至威胁人类的生存。

我国是农业大国，农业生产还没有完全摆脱"靠天吃饭"的局面。而在气候变化背景下，农业生产所依赖的气温、降水等因素发生变化，尤其是各种区域性的干旱、强降水等极端天气、气候事件的发生频率和强度呈现增加的趋势，极可能给农业造成毁灭性的破坏，对此，适应能力差的农户将不堪一击，因此，亟待进行气候变化对农业生产影响的研究。

2.2.1　数据来源及数据处理

2.2.1.1　数据来源

本部分分析所使用的数据由气象数据和农业生产投入产出数据两部分组成。

（1）气象数据。

来源于"中国气象数据共享平台"① 中的"中国地面年值气候数据集"和"中国地面月值气候数据集"，包括 1989 年到 2012 年我国 600 多个气象站点的地面气候资料年值数据。

_____

① 资料来源：http://cdc.cma.gov.cn/dataSetLogger.do? changeFlag = dataLogger&tpCat = SURF&titleName=地面气象资料。

（2）农业生产投入产出数据。

涉及的指标有各省份（不含港澳台，重庆归并到四川省）的粮食总产量、粮食作物播种面积、化肥、机械、第一产业劳动人数、耕地面积、农林牧渔业总产值、农业总产值、受灾面积和成灾面积等，为了保证数据的完整性，在尽可能保证时间序列较长的前提下，确定的时间段为1989~2012年。

2.2.1.2 数据处理

原始气象数据以气象站点为基本单位，为了得到各省份的年度气象数据，我们需要对原始气象数据进行计算处理。

第一，将站点归属到相应的省份。根据各站点的经纬度数据，采用北京1954大地坐标系统，利用ArcGIS软件生成站点矢量图，然后将其与省级行政区矢量图（北京1954大地坐标系统），进行空间关联，即可将各站点匹配到各省份。

第二，计算各省份1989~2012年的年总降水量和年平均气温。例如，安徽省有26个有完整记录的站点，为了得到安徽省各年的降水值和平均气温值，只需计算这26个站点各年相应指标的平均值即可。依次地，可以计算得到全国30个省份1989~2012年的年总降水量和年平均气温。

2.2.2 我国粮食产量变化分析

2.2.2.1 粮食总产量

近年来，我国粮食总产量逐年上升，2013年粮食生产再次刷新纪录，达60193.5万吨，实现了20多年来首次连续10年增产，被称为"十连增"。从图2-7来看，近57年来，我国粮食总产量整体上呈增长趋势，但在短期内存在不同程度的波动。具体来看，1960~1984年保持高速增长，从14384.5万吨增长到40730.5万吨，增长了183%；1985年（3608.18万吨）到1998年（51229.53万吨）增长速度变缓，增长了35%；1998年之后连续5年产产量下降，达到2003年的最低值43069.53万吨；2004年开始粮食产量出现恢复性增长，因此"十连增"的前四年里都是恢复性增长阶段，真正的超过历史最高值的持续增长从 2008 年（52870.92 万吨）开始，2012 年为 58958.00 万吨，2008 年到 2012 年增长率为 1.7%。

图 2-7　1960~2012 年我国粮食总产量变化趋势

资料来源：国家统计局数据库（1960~2012 年）。

粮食总产量取决于播种面积和单产水平，下文对播种面积和单产水平的变化趋势进行分析。

2.2.2.2　粮食作物播种面积

由图 2-8 可以看出，粮食作物总播种面积呈减少趋势，粮食播种面积占农作物播种面积的比例也呈下降趋势，两者的变化趋势基本相同。在粮食总产量减少的 5 年间（1998~2003 年），粮食播种面积也逐年减少，2003 年粮食播种面积为近 57 年来的最低值，2004~2012 年粮食播种面积逐年增加，增加了 9.44%，但粮食作物播种面积所占比重却没有明显的增加，而且从 2006 年开始，所占比重有下降趋势。随着城镇化的推进、经济作物的增加，粮食播种面积的增加空间有限，由此可见在种植面积增长难以为继的情况下，粮食总量的保证必须靠单产水平的提高。

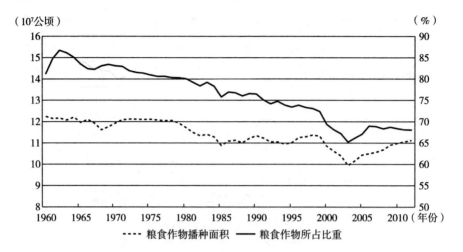

图 2-8　我国粮食作物播种面积及占总播种面积的比重

资料来源：国家统计局数据库（1960~2012 年）。

2.2.2.3　粮食单产水平

长期来看，我国粮食单产水平不断增加，短期内，有不同程度的波动。具体来看，1960~1984 年增长较快，从 1123.98 千克/公顷增长到 3608.18 千克/公顷，增长了 207%，在播种面积逐年减少的情况下，粮食单产比同阶段的粮食总量增长速度高 24%；1985 年（3608.18 万吨）到 1998 年（51229.53 万吨）增长速度变缓，增长率为 1.8%，增长了 29%；在粮食产量持续减少的 5 年（1999~2003 年）里，粮食单产水平有小幅的减少。然而 2003 年之后，粮食单产并不像总产量那样持续增长，而是有小幅的波动（见图 2-9）。

由以上分析可以看出，在粮食播种面积以 0.2% 的速率减少的情况下，粮食总产量依然保持以 2.7% 速率不断增加，这主要是由于农业科技水平提高带来的粮食单产水平的提高。但由以上分析还可以看出，2003 年之后，播种面积有所提高，粮食总产量逐年增加，但粮食单产水平却并不是逐年持续增加，而是在波动中增加，我们知道，粮食单产的增加主要在科技水平的提高，如果不考虑自然条件带来的不确定性，随着科

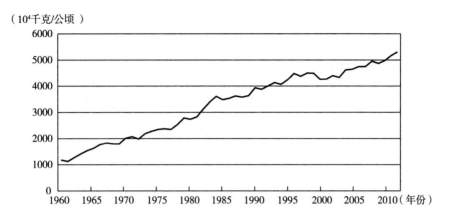

图 2-9　1960~2012 年我国粮食单产变化趋势

资料来源：国家统计局数据库（1960~2012 年）。

技水平的提高，粮食单产应该是逐年增加的，而现实是粮食单产在有不同程度的波动，我们有理由推断这其中的主要原因可能是科技还无法控制自然条件的影响所造成的。

2.2.3　气候变化对粮食生产影响的实证分析

2.2.3.1　模型设定与相关变量说明

（1）模型设定。

随着对气候变化问题的不断认识，农业生产作为气候变化最为敏感的产业之一，气候变化对农业生产的影响也将逐渐成为研究的重点。粮食生产关系到粮食安全问题，具有重大的战略意义，因此，本部分从粮食生产的角度进行分析。粮食生产方面已有大量的文献，致力于找出提高粮食产量的关键因素，通常考虑种植面积、机械动力、化肥、劳动力投入、灌溉面积等物质投入要素，在耕地面积增长难以为继的情况下，保证单产水平是最重要的。而气候变化背景下的气温、降水等气候要素的变化以及极端天气、气候事件的多发、频发将严重威胁粮食单产水平的提高，因此，迫切需要进行气候变化对粮食生产影响研究。

气候变化对农作物生产的影响最终反映在作物的产量水平上，因此本部分将粮食单产作为被解释变量。根据生产函数理论，以 C-D（柯布道格拉斯）生产函数为基础，引入气候投入要素，构建粮食生产的 C-D-C模型来分析气候变化对粮食生产的影响。通过引入降水和气温的不同形式进行多角度分析，包括二次项、交互项以及气象要素与地区之间的交互项，分析气温和降水对粮食生产的影响形态，以及对不同地区影响的差异性。

1）不含地区交互项。

$$\ln y_{it} = \alpha + \beta_1 \ln(labor_{it}) + \beta_2 \ln(machine_{it}) + \beta_3 \ln(fertilizer_{it}) + \beta_4 irrigation_{it} + $$
$$\beta_5 temp_{it} + \beta_6 prcp_{it} + + \beta_7 t + \varepsilon_{it} \qquad (2-1)$$

由于气温和降水对粮食产生的影响并非线性的，而是存在着一个最佳值，超过该值，将会有负面影响。因此，模型中我们引入气温和降水的二次方，以揭示气象要素的非线性影响。

$$\ln y_{it} = \alpha + \beta_1 \ln(labor_{it}) + \beta_2 \ln(machine_{it}) + \beta_3 \ln(fertilizer_{it}) + \beta_4 irrigation_{it} + $$
$$\beta_5 temp_{it} + \beta_7 temp_{it}^2 + \beta_8 prcp_{it} + \beta_9 prcp_{it}^2 + \beta_{10} t + \varepsilon_{it} \qquad (2-2)$$

气温和降水相互影响，如果在同样的气温条件下，降水量的多少对作物产量的影响效果显著不同，所以，气温和降水带来的影响效果是两者共同作用的，因此，我们的方程中引入气温和降水的交互项。

$$\ln y_{it} = \alpha + \beta_1 \ln(labor_{it}) + \beta_2 \ln(machine_{it}) + \beta_3 \ln(fertilizer_{it}) + \beta_4 irrigation_{it} + $$
$$\beta_5 temp_{it} + \beta_6 prcp_{it} + \beta_7 temp_{it} \times prcp_{it} + \beta_8 t + \varepsilon_{it} \qquad (2-3)$$

2）包含地区交互项。

由于气候变化具有显著的区域差异性，为了反映不同地区的气候变化，在前文的基础上，分别引入气温和降水与地区变量的交互项。

$$\ln y_{it} = \alpha + \beta_1 \ln(labor_{it}) + \beta_2 \ln(machine_{it}) + \beta_3 \ln(fertilizer_{it}) + $$
$$\beta_4 irrigation_{it} + \beta_5 \ln(temp_{it}) + \beta_6 \ln(prcp_{it}) + \beta_7 \ln(temp_{it}) \times $$
$$D + \beta_8 \ln(prcp_{it}) \times D + \beta_9 t + \varepsilon_{it} \qquad (2-4)$$

其中，i 表示不同的省份，t 表示不同的年份，y_{it} 表示第 i 个省第 t 年的粮食单产水平，labor 表示劳动力投入，machine 表示农用机械总动力，

fertilizer 表示化肥施用量；irrigation 表示有效灌溉率，prcp 和 temp 分别表示年总降水量和年平均气温，是我们最关心的气候变量，t 为用时间变量表示的技术进步变量；α、β$_i$ 表示待估参数；ε$_{it}$ 表示随机扰动项，包含了模型中未能考虑的因素的影响。

（2）变量说明。

1）粮食产量。

气候变化对粮食生产的影响最直观地反映在产量水平上，衡量产量的指标有总产和单产，总产是单产和面积之积，气候变化影响的主要是单产水平，因此，本部分选取"粮食单产"作为实证分析的被解释变量。

2）气象数据。

关于气象要素，有的用月度数据，但由于相邻月份气象数据很接近，容易引起共线性；有的用季度数据，比较理想，但囿于数据获取的限制，无法获取季节数据；有的用作物生长期的平均气温相应数据（朱红根，2010），但非生长季节的气温也很重要，可能是因为他们对杂草和害虫的影响（Mendelsohn 和 Dinar，1999），因此，本部分使用年度气象数据进行分析（见表 2-7 和表 2-8）。其中，气温（℃）为年平均气温，降水为年总降水量（毫米）。

表 2-7　1989~2012 年全国各省份年总降水量的基本统计结果

单位：毫米

地区	省份	平均值	最大值	最小值	差值	线性趋势
华北地区	北京	568.64	853.00	328.00	525.00	−5.93
	天津	500.77	736.45	312.5	423.95	0.72
	河北	507.75	669.01	347.58	321.43	0.08
	山东	688.36	976.87	444.84	532.03	2.82
	山西	475.86	653.24	315.83	337.41	0.46
	河南	761.61	1073.28	518.06	555.22	1.45
	内蒙古	296.19	443.97	219.61	224.36	−1.95

续表

地区	省份	平均值	最大值	最小值	差值	线性趋势
东北地区	辽宁	669.86	994.97	479.34	515.63	3.18
	吉林	613.07	816.03	490.44	325.59	0.05
	黑龙江	515.46	645.14	380.68	264.46	−1.30
西北地区	陕西	610.11	853.77	434.02	419.75	4.43
	甘肃	280.82	350.62	212.42	138.2	0.18
	青海	356.82	445.49	305.04	140.45	1.87
	宁夏	271.6	351.66	171.78	179.88	−1.08
	新疆	147.26	211.06	97.46	113.6	0.82
华东地区	上海	1186.6	1482.95	755.6	727.35	−4.52
	江苏	1047.67	1512.85	769.59	743.25	−3.32
	浙江	1321.16	1621.07	835.56	785.52	−5.56
	福建	1621.37	2045.47	1077.39	968.08	1.13
华中地区	安徽	1199.22	1594.91	907.2	687.71	−1.32
	湖北	1158.40	1489.49	868.02	621.47	−6.79
	湖南	1419.27	1900.73	989.35	911.38	−6.57
	江西	1719.77	2207.59	1292.24	915.35	−3.12
华南地区	广东	1747.05	2234.33	1299.33	935.00	−1.09
	广西	1626.50	2114.31	1179.38	934.93	−0.45
	海南	1717.45	2117.63	1033.12	1084.50	6.18
西南地区	四川	902.85	1036.1	776.2	259.9	−1.33
	贵州	1122.31	1282.31	841.19	441.12	−3.09
	云南	1102.85	1289.95	896.20	393.74	−5.29
	西藏	466.71	547.69	360.39	187.30	0.16

表 2-8　1989~2012 年全国各省份年平均气温的基本统计结果

单位:℃

地区	省份	平均值	最大值	最小值	差值	线性趋势
华北地区	北京	12.12	13.15	10.73	2.42	−0.02
	天津	13.03	13.70	12.00	1.70	−0.01
	河北	10.88	11.75	10.07	1.68	0.01
	山东	12.97	13.84	12.31	1.53	0.02

续表

地区	省份	平均值	最大值	最小值	差值	线性趋势
华北地区	山西	9.72	10.73	8.57	2.15	0.04
	河南	14.67	15.33	13.85	1.48	0.04
	内蒙古	4.69	5.86	3.55	2.31	0.01
东北地区	辽宁	8.94	9.81	7.91	1.90	-0.02
	吉林	5.41	6.50	4.44	2.06	-0.01
	黑龙江	2.73	3.93	1.99	1.94	-0.01
西北地区	陕西	11.77	12.52	10.71	1.81	0.04
	甘肃	7.82	8.60	6.95	1.65	0.04
	青海	1.99	3.01	0.91	2.10	0.07
	宁夏	8.66	9.65	7.66	1.99	0.02
	新疆	8.14	9.07	7.10	1.97	0.04
华东地区	上海	17.05	18.35	15.95	2.40	0.05
	江苏	15.53	16.52	14.69	1.83	0.03
	浙江	16.95	18.07	15.87	2.20	0.05
	福建	19.09	19.87	18.25	1.62	0.04
华中地区	安徽	15.64	16.45	14.77	1.68	0.04
	湖北	16.35	17.25	15.09	2.16	0.05
	湖南	16.98	17.75	15.99	1.76	0.04
	江西	17.87	18.64	17.26	1.38	0.03
华南地区	广东	22.18	22.82	21.47	1.35	0.02
	广西	21.34	22.00	20.64	1.36	0.02
	海南	25.22	26.09	24.31	1.78	0.00
西南地区	四川	12.10	12.80	11.23	1.57	0.04
	贵州	15.61	16.27	15.00	1.27	0.02
	云南	16.76	17.55	15.84	1.70	0.04
	西藏	4.85	5.97	3.57	2.41	0.07

3）粮食生产的劳动力、化肥、机械动力、地膜、农药等物质投入要素。

本书投入要素是指用于粮食作物生产的投入量，年鉴上获取的相关指标统计了用于第一产业（农林牧渔）的物质要素投入量，我们借鉴已有研究的做法（朱红根，2010），对它们进行了加权处理，具体处理方法如下：劳动力投入（人）＝农林牧渔业从业人数×（粮食播种面积/农作物总播种面积），化肥投入（千克）＝化肥施用量×（粮食播种面积/农作物总播种面积），农业机械投入（千瓦）＝农业机械总动力×（粮食播种面积/农作物总播种面积），地膜使用量（千克）＝地膜使用量×（粮食播种面积/农作物总播种面积）。

4）有效灌溉率。

"有效灌溉面积"是指有一定水源，地块较平整，灌溉工程或设备已经配套，在一般年景下能够进行正常灌溉的耕地面积，是反映我国农田水利建设的重要指标[①]。我们用有效灌溉率来衡量灌溉水平，有效灌溉率（％）＝有效灌溉面积/耕地面积。一方面，是为了防止回归中的多重共线性，由于灌溉面积是耕地面积的一部分，可能会与种植面积产生严重的多重共线性；另一方面，由于不同地区不同年份的耕地面积不同，仅用有效灌溉面积不能很好地反映一个地区的灌溉水平，没有可比性。

5）技术进步。

技术进步是粮食产量提高的重要因素，本部分用时间趋势来表示技术进步变量。

6）区域虚拟变量。

气象要素具有明显的地域差异性，按照惯常的地理分区，将我国分为七大地理区域（见表2-9）。以华中地区为参照组，当省份在华北地区时，$D_1 = 1$，其他为0；当省份在东北地区时，$D_2 = 1$，其他为0；当省份在西北地区时，$D_3 = 1$，其他为0；当省份在华东地区时，$D_4 = 1$，其他为0；当省份在华南地区时，$D_5 = 1$，其他为0，当省份在西南地区时，$D_6 = 1$，其他为0。两大分类中（南方和北方），当省份为南方地区时，$D = 1$，其他为0。

---

① 国家统计局网站相关指标解释。

表 2-9　中国地理分区

分区		包含省份
北方	华北地区	北京、天津、河北、山东、山西、内蒙古
	东北地区	辽宁、吉林、黑龙江
	西北地区	陕西、甘肃、青海、宁夏、新疆
南方	华东地区	上海、江苏、浙江、福建
	华中地区	安徽、湖北、湖南、江西
	华南地区	广东、广西、海南
	西南地区	四川、贵州、云南、西藏

表 2-10　变量说明及基本统计结果

变量名称	单位	取值及含义	平均值	标准差	最大值	最小值
粮食单产	千克/公顷	各省粮食单产	4465.20	0.24	7251.16	1859.10
劳动力人数	人/公顷	单位面积劳动力投入	1.08	0.45	2.35	0.00
机械动力	瓦/公顷	单位面积机械动力	4122.53	0.69	19058.92	762.81
化肥施用量	千克/公顷	单位面积化肥施用量	272.24	0.42	595.00	61.32
有效灌溉率	%	有效灌溉面积/耕地面积×100	53.28	0.42	99.79	8.80
降水量	毫米	年累计降水量	887.45	0.57	2234.33	97.46
气温	℃	年平均气温	12.90	0.45	26.09	0.91
技术进步	—	用时间序列表示				
区域变量	—	详见前文中变量的具体说明				

资料来源：笔者整理计算。

2.2.3.2　估计方法选择

本部分进行实证分析所用的数据是面板数据（Panel Data），面板数据由于包含了时期、截面和变量三个方向的信息，如果设定了不正确的模型形式，模型估计结果可能会与所要模拟的现实有较大偏离。因此，面板模型分析的第一步就是检验样本数据究竟适合用哪种估计形式，从而避免模型设定不正确带来的偏差，改进参数估计的有效性。

根据"个体影响"设定形式的不同，面板模型分析可用随机效应与固定效应两种形式。随机效应模型假定所有个体都有相同的截距项，而个体的差异主要体现在随机扰动项的设定上。固定效应模型则认为个体效应是不随时间改变的固定性因素，个体差异主要体现在每个个体都有的特定的截距项上。

无论是随机还是固定效应，无法说谁对谁错。从计量的角度来看，随机效应的假设最为严格，要求个体效应和解释变量不相关，这个假设多数情况下不能满足，对于在时间和截面上都有较大变化的数据，随机效应比固定效应模型能更好表现误差来源的特征，而固定效应的优点是能反映任意截面所对应因变量与所有截面对应的因变量均值的差异程度。此外，随机效应模型要求误差项中的个体效应分量与模型中的解释变量不相关，而固定效应模型则没有这样的要求。

在具体模型类型及估计方法的选择上，一般分别通过 F 检验（确定 POLS 和固定效应哪个更优）、BP（Breush-Pagan）检验（随机效应模型和混合 OLS 模型哪个更优）以及豪斯曼（Hausman）检验（随机效应和固定效应哪个更优）来对模型的分析方法进行选择和取舍。但这些检验也有不足之处，有些情况下，也要具体情况具体对待。

在固定效应和随机效应的选择上有两种不同的观点：一种观点认为，当样本来自一个较小的母体时，应该用固定效应模型，如果样本来自很大的母体，应该用随机效应模型。另一种观点认为，采用哪种模型主要取决于分析目的，如果主要目的是估计模型的参数，而个体的数目不太大的情况下，采用固定效应模型可能会好些；当要对模型的误差成分进行分析时，则只能用随机效应模型，因为随机效应模型的好处是能够节省自由度。

第一，Hausman 结果表明选择效应模型更优；第二，本书的研究尺度为省份，可以认为选取的 30 个省份能够代表整个母体，可以假设每个省的不可观测的特质性因素是固定不变的，应该选择固定效应模型；第三，我们分析的主要目的是估计得到参数。综合以上分析，本章选用固定效应模型估计法。

2.2.3.3　模型估计结果与分析

根据上述分析，我们采用固定效应模型进行估计，同时为了避免面板数据存在的异方差和序列相关所带来的结果的误差，我们对横截面进行加权，采用广义差分法（EGLS）进行估计。

（1）不含地区交互项。

根据模型中引入降水量和气温形式的不同，我们构造了三个方程，方程 1 为降水量和气温一次方，方程 2 在方程 1 的基础上引入降水量和气温的二次项，方程 3 在方程 1 的基础上引入气温和降水的交互项，具体分析结果如表 2-11 所示。

表 2-11 1989~2012 年气候变化对粮食单产

影响分析结果（不含地区交互项）

变量	方程 1	方程 2	方程 3
ln 劳动力（人/公顷）	-0.001 （-0.816）	-0.002 （0.182）	-0.0004 （-0.411）
ln 机械动力（瓦/公顷）	0.031 （1.586）	0.030[*] （0.082）	0.032[*] （1.797）
ln 化肥施用量（千克/公顷）	0.174[***] （5.780）	0.172[***] （0.000）	0.169[***] （5.441）
有效灌溉率（%）	0.002[***] （5.938）	0.002[***] （0.000）	0.002[***] （6.285）
降水量（毫米）	-0.007 （-0.741）	0.256[***] （0.000）	0.274[***] （2.700）
气温（℃）	-0.001 （-0.257）	0.012 （0.498）	0.014[**] （2.066）
降水量×气温	—	—	-0.015[***] （-2.797）
降水量二次方	—	-0.087[***] （0.000）	—
气温二次方	—	-0.0005 （0.407）	—
技术进步	0.006[***] （3.746）	0.006[***] （0.000）	0.007[***] （4.283）
常数项	6.975[***] （30.319）	6.766[***] （0.000）	6.767[***] （29.139）
Adj R^2	0.954	0.954	0.955

变量	方程 1	方程 2	方程 3
F 值	418.971***	395.224***	413.892***
DW	1.213	1.261	1.231

注：***、**和*分别表示 1%、5%和 10%的显著性水平，括号中的值是 t 统计量。样本涉及 30 个省份，所以固定效应分析中包含了 30 个地区虚拟变量。

由以上结果可以看出，三个方程的联合检验均显著，都通过了 1%的显著水平检验，调整的可决系数为 95.4%，说明模型中各因素能够对粮食单产 95.4%的变化做出解释，三个方程中的绝大多数变量也都通过了显著性检验。由于降水量和气温对粮食单产的影响并非线性的，因此，我们在方程 1 的基础上构造方程 2，引入降水量和气温的二次项来分析降水量和气温的最佳值，以及它们对粮食单产的影响形态。同时，由于气温和降水对粮食生产的影响密不可分，对气温本来就较低的地区，气温升高的情况下，如果有足够的降水补给，粮食单产不仅不会减少，而且可能会增产，所以在方程 1 的基础上构造方程 3，引入降水量和气温的交互项，分析两者的交互影响效果。

1）降水量。

降水量的半弹性系数为负，表明在其他因素不变的情况下，年总降水量每增加 1000 毫米，粮食单产将减少 0.7%（增加 100 毫米，减少 0.07%）。在中国，一个地区年总降水量的变幅很少会超过 1000 毫米，尤其是北方地区，年总降水量仅有 500 毫米，在新疆，年均降水量都不足 150 毫米（见表 2-7），所以说，降水量增加可能对南方地区更加不利，而对北方地区的负面影响会比较小。在气候变化背景下，极端天气事件发生频率与强度加大，导致负系数的原因可能是降水的月际波动大，雨期间隔大，要么长时间无降雨，要么出现短时间内的强降雨，不仅不能缓解旱情，反而给农业生产带来危害，使粮食减产。

从方程 2 来看，降水量的一次项和二次项均通过了 1%显著性水平的统计检验，在统计上也是相当显著的。一次项和二次项系数分别为正数和负数，意味着降水量的影响呈现倒"U"形关系，即在年总降水量较少的时候，降水量的增加会使粮食单产提高，到某个点后，降水量的增加将对粮食单产带来负面影响。计算得到年总降水量的最佳状态[①]为 1476 毫米，即在其他要素水平既定的情况下，如果年总降水量超过 1476 毫米，继续增加的降水量将对粮食单产带来不利影响。我国只有南方几个省份的年总降水量超过 1400 毫米，北方地区各省份的年总降水量均在 500 毫米，西北地区更少，平均不足 300 毫米（见表 2-7）。因此，北方地区，尤其是西北地区，降水量适量地增加，总是有利于粮食生产。但需要注意的是，这些降水必须在年内正常分布，如果是短时间内的强降雨事件则可能只会给农业生产带来负面影响。

2）气温。

气温的半弹性系数为负，表明在其他因素不变的情况下，年平均气温升高 1℃，粮食单产将减少 0.1%。从方程 2 来看，和降水量的形式类似，气温的一次项和二次项系数分别为正数和负数，说明气温的影响呈现倒"U"形关系，即在气温较低的时候，气温的增加会使粮食单产水平提高，到某个点后，气温的增加将会使粮食单产减少，计算得到的年平均气温最佳状态[②]为 12℃。即在其他要素水平既定的情况下，如果年平均气温高于 12℃，年平均气温的升高将对粮食单产有负面影响。北方地区基本上在 12℃ 以下，南方地区均高于该值（见表 2-8）。对北方地区来说，气温升高，积温增加，可以增加熟制，扩大种植品种等，但气温升高而没有足够的降水补给的情况下，干旱问题将是升温导致的最不利结果。所以，气候变化对粮食单产的影响是气温和降水互相影响的结果。

3）降水量×气温。

从方程 3 可以看出，交互项在统计上相当显著，通过了 1% 显著性水

---

① 二次方程转折点（最大值或最小值）为一次项系数与二次项系数的两倍绝对值之比，计算公式为 $x^* = |\beta_1/2\beta_2|$（伍德里奇，2010）。其中，β_1 为一次项的系数，β_2 为二次项的系数。具体计算为 $0.256/(2×0.087) ≈ 1.476m = 1476mm$。

② 同①，具体计算公式为 $0.012/(2×0.0005) = 12℃$。

平的统计检验。由降水量的系数和交互项的系数可以看出，在年平均气温的平均值水平（12.9℃）上，年总降水量对粮食单产影响的半弹性约为0.081①，即年总降水量增加1000毫米，粮食单产将提高8.1%。当气温为19℃时，年总降水量的影响约为-1.1%，意味着当给定气温大于19℃时，年总降水量的增加会带来粮食单产的下降。由气温和交互项的系数可以看出，在年总降水量的平均值（887毫米）上，年平均气温对粮食单产影响的半弹性约为0.00007②，即在降水量的平均水平下，年平均气温升高10℃，粮食单产将提高0.07%。当降水量为1000毫米时，年平均气温的边际影响约为-0.001，意味着当给定降水量大于1000毫米时，平均气温的升高会带来粮食单产的下降。可见，气温和降水量两者相互影响，无论气温还是降水都应该在一个适宜的范围值内，超过一定的值，就会带来负面影响。

4）劳动力。

劳动力的产出弹性系数在3个方程中均为负，统计上也不显著，系数值均很小。但不能据此得出劳动力投入与粮食单产负相关的结论，从理论上讲，即使在劳动力过剩的情况下，劳动力投入也不可能对粮食单产的水平有抑制作用。这可能是由于随着农业科技水平以及农业机械化程度的提高，提高了劳动生产率，减少了劳动力需求。另外可能是数据的原因，书中所用数据为农林牧渔业劳动力人数，虽然进行了权重处理（用粮食作物播种面积占农作物播种面积的比重作为权重），但仍然存在统计数据大于真实人数的可能性。

5）机械动力。

机械动力投入在3个方程中的产出弹性系数为正，且基本上相同，除了方程1，其余两个在10%的显著性水平下显著。说明机械动力对提高粮

---

① 计算公式为0.274-0.015×12.9≈0.081，其中，0.274为降水量的系数，-0.015为交互项的系数，12.9为样本年平均气温的平均值。

② 计算公式为0.014-0.015×0.887≈0.0007，其中，0.014为气温的系数，-0.015为交互项的系数，0.887为样本年总降水量的平均值。

食单产具有促进作用，机械使用量增加 1%，粮食单产约提高 0.03%。机械化是农业现代化的重要方面之一，机械投入对粮食单产的促进作用表现在，机械化可以实现抢种抢收，例如，种植时节机械化的高效率可以赶在降水过后利用好墒情进行及时播种，保证种子有好的出苗率，为稳定产量打下基础；在收获时节出现频繁降雨的情况下，机械化收获提高了收获效率，避免了因天气原因带来的品质下降和产量损失。机械动力显著性不强，原因可能在于，我国目前的机械化水平还不高，而且农业机械的作用更多地表现在对劳动力的替代上，在粮食单产提高上还没有发挥更直接、更明显的作用，因此，未来还需要进一步的努力。

6）化肥施用量。

化肥施用量在 3 个方程中的产出弹性系数均为正，且基本上相同，并且统计上相当显著（1%水平），表明化肥对粮食产量的提高具有极显著的促进作用，这和其他的许多研究结果一致。在其他要素不变的情况下，化肥施用量每增加 1%，粮食单产水平将提高 0.17%左右。在本研究中，对化肥不做重点分析，但是化肥的效果在很大程度上取决于降水量，这又再次强调了气候要素，尤其是水资源对农业生产的重要性。

7）有效灌溉率。

农业有了灌溉设施，在不给力的天气面前就拥有了主动权。灌溉率在 3 个方程中的产出弹性系数均为正且相同，统计上也相当显著（1%水平）。在其他要素不变的情况下，当灌溉率增加 10%时，粮食单产水平将提高 2%，这是一个不小的影响。所以，应该加强农田水利设施建设，提高农业生产的气候变化应对能力。

8）技术进步。

科学技术是第一生产力，粮食单产水平的提高主要依赖于科技水平。技术进步变量在 3 个方程中的弹性系数相同，均为 0.006，而且统计上也相当显著（1%水平），表明技术进步对粮食产量的提高具有显著的促进作用，即在其他要素不变的情况下，技术水平越高，粮食单产水平越高。

（2）包含地区交互项。

为了进一步分析气候变化粮食单产水平影响的区域差异性，我们在模型中引入地区虚拟变量与气象要素的交互项，分为两种，模型一是南方和北方两大地区，模型二是华北、东北、西北、华东、华中、华南和西南七大地区，分析结果如表2-12所示。

表2-12　1989~2012年气候变化对粮食单产影响分析结果（含地区交互项）

变量	模型一 两大地区	模型二 七大地区
ln 劳动力（人/公顷）	-0.001 (-0.67)	-0.001 (-0.741)
ln 机械动力（瓦/公顷）	0.029*** (2.788)	0.031*** (3.016)
ln 化肥施用量（千克/公顷）	0.172*** (10.575)	0.179*** (10.912)
灌溉率（%）	0.002*** (8.908)	0.002*** (8.413)
降水量（毫米）	0.273*** (6.218)	-0.031** (-2.066)
降水量×南方地区	-0.295*** (-6.571)	—
降水量×华北地区	—	0.270*** (5.124)
降水量×东北地区	—	0.402*** (2.918)
降水量×西北地区	—	0.362*** (2.852)
降水量×华东地区	—	0.0004 (-0.02)
降水量×华南地区	—	0.021 (0.781)
降水量×西南地区	—	0.183*** (2.977)
气温（℃）	0.006 (0.794)	-0.016* (-2.039)

续表

变量	模型一 两大地区	模型二 七大地区
气温×南方地区	-0.009 (-0.980)	—
气温×华北地区	—	0.010 (0.756)
气温×东北地区	—	0.019 (0.735)
气温×西北地区	—	0.038*** (2.656)
气温×华东地区	—	0.017* (1.874)
气温×华南地区	—	0.018 (1.091)
气温×西南地区	—	0.036** (2.393)
技术进步	0.006*** (7.114)	0.006*** (6.571)
常数项	6.923*** (55.608)	6.837*** (53.779)
Adj R^2	0.956	0.953
F 值	416.200***	305.984***
DW	1.287	1.314

注：***、**和*分别表示1%、5%和10%的显著性水平。

由以上分析结果可以看出，两个模型整体在统计上是相当显著的（1%显著性水平下），说明粮食单产水平变化的95%以上可以由模型的所考虑的变量加以解释，另外，模型中的绝大多数变量在统计上是比较显著的。劳动力、机械动力、化肥施用量、灌溉率、技术进步等系数和前面的模型结果相一致或接近，在此不再予以解释分析，下文我们主要分析气象要素（气温、降水）与地区之间的交互关系（见表2-13）。

表 2-13 各地区气温和降水量的半弹性系数

地区	气温	降水	地区	气温	降水
北方地区	0.006	0.273	华北	−0.005	0.239
			东北	0.004	0.371
			西北	0.023	0.331
南方地区	−0.003	−0.022	华东	0.002	−0.031
			华南	0.002	−0.011
			西南	0.021	0.152
			华中	−0.015	−0.031

资料来源：模型估计结果。

降水对不同地区的影响。由以上结果可以看出，模型一中降水以及与地区交互项的系数统计意义相当显著，模型二中只有华南和华东地区交互项系数的统计意义不显著，其他交互项的系数均通过了1%水平的显著性检验。

具体来看，降水量对南方、北方地区粮食单产影响的半弹性系数分别为−0.022、0.273，即在其他要素不变化的情况下，年总降水量增加100毫米，南方、北方地区的粮食单产将分别减少0.22%、增加2.73%。降水量的增加有利于北方地区粮食单产的提高，而对南方地区有负面影响。

分区来看，降水量对华北地区粮食单产影响的半弹性系数为0.270−0.031=0.239，即对华北地区来说，在其他要素不变的情况下，年总降水量增加100毫米，粮食产量将增加2.39%；依次来看，对东北、西北、西南地区的半弹性系数分别为0.371、0.331、0.152，即年总降水每增加100毫米，上述三个地区的粮食单产将分别提高3.71%、3.31%、1.52%，其中，对东北地区的正面影响最大；而降水量增加对华中、华东和华南地区则有负面影响，半弹性系数分别为−0.031、−0.031、−0.011，即年降水量每增加100毫米，上述三地区的粮食单产将分别减少0.31%、0.31%、0.11%。

气温对不同地区的影响。气温对北方地区和南方地区粮食单产影响的半弹性系数分别为 0.006 和 -0.003，也就是说，在其他因素不变的情况下，年平均气温每升高 1℃，北方地区的粮食单产将增加 0.6%，而南方地区的粮食单产将减少 0.3%。这可能是因为北方气温较低，升温可以增加积温，熟制提前，种植茬数增加，对粮食单产有一定的促进作用。

分区来看，气温对华北地区和华中地区的粮食单产有负面影响，弹性系数分别为 -0.005 和 -0.015，说明在其他要素不变的情况下，年平均气温升高 1℃，上述地区的粮食单产将减少 0.5%、1.5%；气温升高有利于华北、西北、华东、华南和西南地区的粮食生产，在其他条件不变的情况下，年平均气温每升高 1℃，上述地区的粮食单产将增加 0.4%、2.3%、0.2% 和 2.1%。可以看出，在其他要素水平既定的情况下，气温升高对华中地区的不利影响最大，而对华南地区最有利。值得注意的是，华北、东北和华南地区的弹性系数统计意义不显著。

综上所述，气温和降水的影响具有明显的区域差异性，对不同地区的影响方向和影响程度不同。我国地域辽阔，地区间差异大，与整个国家相比，区域具有更大的不稳定性以及不确定性（王玉斌和蒋俊朋，2007），因此，在气候变化的背景下，未来更应该关注对区域局部的影响研究。

2.2.4　小结

首先，本节对粮食生产相关要素（总产量、播种面积、单产水平）的变化进行描述性统计分析，发现在粮食播种面积增长难以为继的情况下，粮食产量的提高主要依靠粮食单产水平的提高，单产水平的提高依赖于农业科技，但在自然面前，农业科技并不是万能的，气候变化带来的不可控因素可能是单产水平波动的重要原因。故在我国气温升高，降水年际波动大的情况下，为了确保粮食安全，保证粮食生产的可持续性，就要提高气候变化的适应能力，首先要厘清气候变化对粮食生产的影响方向和程度，根据具体的影响方向提出适宜的应对措施。

其次，利用历史数据，通过构建 C-D-C 模型，对气候变化对粮食单产的影响进行了实证分析，主要有以下结论：第一，整体来看，年平均气温升高、年总降水增加变化对粮食单产有负面影响。气温和降水对粮食单产的产出弹性均为负，年总降水量每增加100毫米时，粮食单产将减少0.07%，年平均气温升高1℃时，粮食单产将减少0.1%。年平均气温1℃的变化也是一个较长的时间过程，因此，气温、降水的负面影响是比较小的，但再小的影响也不能被忽略，而要及时采取适当的适应措施，防止发生更大的损失。第二，降水和气温与粮食单产之间存在倒"U"型关系。年总降水量超过1476毫米，年平均气温高于12℃，都可能对粮食单产有负面影响。在我国，年总降水量除南方个别地区外，均少于1476毫米，所以，单从年总降水量来说，年总降水量的增加对我国绝大多数地区（尤其是北方）粮食单产有促进作用，但这忽略了年内季节分布不均带来的影响，这是本书研究的一个不足之处，需要改进。由于北方地区基本上在12℃以下，南方地区均高于该值，所以对北方地区来说，气温升高有利于单产的提高，而对南方地区可能是负面影响。第三，气温和降水相互影响。气温和降水的交互项通过了1%显著性水平的统计检验，无论气温还是降水都应该在一个适宜的范围内，超过一定的数值，就会带来负面影响。第四，气温和降水的影响具有区域差异。降水量对南方和北方地区粮食单产影响的半弹性系数分别为−0.022、0.273，其他要素不变的情况下，降水量的增加对北方地区粮食生产有利，而且对南方地区有负面影响。气温对北方和南方地区粮食单产影响的半弹性系数分别为0.006、−0.003，在其他因素不变的情况下，年平均气温升高对北方地区有利，而对南方地区有负面影响；对区域进行细分，降水量对华北、东北、西北、西南地区粮食单产的半弹性系数分别为0.239、0.371、0.331、0.152，其中，对东北地区的正面影响最大；而对华中、华东和华南地区则有负面影响，半弹性系数分别为−0.031、−0.031、−0.011。气温升高对华北和华中地区的粮食单产有负面影响，半弹性系数分别为−0.005、−0.015；而对东北、西北、华东、华南和西南地区的粮食生产有利，半弹性系数分别为0.004、0.023、0.002、0.002、0.021。可以看出，在其他要素水平既定的情况下，气温升高对华中地区的不利影响最大，而对华南地区最有利。

第3章 农田水利对农业绿色低碳生产的影响

3.1 农田水利改革对农业碳足迹的影响

我国碳减排压力较重，农业作为第二大碳排放源，需要探索更加高效绿色的生产方式。尽管农田水利改革可提升农业综合生产力，保障粮食安全的成效显著，但是农田水利改革对农业碳足迹的影响仍尚不明晰。为拓宽农业减排思路并揭示农田水利改革政策在碳足迹层面的环境外部性，因此提出本节研究问题：农田水利改革对农业碳足迹具有怎样的影响？影响路径是怎样的？

3.1.1 概念界定与机制分析

3.1.1.1 概念界定

（1）农田水利改革。

农田水利改革对象是基层农田灌溉系统，灌溉系统作为农村典型的公共事物，是农村公共治理的关键。综观我国农田水利政策，2011 年中央一号文件重点强调水利建设，包括加大资金投入，完善水资源管理制度，为农田水利改革开展奠定基础。2016 年国务院通过的《农田水利条例》

指出："政府投资建设或者财政补助建设的小型农田水利工程，按照规定交由受益农村集体经济组织、农民用水合作组织、农民等使用和管理的，由受益者或者其委托的单位、个人负责运行维护。"根据中共中央和国务院的《乡村振兴战略规划（2018—2022年）》，我们应该加强农田水利基础设施建设，鼓励农民参与其中，以获得更多的直接收益。Karimi等（2012）首次在灌溉系统绩效评估中加入管理维度，分析了管理对灌排效率、灌溉充足性、功能独立性、用水公平性的影响。Ostrom（1990）提出了"二阶困境"学说，一阶困境是设施供给的缺失，二阶困境是制度供给的缺失，制约农田灌溉系统长效治理的根本症结是制度供给。王亚华等（2019）对灌溉治理的评价体系概括为效率、公平和参与三个维度。秦国庆（2022）认为农田灌溉系统的概念实质上已经超出资源系统的范畴，它是资源系统、治理系统、行动主体等诸多因素交互作用的产物。中国基层农田灌溉系统面临的"合作困境""无序使用"等问题。综合前人研究，本书对农田水利改革定义如下：

农田水利改革是一项外部性政策，包含地区灌溉设施配备和基层用水管理改革、产权改革等内容，目标是通过一系列措施改善灌溉条件，提高用水效率，提升灌溉用水公平性，农民治理参与度，保障灌溉系统长效维护，从而实现"善治"的目标。

（2）碳足迹。

本书选用Pandey等（2011）根据前人研究总结而成的碳足迹定义："碳足迹是由个人、组织、过程、产品或事件从指定的边界范围内排放到大气中的以二氧化碳当量表示的温室气体的数量。"温室气体种类和测算边界根据所采用的方法和碳排放的目标来定义。本书根据陆良县马铃薯种植情况、数据的可得性以及能够反映农户行为的碳排放内容来确定碳足迹的测算边界，本书的碳足迹测算边界如图3-1所示。马铃薯和玉米生产过程中所需的农用物资包括农药、化肥、农膜、能源消耗产前和产中的碳排放，还包括灌溉、运输等需要农用机械的种植环节的能源消耗碳排放。另外，本书在测算碳足迹时各类温室气体均折合成二氧化碳当量。

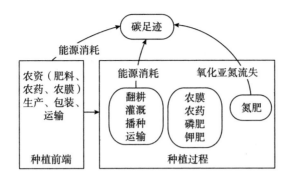

图 3-1 本书的碳足迹测算边界

3.1.1.2 机制分析

本部分提供了一个关于农户在农业生产过程中，由于农田水利改革带来的产能差异对农户种植生产投入决策的影响。以 Becker（1965）经典的家庭经济学模型作为模型构建的理论基础。Becker 模型探讨了农户生产决策、消费决策和劳动力供给三者之间的关系，模型根据本研究实际研究目标进行了适当简化。参考汪阳洁等（2012）的模型设立方式，将农户收益指标引入模型，提供一系列进行经验估计的概念框架并由此推断可证伪假说。理论分析的基本逻辑是农田水利改革影响农户比较收益，从而刺激农户改变生产决策，调整种植业劳动时间投入和资金投入，综合影响到农业碳足迹。

为简便起见，立足农户模型一阶假定，农户家庭成员具有共同的效用函数，不考虑家庭内部成员的分散决策。农户是生产者和消费者综合体，根据农户模型的可分离性，将农户投入和消费分开分析。消费源于非种植业生产收入和种植业收入两部分组成。农户初始禀赋是外生决定的，农户最初拥有 L 的总劳动力禀赋和外生收入 d，这里假设 d 为正（不存在契约性债务），预算线斜率为 w，通过点 B。经典的微观消费者需求理论表明，消费者在 A 点预算线与无差异曲线 U_1 相切，达到效用最大化（见图 3-2）。完善市场条件下，农户消费决策与生产决策相互独立，农户优先考虑利润最大化，在预算约束下达成效用最大化（蔡基宏，2005）。

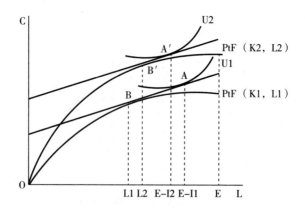

图 3-2　农户模型

农户的最终目的是达到：

Max U(C，L)　　　　　　　　　　　　　　　　　　　　　　　　　(3-1)

其中，C 表示消费量，L 表示劳动投入。

收益函数为：

Y=PtF(K，L)　　　　　　　　　　　　　　　　　　　　　　　　　(3-2)

其中，Y 表示农业收益；P 表示农产品价格；t 表示时间常数；F 表示技术水平；K 表示资本投入；L 表示劳动力投入。在一定技术水平下，资本和劳动投入要素组合下农户农地的产出水平。

农户面临效用最大化约束条件为：

$P_c C+wL_h+kg+rA_h=\pi+wL_m+rA_m$　　　　　　　　　　　　　(3-3)

$\pi=MaxPtF(K，L)-wL_h-kg-rA_h$　　　　　　　　　　　　　(3-4)

其中，P_h 表示消费品价格；w 表示工资率；L_h 表示劳动投入；g 表示资本投入单价；r 表示地租，A_h 表示租地面积，L_m 表示雇佣劳动；A_m 表示租出土地的面积；P 表示农产品价格。

令消费品价格 $P_c=1$，效用最大化的一阶条件：

$w=U_l/U_c$　　　　　　　　　　　　　　　　　　　　　　　　　(3-5)

农户生产决策根据利益最大化条件（3-4）和效用最大化一阶条件（3-5）可知，工资率等于无差异曲线边际替代率，即 BA 斜率。农户决策首先保障利润最大化，再考虑效用最大化。L_1 是农户在利润最大化条件下愿意为种植业投入的劳动，A 点对应 $E-l_1$ 是农户除了享受闲暇投入的总劳动，$E-l_1-L_1$ 是农户愿意为非种植业投入的劳动。当外生政策提供标准化的灌溉设施改善农户灌溉条件时，土地价值增加，要素禀赋得到提升，所以预算约束线上移。同时，灌溉设施进步可以认为是综合技术水平的提升，t 值增大，那么收益函数从 Y_1 上升为 Y_2，利润最大化点由 B 变为 B′，对应种植业劳动投入从 L_1 上升到 L_2，效用最大化点从 A 上升到A′，农户种植业劳动的投入增加，非种植劳动投入减少。

由此提出如下假设：

H1：农田水利改革显著影响种植碳足迹。

本书将种植业碳足迹分亩均和产均两个维度，亩均表征地块碳足迹总量，产均表征种植生产碳效率。

H1（1）：农田水利改革对亩均碳足迹具有正向影响。

理论分析中农户模型初步表明：首先，农田水利改革区增加水利工程配备比例，灌溉设施大规模投入使用，需要大量能源消耗；其次，农田水利改革激发农户种植投入积极性，农资投入量增加，势必导致碳足迹总量提升。

H1（2）：农田水利改革对产均碳足迹具有负向影响。

产均碳足迹＝亩均碳足迹/亩均产量

亩均产量与产均碳足迹成反比例的关系，农田水利改革稳定灌溉水供应，提升生产效率的作用，若农田水利改革使得产出增加的幅度大于投入增加的幅度，即为负向影响。

H2：农田水利改革通过中介变量影响碳足迹。

H2（1）：农田水利改革通过提升农户种植积极性，提升作物碳足迹。

农户模型推导得出，农田水利改革会增强农户种植生产的积极性，表现为愿意将劳动时间更多分配给农业。一方面，在土地里生产活动的时间就是消耗农用物资的时间，其间不断产生碳排放。另一方面，农户种植积极性的提高会增加农用物资投入从而产生更多碳排放（夏四友等，2019；

苏洋等，2013）。在本书中，使用变量一个生产周期内作物单位面积农户自投工（一人劳作一天为一个工）来表征农户种植积极性，并作为中介变量纳入模型。

H2（2）：农田水利改革通过提升田间水利工程的装配率提升作物碳足迹。

农田水利改革会在条件适宜的地块普及田间水利工程，从而改善地块灌溉条件，保障灌溉用水的供应，增强农户灌溉的便利性，同时灌溉能源的消耗，增加碳排放。Yao 等（2021）指出，与雨养农业相比，灌溉工程会导致更多的电力消耗和肥料投入，特别是氮肥，从而导致 CFP 的增加。因此，在本研究中，是否有田间水利工程（1＝有，0＝没有）被作为中介因素纳入模型。

H2（3）：农田水利改革通过提升作物产量降低产均碳足迹。

产量是影响农业碳足迹的重要解释变量（Lam 等，2021；Heidari 等，2017）。农田水利改革完善用水管理和设施配套，保障了灌溉水的供应，激励农业经营主体增加要素投入，可以有效提高作物产量（Zhang 等，2018；祝伟和王瑞梅，2023）。农业生产率提升势必会降低产均碳排放。因此，作物产出效应可以作为中介路径。

分析农田水利改革对作物碳足迹的影响机制，也将碳足迹细分为产均和亩均两个维度（见图 3-3 和图 3-4）。如图所示，农田水利改革通过影响田间水利工程的配备、农户种植积极性、作物产量，从而影响地块产均碳足迹；农田水利改革通过影响田间水利工程的配备、农户种植积极性，影响地块亩均碳足迹。

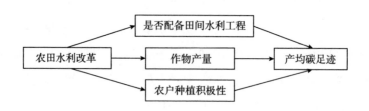

图 3-3　产均碳足迹影响机制

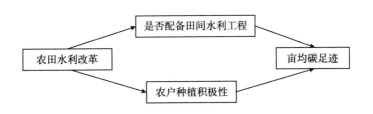

图 3-4　亩均碳足迹影响机制

3.1.2　样本区农田水利改革与碳足迹现状分析

数据资料来源于课题组对云南省陆良县关于农户基本情况以及 2020 年马铃薯和玉米投入产出情况的问卷调查和对村干部的访谈。由于陆良县恨虎坝灌区在 2016 年进行农田水利设施产权制度改革和创新运行管护机制试点，农田水利改革工作成效位于全国前列，在农业水资源管理方面具有较高研究价值。并且当地农户普遍以种植业为主，马铃薯产业发展兴旺，可获得详细投入产出数据，便于微观农户碳足迹测算与比较分析。

3.1.2.1　样本区陆良县概况

调研地为云南省陆良县，陆良县是云南省第一大高原平坝，农业水土、光热条件优越。土壤多为红壤、黄壤、棕红壤，土层深厚、肥沃，光、热、水资源充沛。属亚热带高原季风型冬干夏湿气候区，冬无严寒，夏无酷暑，春暖干旱，秋凉湿润的特点，降水分配不均匀，年平均气温 14.7°C，年降雨量为 900～1000 毫米，无霜期 249 天，年径流量 8.5 亿立方米，南盘江过境流量 12 亿立方米左右。小（2）型规模以上水库 204 座，总库容 2.29967 亿立方米，有小坝塘 202 座，总库容 676.87 万立方米；中小河闸 357 座，2021 年总供水量 19924 万立方米。年末耕地面积 109.62 万亩，水田 18.09 万亩，旱地 71.03 万亩，完成农机作业综合配套面积 146.05 万亩，机械灌溉面积 27.2 万亩，有效灌溉面积 50.295 万亩，节水灌溉面积 45.27 万亩，旱涝保收面积 25.785 万亩。全年粮食播种面积 826945 亩，粮食总产量 325957 吨，薯类 121942 吨，其中较为出名的是当地马铃薯，远销国内外，市场稳定。①

本章选择陆良县的三镇六村进行实地调研，包括作为改革区的中坝村和炒铁村（共计农户 215 户）、非改革区罗贡村、太平哨村、雍家村、戚家村（共计农户 130 户），总计农户 345 户。以马铃薯和玉米两种作物在不同季节最大地块种植数据为样本，共计 852 份样本。

3.1.2.2　样本区农田水利改革情况

2015 年，水利部、财政部、国家发展改革委联合印发通知，在全国范围内开展农田水利设施产权制度改革和创新运行管护机制试点工作。试点工作总目标是实现农田水利设施"产权到位、权责明确、保障经费、管用得当、持续发展"。探索市场起决定性作用，主导配置水资源和发挥政府作用相结合的农田水利建设管护新机制，创新组织发动机制，资金投入机制，项目管理机制，运行管护机制。充分带动试点地区政府和群众发挥主动性和创造力，尊重和保护基层的首创精神，协调推进工程规划建设、项目管理方式转变、管护主体培育、农业水价综合改革、基层水利服务体系建设等各项工作。

陆良县恨虎坝灌区水资源储量丰富，水库总库容 807 万立方米，已建成干渠 10 余千米。改革试点之前没有支渠、斗渠等田间水利工程，农户需要使用水车拉水进行灌溉，并且灌溉成本较高，据村民估算拉水成本在每亩 220 元以上，还有可能因为各种突发情况延误灌溉，无法保证旱季种植作物的产量。而水库每年有 350 多万立方米水运不出去，造成水资源无法利用的困境，村民只能"望水兴叹"。另外，欠缺渠道设施长效治理机制，管护不良的问题逐渐凸显，主要由于管护责任主体不明确，管护责任不落实，管护经费无保障，用水无人管理，农户用水粗放，灌溉水利用系数仅为 0.4。2016 年恨虎坝灌区具体在小百户镇中坝村和炒铁村实行试点项目。完善农田水利工程和灌溉管理机制，两村因地制宜，通过几年的磨

---

①　资料来源：《陆良县 2021 年国民经济和社会发展统计公报》。

合调整，在原有灌溉治理制度上，以村集体为单位自发形成适合的灌溉治理机制。

如表 3-1 所示，总体上改革区与非改革区灌溉样本占比差异较小，但是在作物需要灌溉的旱季改革区可灌溉地块比重高于非改革区。在非改革区，靠近土渠和湖泊、水库的地块可以实现柴油机抽水灌溉，条件较差的地块无法灌溉，调研数据显示 14% 的地块在旱季无法播种。可见，改革区具有较高的灌溉保障水平。

表 3-1　改革区与非改革区样本分布　　　　单位:%

作物/季节	非改革区样本	灌溉样本	灌溉样本占比	改革区样本	灌溉样本	灌溉样本占比
马铃薯	246	143	57	425	239	56
玉米	94	58	64	87	58	66
旱季	189	163	86	272	256	94
雨季	151	38	25	240	41	17

本章中农田水利设施维护状态体现在是否及时对其进行维护，用于保证提水能力和减少运输途中渗漏。非改革村的水利设施及农业水资源属于典型公共产品，农户无自觉维护的动机与动力，存在"搭便车"行为，农田水利设施无法得到有效维护，通过调研问卷得知非改革地区设施维护程度介于"较差"至"一般"。而在农田水利改革政策下，中坝村农田水利设施经营使用权明确界定给了用水合作社，炒铁村农田水利设施经营使用权被农户私人承包，明晰的产权归属促发了更好的农田水利设施维护效果（改革区平均设施维护程度接近"较好"），从而减少灌溉的延误，数据表明改革区比非改革区延误灌溉次数少 0.8 次，具有一定保障产量的作用。

中坝村农田水利的"多元合作"治理模式，是在用水合作社统一安排下，通过选举乡村能人作为分区管水员，对农田灌溉进行精细化管理。而在这种村集体经济组织统一管理的制度下，用水合作社需要兼顾各自然村的灌溉和种植需求，为了最大限度节省提水泵站等机械的运行费用，在经过科学测算后，制定了"定时定量"的"统一供水"灌溉制度；而炒铁村在"私人承包"治理模式下，农田水利设施的承包人作为理性经济人，为了追求收益的最大化，采用"按需供水"进行灌溉服务，即对农户的灌溉需求有求必应；而同样具有经济理性的农户，往往会尽可能灌溉更多的水量，以期获得更高的收益。因此，炒铁村在"按需供水"灌溉制度下，灌溉水量和作物产量明显高于中坝村的"统一供水"灌溉制度。中坝村农田水利设施在"多元合作"治理模式下，用水合作社对农户灌溉和生产保障承担底层责任，为提高灌溉用水效率，合作社在对节水技术对比研判后决定统一推广覆膜滴灌，并由各管水员承担灌溉技术推广和使用指导，当前中坝村农户滴灌技术采用率达到91%。炒铁村在"私人承包"模式下有了明确的灌溉水价，农户作为理性的经济人，为追求利益最大化，成本最小化，炒铁村农户大部分选择了相对成本更低的喷灌技术，当前炒铁村农户喷灌技术采纳率达到95%。水费征收以市场的手段调控农户灌溉行为，农户电力灌溉比重更大，灌溉次数有所限制，一定程度上抑制了灌溉的能源消耗碳足迹。

综上所述，农田水利改革能实现对农田水利设施的有效维护，能够激励节约用水，保障作物产量，抑制部分灌溉过程能源消耗。

3.1.2.3 碳足迹测算

（1）碳足迹测算方法。

目前，农业领域普遍使用排放因子法计算碳排放量。根据 IPCC 提供的基本方程：

温室气体（GHG）排放=活动数据（AD）×排放因子（EF）

其中，AD 是导致温室气体排放的生产或消费活动的活动量，活动数据来自调研（例如氮肥施用量）；排放因子 EF 是与活动水平数据对应的系数也称为排放系数，物质含碳量、氧化率与二氧化碳中碳的质量分数的乘积，是对特定投入品的长期测算数据得到的缺省值。本部分将农业碳排放分解为肥料、农药、能源消耗、农膜排放四类。隐含碳排放表示农资生产过程产生碳排放（计军平和马晓明，2011）。由于使用本土碳排放系数测算结果更加准确（Rakotovao 等，2017），本部分优先选择《中国温室气体清单研究》等中国学者研究给出的测算系数，再以 IPCC 所提供缺省值作为补充。具体碳排放系数如表 3-2 所示。

表 3-2　碳排放系数[①]

活动项目	直接碳排放系数	隐含碳排放系数
氮肥综合	2. 22 千克二氧化碳/千克氮	5. 63 千克二氧化碳/千克氮
磷肥综合	—	1. 69 千克二氧化碳/千克五氧化二磷
钾肥综合	—	0. 48 千克二氧化碳/千克氮化钾
农用薄膜	—	6. 65 千克二氧化碳/千克
除草剂	—	26. 70 千克二氧化碳/千克有效成分
杀虫剂	—	44. 18 千克二氧化碳/千克有效成分
灭菌剂	—	28. 11 千克二氧化碳/千克有效成分
柴油	3. 16 千克二氧化碳/千克	—
农业耗电	—	3. 03 千克二氧化碳/千瓦时

（2）测算结果。

对农户种植过程中碳足迹测算结果如表 3-3 所示，农膜亩均碳足迹均值为 24.7 千克/亩，农药亩均碳足迹均值为 19.58 千克/亩，能源消耗亩均碳足迹均值为 25.4 千克/亩，化肥施用亩均碳足迹均值为 131.43 千克/亩；农膜产均碳足迹均值为 0.023 千克/亩，农药产均碳足迹均值为 0.02 千克/亩，能源消耗产均碳足迹均值为 0.047 千克/亩，化肥施用产均碳足迹均值为 0.092 千克/亩；总体亩均碳足迹均值为 239.48 千克/亩，产均碳足迹均值为 0.33 千克/亩。在四类农资投入中，化肥是最主要的碳排放源。

---

① 选取《中国温室气体清单研究》中云贵地区系数 0.0087 千克二氧化氮/千克氮用来测算氮肥投入带来的温室气体足迹；化肥间接投入的碳足迹系数则由陈舜等（2015）基于多家中国化肥工厂的实际数据测算研究而来；李锋（2014）用 2050 中国能源和碳排放研究课题组提供的我国柴油的能量折算系数为 42652 千焦/千克，和 IPCC 提供的《温室气体排放清单指南 2006》中柴油的燃料排放二氧化碳系数为 74100 千克二氧化碳/10 亿千焦，推算得出我国单位柴油燃烧排放二氧化碳量为 3.16 千克二氧化碳/千克。农膜和农药碳排放系数来自于 Piao 等（2009）和 Audsley 等（2009）的研究。农业用电系数来自于 IPCC。

表 3-3　碳排放测算结果

指标	均值	标准差
农膜亩均碳排放（千克/亩）	24.7	30.33
农药亩均碳排放（千克/亩）	19.58	29.22
能源亩均碳排放（千克/亩）	25.4	28.5
化肥施用亩均碳排放（千克/亩）	131.43	114.20
农膜产均碳排放（千克/千克）	0.023	0.047
农药产均碳排放（千克/千克）	0.02	0.097
能源消耗产均碳排放（千克/千克）	0.047	0.256
化肥施用产均碳排放（千克/千克）	0.092	0.13
亩均总碳排放（千克/亩）	239.48	208.039
产均总碳排放（千克/千克）	0.33	0.39

　　农田水利改革区和非改革区碳排放情况进行对比分析。如表 3-4 所示，改革区亩均碳足迹大于非改革区；改革区产均碳足迹小于非改革区，几乎是非改革区的 55%。

表 3-4　改革区与非改革区碳足迹对比分析

类别	改革区（样本量 512）		非改革区（样本量 340）		
	均值	标准差	均值	标准差	均值差异（T 检验）
农膜亩均碳足迹（千克/亩）	25.57	34.51	23.38	22.60	0.263
农药亩均碳足迹（千克/亩）	44.40	243.16	24.43	54.50	0.074*
能源亩均碳足迹（千克/亩）	91.19	766.98	64.03	288.21	0.467
化肥亩均碳足迹（千克/亩）	408.15	371.94	324.81	360.91	0.0027**
亩均碳足迹（千克/亩）	373.68	373.096	292.06	377.08	0.047**
产均碳足迹（千克/千克）	0.249	0.19	0.45	0.54	0.000***

　　注：*、**和***分别代表在 10%、5%和 1%的统计水平上显著。

　　对两组样本亩均碳足迹均值进行 T 检验，结果显示 p 值为 0.047，说明在 5%的水平下，改革区亩均碳足迹显著大于非改革区；对产均碳足迹均值进行 T 检验 p 值为 0，说明在 1% 的水平下，改革区产均碳足迹显著小于非改革区；农药和化肥亩均碳足迹分别在 10% 和 5% 的水平下有显著差异，均是改革区显著高于非改革区；农膜和能源亩均碳足迹均无显著差异。

此外，陆良县为季风性气候，分干湿两季，种植季节和作物种类也是影响碳足迹的重要因素。如表 3-5 所示，旱季亩均碳足迹大于雨季，雨季产均碳足迹大于旱季，主要由于旱季为保水保墒，种植过程中使用农膜并且大量灌溉消耗能源，导致旱季碳足迹更大；从作物种类看，马铃薯亩均碳足迹大于玉米，主要由于马铃薯对农药、能源、化肥需求更大，但由于产量效应，马铃薯产均碳足迹较少。

表 3-5　季节、作物间碳足迹对比分析

类别	旱季	雨季	马铃薯	玉米
农膜亩均碳足迹（千克/亩）	109.08	13.44	22.03	34.58
农药亩均碳足迹（千克/亩）	4.95	17.26	44.91	5.01
能源亩均碳足迹（千克/亩）	27.22	17.97	94.17	29.13
化肥亩均碳足迹（千克/亩）	117.95	147.32	143.5	86.58
亩均碳足迹（千克/亩）	470.66	402.73	462.4	354
产均碳足迹（千克/千克）	0.386	0.292	0.25	0.63

3.1.3　农田水利改革对农业碳足迹影响的实证分析

3.1.3.1　模型设定与变量选取

（1）模型设定。

倾向得分匹配模型。研究农户碳足迹行为需要综合考虑各方面因素，如政策条件、资源条件、农户特质等各种现实因素。相对于未实施政策的地区（控制组），实施政策的地区（处理组）通常情况下经济发展都较为发达、基础设施建设都较为完善。并且研究表明灌溉投资存在"马太效应"：在农业种植条件越好的地区越有机会获得新增灌溉方面的投资（王转林等，2021）。因此由于政策的落实，而区分的处理组和控制组可能存在自选择引致的内生性偏误，如果采用传统模型（如 OLS），回归结果可能会存在偏差，进而影响识别效果。在截面数据的情形下，为解决样本自选择引致的内生性问题，选择倾向得分匹配（Propensity Score Matching，PSM）的平均处理效应模型（Average Treatment Effect Model，ATT）探究农田水利改革对碳足迹的影响，以验证研究假说 1。具体方法如下：

首先，设立一个简单的计量模型，模型的表达式如下：

$$CFP_i = \alpha_0 + \alpha_1 migx_i + \alpha_2 X_i + u_i \qquad (3-6)$$

其中，CFP_i 表示碳足迹；$migx_i$ 表示农户是否属于灌溉治理试点区，取值为 0 时代表属于非试点区，取值为 1 时代表属于试点区；X_i 表示控制变量，包括农户个体特征、资源禀赋等基本特征，α_0、α_1 和 α_2 表示回归中的各项系数，u_i 表示随机扰动项。

其次，引入反事实框架。根据农户个体特征、资源禀赋估计其处于试点区的概率，计算倾向得分（Propensity Score），基于倾向得分寻找反事实的控制组，并与处理组相匹配。本部分采用 Logit 模型来计算农户处于试点区的倾向得分 $p(X_i)$，具体计算公式如下：

$$P(X_i) = Pr(migx_i 1 \mid X_i) exp(X_i) / [1 exp(X_i)] \qquad (3-7)$$

其中，左侧两项为给定 X_i 的情况下农户处于试点区的概率，右侧表示累积分布函数。

最后，根据已匹配样本计算处理组的平均处理效应（ATT），ATT 表示试点区农户碳足迹水平与假设他们处于非试点区时碳足迹的差异。ATT 具体的计算公式如下：

$$ATT = E[CFP_i^1, CFP_i^0 \mid X_i, mig_i = 1]$$
$$= E[CFP_i^1 \mid mig_i = 1] - E[CFP_i^0 \mid mig_i = 1] \qquad (3-8)$$

其中，$E(CFP_i^0 \mid mig_i = 1)$ 表示试点区农户假设处于非试点区的碳足迹量，$E(CFP_i^1 \mid mig_i = 1)$ 表示非试点区农户假设处于试点区的碳足迹量，其他变量解释同式（3-6）。此外，为了保证回归结果的稳健，本部分采用四种匹配方法同时匹配，分别是 k 近邻匹配法、卡尺匹配法、k 近邻内卡尺匹配和核匹配。

（2）变量选择。

被解释变量：亩均碳足迹、产均碳足迹、农膜碳足迹、农药碳足迹、化肥碳足迹、能耗碳足迹。为厘清农田水利改革对农业碳足迹的作用机制，需要分别对亩均碳足迹和产均碳足迹进行计量分析。另外，总碳足迹是由四类农资碳足迹相加得到，为避免这四类投入间的拮抗作用，干扰结果影响判断，还需要将农膜、农药、化肥、能源碳足迹作为被解释变量纳入模型进行回归分析。其中，亩均碳足迹量由于数量级较大，均进行对数处理。

核心解释变量：是否处于试点区。本部分探究农田水利改革对农业碳足迹的影响，将改革区和非改革区作为实验组和对照组来对比分析农田水利改革的差异。

控制变量：描述自然条件的变量包括：季节、作物、地块质量、种植规模；描述户主特征的变量：是否村干部、受教育年限、年龄。

不同种植季节、不同作物，在产量和农资投入上具有差异。调研过程中可以直观发现农户生产资料投入行为受季节影响较大。当地春播常在 12 月至次年 2 月，气候干燥温暖，属于一年中的旱季，需要使用柴油机或者电泵抽水灌溉并且铺设农膜，达到保水保墒的目的；秋播常在 5～7 月，气候炎热潮湿，土地容易滋生植物病虫害，需要施用各种功效的农药抗病抗虫。所以，农资投入具有季节性特征，碳足迹也会随之变化。

Lam 等（2021）评估了 2013～2016 年 36 个国家 4565 个农场 26 种作物的碳排放的来源，针对电力、化石燃料、作物残留物和化肥碳排放进行测算，研究发现作物之间的差异对温室气体排放差异有 45% 的解释力。

农户行为理论认为农户是以经济利益最大化为行为目标，其具体的农业生产实践是在经济利益最大化的理性原则和标准的指导下进行的。不同质量等级的地块会相应产生不同的收益预期，理性农户为利益最大化往往加大对优质地块的投入，进而农业碳排放更大。

根据经济学中规模效应理论，多数研究认为规模扩大利于农业集约化，从而提高碳排放效率。Yan 等（2015）、Rakotovao 等（2017）均研究认为规模效应能够降低碳足迹。所以种植规模应该考虑纳入碳足迹的控制变量。

另外，户主特质会影响到家庭决策，进而影响生产过程中的碳排放。Li 等（2020）研究发现村干部更可能采用绿色生产技术，具有较强的环境意识，能起到较好的示范带动作。Kollmuss 和 Agyeman（2002）研究发现农户的受教育程度越高，越具有更强的环境意识和技术能力。所以农户是村干部、受教育年限较长的话相对而言可能具有更强的低碳生产意愿和能力。农民年龄与碳排放显著相关（龙云和任力，2016；王欣星，2021），老年劳动力机技术应用较为保守，具有反感资源浪费的情节，碳排放可能较年轻劳动力更低。

协变量：倾向得分匹配模型需选取合适协变量进行匹配，要求既和处理变量（是否改革区）相关，也和结果变量（碳足迹）相关。对村干部访谈得知试点区选址根据的是资源条件、施工便利性、村干部负责程度，据此，本部分选取了土地质量表征资源条件；地块到水坝距离来表征施工便利性；村集体宣传环保的频率来表征村干部负责程度（见表3-6）。

表3-6　变量描述性分析

变量	变量说明	均值	标准差
季节	旱季=0；雨季=1	0.45	0.49
作物	马铃薯=1；玉米=0	0.78	0.41
是否村干部	是=1；否=0	0.11	0.31
年龄	2021 年户主年龄	48.27	9.20
受教育年限	户主受教育年限（年）	7.56	3.09
种植规模	亩	20.89	22.40
土地质量	等外地=1；三等地=2；二等地=3；一等地=4	3.02	0.836
地形	平地=1；坡地、洼地=0	0.748	0.434
种植收入	2020 年种植收入（元）	88102	90265
地块到水坝距离	千米	4.28	4.73
村集体宣传环保的频率	完全没有=1；有过几次=2；经常宣传=3	2.73	0.52

3.1.3.2　实证结果分析

（1）基准回归结果分析。

表 3-7 显示的是农田水利改革对农户碳足迹影响的 OLS 模型回归结果。回归 1 为是否试点区对亩均碳排放影响的回归结果，结果表明，是否试点区对亩均碳足迹有正向影响，且在 5% 的统计水平上显著，说明处于试点区的地块亩均碳足迹比非试点区高 0.085。回归 2 为纳入控制变量后是否试点区对亩均碳足迹影响的回归结果，结果依然表明，是否试点区对亩均碳足迹有正向影响，且在 5% 的统计水平上显著，说明处于试点区的地块亩均碳足迹比非试点区高 0.067。

表 3-7　农田水利改革对碳足迹基准回归估计结果

变量	回归 1	回归 2	回归 3	回归 4
	ln 亩均碳足迹	ln 亩均碳足迹	产均碳足迹	产均碳足迹
是否试点区	0.085**	0.067**	-0.11***	-0.072***
	(0.033)	(0.033)	(0.016)	(0.015)
季节	—	-0.19***	—	-0.041***
		(0.032)		(0.14)
作物	—	0.344***	—	-0.225***
		(0.04)		(0.018)
土地等级	—	0.062***	—	0.02**
		(0.019)		(0.008)
ln 年龄	—	-0.18***	—	-0.02
		(0.062)		(0.027)
ln 种植规模	—	-0.103***	—	-0.057***
		(0.025)		(0.011)
ln 受教育年限	—	-0.066*	—	-0.026
		(0.037)		(0.016)
是否村干部	—	-0.101**	—	-0.016
		(0.05)		(0.022)
常数项	5.923***	6.618***	0.363***	0.761***
	(0.026)	(0.284)	(0.013)	(0.124)

注：*、**和***分别代表在 10%、5% 和 1% 的统计水平上显著，括号内为系数标准误。

回归 3 为是否试点区对产均碳足迹影响的回归结果，结果表明，是否试点区对产均碳足迹有负向影响，且在 1% 的统计水平上显著，说明处于试点区的地块，其产均碳足迹比非试点区低 0.11。回归 4 为纳入控制变量后是否试点区对产均碳足迹影响的回归结果，结果表明，是否试点区仍然对产均碳足迹有负向影响，且在 1% 的统计水平上显著，说明处于试点区的地块，其产均碳足迹比非试点区低 0.072。

表 3-8 显示的是农田水利改革对四类农资碳足迹影响的 OLS 回归结果。回归 5 为纳入控制变量后是否试点区对亩均化肥碳排放影响的回归结果，结果依然表明，农田水利改革对亩均化肥碳排放有正向影响，且在 1% 的统计水平上显著，说明处于试点区的地块，其亩均化肥碳排放比非试点区高 0.196。回归 6 为纳入控制变量后是否试点区对亩均农药碳排放影响的回归结果，结果依然表明，是否试点区对亩均农药碳排放有负向影响，且在 10% 的统计水平上显著，说明处于试点区的地块，其亩均农药碳排放比非试点区低 0.244。回归 7 与回归 8 表明，是否试点区对农膜和能源碳排放影响并不显著。

表 3-8　农田水利改革对四类农资碳足迹的基准回归结果

变量	回归 5	回归 6	回归 7	回归 8
	ln 亩均化肥碳排放	ln 亩均农药碳排放	ln 亩均农膜碳排放	ln 亩均能源碳排放
是否试点区	0.196***	−0.244*	0.007	−0.111
	(0.045)	(0.141)	(0.039)	(0.08)
季节	0.063	1.774***	−0.093	−0.525***
	(0.043)	(0.133)	(0.059)	(0.077)
作物	0.587***	0.889***	−0.012	0.108
	(0.054)	(0.193)	(0.043)	(0.096)
土地等级	0.07***	−0.081	0.011	0.073
	(0.026)	(0.08)	(0.023)	(0.046)
ln 年龄	−0.299***	−0.467*	−0.139*	−0.011
	(0.083)	(0.25)	(0.075)	(0.145)

续表

变量	回归 5	回归 6	回归 7	回归 8
	ln 亩均化肥碳排放	ln 亩均农药碳排放	ln 亩均农膜碳排放	ln 亩均能源碳排放
ln 种植规模	-0.061*	-0.216	-0.051	0.214***
	(0.033)	(0.102)	(0.03)	(0.059)
ln 受教育年限	-0.096*	0.338**	0.039	-0.112
	(0.051)	(0.159)	(0.045)	(0.089)
是否村干部	-0.131*	-0.018	-0.041	-0.093
	(0.068)	(0.212)	(0.06)	(0.118)
常数项	5.654***	-0.438*	4.116***	3.196***
	(0.383)	(1.155)	(0.343)	(0.67)

注：*、**和***分别代表在10%、5%和1%的统计水平上显著，括号内为系数标准误。

控制变量回归结果分析如下：

季节是影响碳足迹的重要因素，亩均和产均碳足迹均雨季低于旱季，分排放源来看，旱季能源碳排放更高，雨季农药碳排放更高，季节对农膜和化肥碳排放无显著影响。

作物种类。马铃薯亩均碳足迹高于玉米，产均碳足迹小于玉米。作物对化肥农药影响较大，马铃薯化肥农药碳排放量显著高于玉米。

土地质量。土地质量对亩均碳足迹和产均碳足迹均具有1%水平的正向影响。分排放源来看，主要是对化肥碳排放的正向影响显著。

年龄。年龄与亩均碳足迹呈现负相关关系，对产均碳足迹无显著影响。其中与化肥、农膜、农药碳排放的负相关关系显著。

农户种植规模。农户种植规模对亩均碳足迹和产均碳足迹均具有1%水平的负向影响。对化肥、农药碳排放具有显著负相关关系，对能源碳排放具有显著1%水平的正相关关系。

受教育年限。受教育年限与亩均碳足迹具有显著负相关关系，对产均碳足迹无显著影响。分排放源来看，与化肥碳排放具有显著负相关关系，与农药碳排放具有显著负相关关系。

是否为村干部。户主是否为村干部与亩均碳足迹具有显著负相关关系，对产均碳足迹无显著影响。分排放源来看，与化肥碳排放具有显著负相关关系，对其他排放源无显著影响。

因为本次调研重点选择对自家生产投入有明确认知的农户，考虑到可能存在选择性偏差，因此进一步采用 PSM 模型进行估计，对结果予以验证。

（2）样本匹配效果检验。

以产均碳足迹为被解释变量为例，平衡性检验结果如表3-9所示。匹配后的差偏均降至10.2%之下。可以认为，采用的 PSM 模型显著地减少了实验组和控制组之间的偏差，较好地控制了内生性，通过了平衡性检验，符合条件独立假设，匹配后的两组样本在各特征维度上基本相似。

表3-9 平衡性检验结果

协变量	类型	均值		标准差	标准差变化	t 值
		实验组	对照组			
土地等级	匹配前	2.99	3.14	-17.8	80.3	-2.52*
	匹配后	3.02	3.05	-3.5		-0.54
地块到水坝距离	匹配前	3.42	5.62	-45.7	91.1	-6.77***
	匹配后	3.50	3.31	4.1		0.80
村集体宣传环保频率	匹配前	2.69	2.79	-19.4	61.5	-2.70**
	匹配后	2.73	2.77	-7.5		-1.22

注：*、**和***分别代表在10%、5%和1%的统计水平上显著。

（3）PSM 测算结果。

同样的样本，不同的匹配方法结果会存在一定的偏差，但方法本身无优劣之分，如果运用多种匹配方法能得到相近或者一致的结论，则表明匹配结果稳健。因此，为了保证结论的可靠性，本部分选取 4 种比较主流的方法进行匹配，分别是 k 近邻匹配法，即寻找倾向得分最近的不同组个体，为实现均方误差最小，设定 k=1 进行 1 对 1 匹配；卡尺匹配，即在绝对距离内匹配不同组个体，本部分卡尺范围使用半径 0.02；卡尺内 k 近邻匹配，即在绝对距离内寻找 k 近邻匹配，设定卡尺半径为 0.02 并且进行 1 对 1 匹配；核匹配，研究使用默认的核函数和带宽，核函数设定为高斯分布。

四种匹配方法的平均处理效应（ATT）的结果如表 3-10 所示。报告的是是否改革区对亩均碳足迹、产均碳足迹、亩均化肥碳足迹、亩均农药碳足迹、产均化肥碳足迹、产均农药碳足迹的影响结果，表明匹配结果较为稳定，4 种匹配方法下是否为改革区对亩均碳足迹 ATT 显著均值为 0.150，表明改革能显著增加亩均碳足迹；是否为改革区对产均碳足迹 ATT 显著均值为-0.157，表明改革能显著降低产均碳足迹；是否为改革区对亩均化肥碳足迹 ATT 显著均值为 0.312，表明改革显著增加亩均化肥碳足迹，并且影响程度较大；是否为改革区对化肥产均碳足迹 ATT 显著均值为-0.044，表明改革能显著降低产均化肥碳足迹；是否为改革区对亩均农药碳足迹、产均农药碳足迹 ATT 值并不显著。

表 3-10　农田水利改革对碳足迹影响的 ATT 结果

匹配方法	ln 亩均碳足迹	产均碳足迹	ln 亩均化肥碳足迹	ln 亩均农药碳足迹	产均化肥碳足迹	产均农药碳足迹
k 近邻匹配（n=1）	0.170***	-0.147***	0.399***	0.345	-0.035***	-0.002
	(0.045)	(0.025)	(0.066)	(0.220)	(0.009)	(0.005)
卡尺匹配（r=0.02）	0.092**	-0.167***	0.233***	0.084	-0.048***	0.002
	(0.041)	(0.028)	(0.058)	(0.173)	(0.014)	(0.006)
卡尺内 k 近邻匹配（r=0.02, n=1）	0.244***	-0.137***	0.371***	-0.231	-0.038***	-0.008**
	(0.054)	(0.027)	(0.067)	(0.302)	(0.008)	(0.003)
核匹配	0.092**	-0.175***	0.244***	0.011	-0.053***	0.003
	(0.039)	(0.026)	(0.055)	(0.166)	(0.013)	(0.006)
ATT 均值	0.150	-0.157	0.312	—	-0.044	—

注：*、**和***分别代表在 10%、5% 和 1% 的统计水平上显著，括号内为系数标准误。

3.1.4　农田水利改革对农业碳足迹的影响机制

前文使用倾向得分匹配法探究农田水利改革对于亩均碳足迹和产均碳足迹的直接影响，本章使用路径分析模型进一步进行农田水利改革对碳足迹的影响路径分析，以阐明农田水利改革对于碳足迹的影响机制。

3.1.4.1 模型设定

本部分机制分析采用路径分析模型，路径分析是结构方程模型（SEM）分析的一种特殊形式，模型中所有变量都是可直接观测的（Jeon，2015），有结构方程模型可以同时处理多个自变量、因变量的优势，可以避免普通中介分析遗漏变量偏误。引入理论假说中提及的中介变量来构建路径分析模型，通过解释变量和被解释变量通过中介路径影响的总效应、直接效应和间接效应验证假说提出的影响机制是否成立。

$$\begin{pmatrix} M_1 \\ M_2 \\ M_3 \end{pmatrix} = \begin{pmatrix} \beta_1 \\ \beta_2 \\ \beta_3 \end{pmatrix} \times Y + \begin{pmatrix} 100 \\ 010 \\ 001 \end{pmatrix} \times \begin{pmatrix} \rho_i \times X_i \\ \sigma_i \times X_i \\ \tau_i \times X_i \end{pmatrix} + \begin{pmatrix} \delta_1 \\ \delta_2 \\ \delta_3 \end{pmatrix} \tag{3-9}$$

$$Y = \lambda + \lambda_1 \times treated + \sum \theta_j \times M_j + \sum \gamma_i \times X_i + \varepsilon \tag{3-10}$$

式（3-9）中，M_1、M_2、M_3 表示三个中介变量；Y 表示碳足迹；X_i 表示控制变量；式（3-10）中 treated 是虚拟变量是否改革区（1 表示改革区，0 表示非改革区）；λ_1 表示农田水利改革对碳足迹的直接效应系数；$\sum \theta_j$ 表示灌溉改革对中介变量的中间路径系数；$\sum \gamma_i$ 表示控制变量的系数；ε 表示干扰项。

沿用基准回归所选控制变量，分别是年龄、是否村干部、种植季节、土地等级、作物种类。根据前文提出的假设，农田水利改革对于产均碳足迹和亩均碳足迹的影响分别设置三条中介路径。被解释变量为产均碳足迹时，中介变量 M_1、M_2、M_3 分别表示是否配备田间水利工程、产量、农户种植积极性，其中农户种植积极性根据农户模型理论描述，使用单位面积农户自投工来表征；被解释变量为亩均碳足迹的情况下，中介变量 M_1、M_2 分别表示是否配备田间水利工程、农户种植积极性。

3.1.4.2 结果分析

（1）农田水利改革对亩均碳足迹的影响路径。

首先，对数据和路径分析模型的适配性进行检验。根据前人对结构方程模型的拟合指标取值范围研究，数据适配性较好的情况下应满足 χ^2/df 应小于等于 5（Schumacker 和 Lomax，2004），近似误差均方根（SRMR）应小于等于 0.08（Hu 和 Bentler，1999），近似误差均方根（RMSEA）应小于等于 0.08（McDonald 和 Ho，2002），比较拟合指数（CFI）应大于等于 0.90（温忠麟等，2004），Tucker-Lewis 指数（TLI）应大于等于 0.90（Bentle 和 Bonett，1980）。

在模型拟合指标中，只有 Tucker-Lewis 指数（TLI）为 0.818 小于 0.90，其余指标均在理论要求的范围内，可以认为此模型具有较高的稳定性，模型拟合程度良好（见表 3-11）。

表 3-11   结构方程拟合指标

指标	χ^2/df	TLI	RMSEA	SRMR	CFI
拟合结果	2.99	0.818	0.050	0.025	0.906

回归结果显示，解释变量（是否为改革区）对被解释变量（亩均碳足迹）影响的直接效应在中介路径存在的情况下回归系数并不显著。是否为改革区对亩均碳足迹影响的间接效应为 0.033，总效应为 0.068，均在 5% 的水平上显著，从总体来看，农田水利改革有增加亩均碳足迹的趋势。此外，控制变量对亩均碳足迹的影响中，也存在一条显著的中介路径：季节→自投工→亩均碳足迹（见表 3-12 和表 3-13）。

表 3-12   农田水利改革对亩均碳足迹的影响路径分析结果

影响路径		系数	标准误	z 值	P 值
是否该改革区→ ln 亩均碳足迹	直接效应	0.035	0.035	1.01	0.312
	间接效应	0.033**	0.013	2.51	0.012
	总效应	0.068**	0.033	2.04	0.041
季节→ln 亩 均碳足迹	直接效应	-0.203***	0.032	-6.28	0.000
	季节→ln 自投工→ 亩均碳足迹	0.022**	0.007	3.08	0.002
	总效应	-0.182***	0.032	-5.64	0.000

续表

影响路径		系数	标准误	z 值	P 值
土地等级→ln 亩均碳足迹	直接效应	0.069***	0.019	3.61	0.000
是否村干部→ln 亩均碳足迹	直接效应	-0.093*	0.050	-1.89	0.059
ln 年龄→ln 亩均碳足迹	直接效应	-0.182**	0.061	-2.98	0.003
ln 受教育年限→ln 亩均碳足迹	直接效应	-0.062*	0.037	-1.68	0.094
ln 规模→ln 亩均碳足迹	直接效应	-0.113***	0.024	-4.63	0.000
作物种类→ln 亩均碳足迹	直接效应	0.336***	0.039	8.54	0.000

注：*、**和***分别代表在10%、5%和1%的统计水平上显著。

表3-13　农田水利改革对亩均碳足迹的影响路径分解结果

变量	路径	变量	系数	标准误	z 值	P 值
是否改革村	→	田间水利工程	0.324***	0.031	10.39	0.000
是否改革村	→	ln 自投工	0.094**	0.042	2.21	0.027
田间水利工程	→	ln 亩均碳足迹	0.072**	0.036	1.97	0.049
ln 自投工	→	ln 亩均碳足迹	0.100***	0.026	3.81	0.000
ln 受教育年限	→	ln 亩均碳足迹	-0.062*	0.037	-1.67	0.095
季节	→	ln 亩均碳足迹	-0.182***	0.032	-5.64	0.000
作物种类	→	ln 亩均碳足迹	0.336***	0.039	8.54	0.000
土地等级	→	ln 亩均碳足迹	0.069***	0.019	3.61	0.000
是否村干部	→	ln 亩均碳足迹	-0.093*	0.049	-1.89	0.059
ln 年龄	→	ln 亩均碳足迹	-0.182**	0.061	-2.98	0.003
ln 规模	→	ln 亩均碳足迹	-0.113***	0.024	-4.63	0.000
是否改革村	→	ln 亩均碳足迹	0.035	0.035	1.01	0.312

注：*、**和***分别代表在10%、5%和1%的统计水平上显著。

分别审视两条中介路径，各路径回归系数均显著，说明两条路径完全解释了改革区和非改革区之间的亩均碳足迹差异情况。

第一，影响路径1：是否该改革区→田间水利工程→亩均碳足迹。

回归结果显示，农田水利改革对是否装备田间水利工程（是＝1，否＝0）的影响系数为0.324，在1%的水平上具有显著性。表明农田水利改革地区的田间水利工程覆盖率明显高于非改革地区。此外，是否装备田间水利工程对亩均碳足迹的系数为0.072，在5%的水平上显著，表明配备田间水利工程对亩均碳足迹具有促进作用。

第二，影响路径2：是否该改革区→自投工→亩均碳足迹。

回归结果显示，农田水利改革对以农户自投工表征的农户种植积极性的影响系数为0.094，在5%的水平上具有显著性。表明农田水利改革地区对农户种植积极性具有促进作用。此外，自投工对亩均碳足迹的系数为0.100，在1%的水平上显著，表明种植积极性较高的农户，其种植地块的亩均碳足迹更大。农田水利改革带给了农户较高的收入预期，激发了农户种植投入积极性，从而加大农资投入，使得亩均碳足迹增加。

第三，控制变量对亩均碳足迹的影响。

模型运行中发现，控制变量对亩均碳足迹的影响存在一条中介路径。

季节（0＝旱季，1＝雨季）→自投工→亩均碳足迹。季节对亩均碳足迹的直接影响系数为-0.203，在1%的水平上显著，表明农户在旱季种植亩均碳足迹更大，气候条件不适宜的情况下需要灌溉和覆盖农膜达到保水保墒的目的，增加能耗和农膜使用，使得亩均碳足迹更高。季节对亩均碳足迹间接效应为0.022，在5%的水平上显著，说明农户在雨季有更强的种植投入积极性，从而有一定增加碳足迹趋势。季节对亩均碳足迹的总效应是-0.182，在1%的水平上显著，说明对于亩均碳足迹直接影响的负向作用要大于农户种植积极性对产均碳足迹的正向影响。旱季农户为保水保墒增加农资以促进亩均碳足迹的力度大于雨季提升农户种植积极性促进亩均碳足迹的力度。

另外，土地等级（等外地＝1，三等地＝2，二等地＝3，一等地＝4）对亩均碳足迹的影响系数为0.069，在1%的水平上显著，表明土地质量较高的地块亩均碳足迹更高，农户更愿意在地块质量高，生产力强的地块上投入。户主是否为村干部对亩均碳足迹的影响系数为-0.093，在10%水平上显著，表明村干部在种植过程中相较普通农户亩均碳足迹更低。村干部更具有低碳生产的意识。户主年龄对亩均碳足迹的影响系数为-0.182，在5%的水平上显著，表明年龄较大的农户种植过程的亩均碳足迹越低。作物种类（0=玉米，1=马铃薯）对亩均碳足迹的影响系数为0.336，在1%的水平上显著，表明马铃薯耗费农用物资更多，其亩均碳足迹显著高于玉米。种植规模对亩均碳足迹的影响系数为-0.113，在1%水平上显著，说明种植规模较大的农户在种植过程中亩均碳足迹更低（见图3-5）。

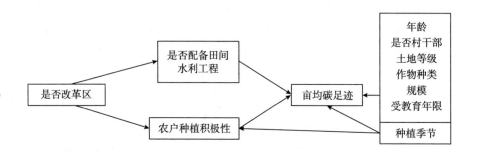

图3-5　农田水利改革对亩均碳足迹影响机制示意图

（2）农田水利改革对产均碳足迹的影响路径。

对数据和路径分析模型的适配性进行检验。根据前人对于结构方程模型的拟合指标取值范围研究，拟合指标结果如表3-14所示，表明此模型具有较高的拟合度和稳定性，模型拟合程度良好。

表3-14　结构方程拟合指标

指标	χ^2/df	TLI	RMSEA	SRMR	CFI
拟合结果	3.01	0.952	0.050	0.032	0.971

回归结果显示，解释变量（是否为改革区）对被解释变量（产均碳足迹）影响的间接效应-0.142，总效应为-0.135，在1%的统计水平上显

著。并且从总体来看，农田水利改革有效降低了产均碳足迹，正如 Ajani 等（2013）研究结论：农田灌溉能够促进农业投入，提高土地的整体生产力。从而减少产均层面碳足迹量。此外，控制变量对产均碳足迹的影响中，也存在两条显著的中介路径：作物种类→产量→产均碳足迹、季节→自投工→产均碳足迹（见表 3-15 和表 3-16）。

表 3-15 农田水利改革对产均碳足迹的影响路径分析结果

影响路径		系数	标准误	z 值	P 值
是否改革区→ 产均碳足迹	间接效应	-0.142***	0.014	-10.16	0.000
	总效应	-0.135***	0.013	-9.73	0.000
作物种类→ 产均碳足迹	直接效应	0.09***	0.022	4.28	0.000
	作物种类→ln 产量→ 产均碳足迹	-0.39***	0.02	-19.09	0.000
	总效应	-0.300***	0.021	-13.97	0.000
季节→ 产均碳足迹	直接效应	-0.058***	0.013	-4.33	0.000
	季节→ln 自投工→ 产均碳足迹	0.008**	0.002	2.72	0.007
	总效应	-0.050***	0.013	-3.79	0.000
土地等级→产均碳足迹	直接效应	0.021**	0.008	2.69	0.009
是否村干部→产均碳足迹	直接效应	-0.022	0.02	-1.09	0.275
ln 年龄→产均碳足迹	直接效应	-0.052**	0.025	-2.09	0.037
ln 规模→产均碳足迹	直接效应	-0.02**	0.01	-2.05	0.040
ln 受教育年限→产均碳足迹	直接效应	-0.021	0.015	-1.34	0.179

注：*、**和***分别代表在10%、5%和1%的统计水平上显著。

表 3-16 农田水利改革对产均碳足迹的影响路径分解结果

变量	路径	变量	系数	标准误	z 值	P 值
是否改革村	→	ln 产量	0.384***	0.030	12.73	0.000
是否改革村	→	田间水利工程	0.324***	0.031	10.36	0.000
是否改革村	→	ln 自投工	0.099**	0.043	2.31	0.021

变量	路径	变量	系数	标准误	z 值	P 值
ln 产量	→	产均碳足迹	-0.375***	0.015	-25.43	0.000
田间水利工程	→	产均碳足迹	0.026*	0.014	1.79	0.073
ln 自投工	→	产均碳足迹	0.034**	0.011	2.94	0.002
季节	→	产均碳足迹	-0.055***	0.013	-4.09	0.000
作物种类	→	产均碳足迹	0.103***	0.022	4.67	0.000
土地等级	→	产均碳足迹	0.021**	0.008	2.61	0.009
是否村干部	→	产均碳足迹	-0.031	0.021	-1.50	0.135
ln 年龄	→	产均碳足迹	-0.052**	0.025	-2.09	0.037
ln 规模	→	产均碳足迹	-0.02**	0.01	-2.05	0.040
ln 受教育年限	→	产均碳足迹	-0.021	0.015	-1.34	0.179

注：*、**和***分别代表在10%、5%和1%的统计水平上显著。

分别审视三条中介路径，各路径回归系数均显著，假设2得以验证。这说明三条路径完全解释了改革区和非改革区之间的产均碳足迹差异情况。

第一，影响路径1：是否该改革区→产量→产均碳足迹。

回归结果显示，农田水利改革对产量的系数为0.384，在1%的水平上具有显著性。且改革区和非改革区的作物产量均值分别为1745千克/亩和1312千克/亩，表明灌溉改革提高了农业部门抵御自然灾害的能力，提高了生产力和产量。这表明，农田水利改革地区的作物产量明显高于非改革地区。此外，产量对产均碳足迹的系数为-0.375，在1%的水平上显著，表明作物产量的提升可以有效降低产均碳足迹。正如张杰等（2022）、史琛等（2022）通过计量不同地区、地块碳排放量得出的结论，生产力水平较高的地区更能达到生态高效。

第二，影响路径2：是否该改革区→田间水利工程→产均碳足迹。

回归结果显示，农田水利改革对是否装备田间水利工程（是=1，否=0）的系数为0.324，在1%的水平上具有显著性。这表明，农田水利改革地区的田间水利工程覆盖率明显高于非改革地区。此外，是否装备田间水利工程对产均碳足迹的系数为 0.026，在 10% 的水平上显著，表明装备田间水利工程对产均碳足迹具有促进作用。装备农田水利工程可以提高农民应对恶劣天气条件的能力，稳定他们对产量和种植收入的预期。因此，农民有更大的积极性进行种植投入，主要倾向加大对于化肥和农药的投入，从而增加产均碳足迹。

第三，影响路径3：是否该改革区→自投工→产均碳足迹。

回归结果显示，农田水利改革对自投工的系数为 0.099，在 5% 的水平上具有显著性。这表明，农田水利改革地区的农户对于种植业的时间投入明显高于非改革地区。此外，自投工对产均碳足迹的系数为 0.034，在 5% 的水平上显著，表明农户种植自投工对产均碳足迹具有促进作用。农田水利改革起到了提升农户种植生产积极性的作用，使得农户从业选择向种植业倾斜，农户随着在农田劳作的时间增加，消耗的化肥和农药也相应增多，总体上增加了作物产均碳足迹。

第四，控制变量对产均碳足迹的影响。

在模型运行中发现，控制变量对产均碳足迹的影响也存在两条中介路径。一是作物种类（0＝玉米，1＝马铃薯）→产量→产均碳足迹。作物种类对产均碳足迹的直接效应为 0.09，在 1% 的水平上显著，说明马铃薯的产均碳足迹大于玉米。作物种类对产均碳足迹间接效应为 -0.39，作物种类对产均碳足迹的总效应是 -0.300，均在 1% 的水平上显著，说明虽然马铃薯农资消耗量较大，但是产量远远高于玉米，因此产量对于产均碳足迹的负向作用大于作物种类对于产均碳足迹的正向影响。

二是季节（0＝旱季，1＝雨季）→自投工→产均碳足迹。季节对产均碳足迹的直接影响系数为 -0.058，在 1% 的水平上显著，表明农户在旱季种植产均碳足迹更大，气候条件不适宜的情况下需要灌溉和覆盖农膜达到保水保墒的目的，增加能耗和农膜使用使得产均碳足迹更高。季节对产均碳足迹间接效应为 0.008，在 5% 的水平上显著，说明农户在雨季有更强的种植投入积极性，从而有一定增加碳足迹趋势。季节对产均碳足迹的总效应是-0.050，在1%的水平上显著，说明季节对于产均碳足迹直接影响的负向作用要大于农户种植积极性对产均碳足迹的正向影响。另外，土地等级（等外地=1；三等地=2；二等地=3；一等地=4）对产均碳足迹的影响系数为0.021，在5%的水平上显著，表明土地质量较高的地块产均碳足迹更高，农户更愿意在地块质量高，生产力强的地块上投入。种植规模对产均碳足迹的影响系数为-0.02，在5%的水平上显著，说明种植规模较大的农户种植过程中产均碳足迹显著较小。农户年龄对产均碳足迹的影响系数为-0.052，在5%的水平上显著，说明年龄较大的农户种植过程中产均碳足迹较小。户主是否为村干部以及受教育年限对产均碳足迹并没有显著影响（见图3-6）。

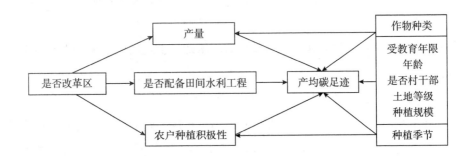

图3-6　农田水利改革对产均碳足迹影响机制示意图

3.1.5　小结

本节首先利用调研资料和统计数据，对调研地农田水利改革状况以及碳足迹进行描述性分析，直观对比改革区和非改革区差异。初步发现调研区种植条件总体较好，农田水利改革区灌溉治理机制较为健全。改革区灌溉条件以及灌溉系统管理维护情况均优于非改革区；改革区亩均碳足迹大于非改革区，产均碳足迹小于非改革区，几乎是非改革区的55%，化肥是最主要的碳排放源。

其次通过基准回归结果发现，农田水利改革显著增加亩均碳足迹，降低产均碳足迹。分排放源来看，农田水利改革显著增加化肥碳足迹，减少农药施用碳足迹。为验证回归结果稳健性，进而使用倾向得分匹配法进行分析。倾向得分匹配法同样表明农田水利改革显著增加亩均碳足迹，降低产均碳足迹，并且显著影响化肥碳足迹，化肥施用是农业碳足迹主要来源。

最后通过路径分析模型分别对农田水利改革对亩均碳足迹和产均碳足迹的影响路径进行分析。结果表明，农田水利改革通过提升田间水利工程的配备率、激发农户种植积极性两条路径对农业亩均碳足迹和产均碳足迹均有促进作用。但是由于农田水利改革增产作用，抵消配备田间水利工程和农户种植积极性提升产均碳足迹的作用，农田水利改革对产均碳足迹的总效应为负。

3.2 灌溉改革对水资源和能源利用效率的影响

灌溉水源的匮乏与季节分布不均、能源的过度投入阻碍着农业的增产和可持续发展，而我国一直以来推行水利设施改革的重要目标就是提高农业水资源、能源利用效率。推行灌溉制度的革新、完善灌溉管理体制、推广节水灌溉，是发展节约型农业的关键所在。地方政府大力推进农田水利设施与灌溉管理制度的改革，鼓励农户参与村级灌溉管理事务，对水资源和能源的使用有更深入的认识，并组织专业技术等相关培训，使他们能够更科学地进行灌溉和农业生产，对农业水资源和能源利用效率产生积极影响。那么，农田水利设施的管理改革的成效是什么？是如何提高了农户的水资源和能源利用效率，实现农业资源的可持续利用？本研究选取灌溉改革典型试点区云南陆良县为样本区域，利用 2021 年的 332 户农户调研数据，使用投入视角的 SFA 模型，计算灌溉改革背景下农户在马铃薯种植过程中投入的水资源和能源利用效率；并运用 TOBIT 模型检验和中介效应模型，分析不同的灌溉管理改革模式对农户水资源、能源利用效率的影响效应有何差别，从而为不同区域选择适宜的灌溉改革模式提供参考。

3.2.1 相关概念界定

3.2.1.1 灌溉管理模式

调查表明，经过长期以来的灌溉改革探索，我国逐渐形成了两种有效的灌溉管理模式，即农民用水协会（多元管护模式）和私人承包模式。而本次调研的改革区域的中坝村与炒铁村分别代表其两种模式，中坝村建立中坝村委会农民专业合作社，是农民组织，主要为了管理村里的水资源和灌溉事宜，负责项目区范围内中坝、下坝、岳家庄、庄子上、所庄村5个自然村的工程建设管理和农田灌溉服务，用水合作社设理事会，由该理事会代表农民行使灌溉管理的职能，同时为了更好行使水资源分配、灌溉设施的维护以及水费征收等职能，合作社将全村划分为5个灌溉片区，由各片区的农户参加村民大会选举产生管水员，由其进行配水提水工作，提升资源利用效率。炒铁村的私人承包模式是指在水利设施的产权不变的情况下，进行产权与经营权分离，承包人从村委会手里接过村里水利设施的灌溉管理的经营权，承担灌溉管理的主要权责，负责灌溉设施的维护，农田提水配水等工作，提升农田水利的运行效率和经济效益。而两种截然不同的灌溉管理模式将会如何影响农户的水资源和能源利用效率，我们仍需要进一步分析。

3.2.1.2 水资源利用效率

农业生产中使用的水资源是有限的，主要来自地表水，农业用水是农户通过提水、拉水等方式进行使用的。农业用水指用于灌溉和农村牲畜的用水，是农业水资源的重要组成部分。由于各地水源条件、作物品种、耕种面积不同，存在明显的地域差异，其中农田灌溉用水是指种植业灌溉所需的水量，在农田灌溉中，主要是提水灌溉和水库灌区灌溉，所以灌溉用水具有较大的可控性，是可以人为控制的水资源配置。从经济学角度来看，灌溉用水的供给确实需要一定的物质投入，包括设备、能源、人力等成本，即使在灌溉用水价格相对较低的情况下，这些成本也是不可避免的。灌溉用水可以作为生产函数的一个投入要素进行经济分析。因此，本书中的水资源利用效率特指农业灌溉用水效率。

3.2.1.3 能源利用效率

农业能源消耗涉及多个方面，包括农业生产机械化、灌溉、化肥和农药使用等。随着农业生产现代化进程的加快，农业机械化水平不断提高，导致能源消耗不断增加。同时，灌溉、化肥和农药使用也是农业生产能源消耗的重要部分，因此本章将能源消耗分为直接能源和间接能源。陆良县农户在种植马铃薯过程中从播种到收获，需要经历多个环节，每一步都包含着直接或间接的能源消耗，如耕地机、拖拉机、抽水机，在使用过程中需要使用柴油、电力等直接能源，而施肥、打药、覆膜等生产环节，则需要使用大量的间接能源。据以上分析，为全面展现马铃薯生产的能源消耗情况，本章将马铃薯种植中产生的农业能源消耗分为直接消耗与间接消耗，将全部的直接能源和间接能源作为研究对象，作为本章的能源投入要素来进行衡量。为了更好地测算能源效率，本章利用各种能源折算标准煤方式将全部能源进行转化计算和加总，纳入随机前沿生产函数测算，最后得出能源利用效率（见表 3-17）。

表 3-17 各种能源折标准煤参考系数

能源名称	折标准煤系数	折标准煤系数
柴油	1.4571 千克标准煤/千克	1.4571 千克标准煤/千克
电能	0.1229 千克标准煤/千瓦时	0.1229 千克标准煤/千瓦时
氮肥	5740 千卡/千克	0.82 千克标准煤/千克
磷肥	2030 千卡/千克	0.29 千克标准煤/千克
钾肥	2150 千卡/千克	0.307143 千克标准煤/千克
农药	24000 千卡/千克	3.428571 千克标准煤/千克
农膜（乙烯）	837 千克标准煤/吨	0.837 千克标准煤/千克

资料来源：《农业技术经济手册（修订版）》。

3.2.2 研究区域概况与数据描述统计分析

3.2.2.1 调查区域概况

陆良县位于云南省东部，居南盘江上游。陆良县东西长65.6千米，南北宽62.8千米，总面积2096平方千米。全县海拔1840米，春天温暖干旱，夏天无酷暑，秋天凉爽湿润，冬天无严寒的特点，年总积温达5326℃，年平均气温为14.7℃，年降雨量为900~1000毫米，年径流量高达8.5亿立方米，同时年日照时数达2442.5小时，可以看出陆良县光、热、水等资源较为充沛。而且大部分土地的土壤为棕红壤、红壤、黄壤，土层较为深厚和肥沃。全县总户数240486户，户籍总人口697322人，其中，少数民族人口16324人。

本章选择的中坝村与炒铁村是陆良县灌溉改革的典型案例：①两个相邻的村，自2014年起改革以来，陆良县灌溉水利改革经过逐步探索在运营过程中形成了两种截然不同的农田灌溉管护模式，都极大提升了农业用水效率、用能效率，增加了农户收入，成为全国农田水利治理改革示范的典型。②两个村所有的自然条件都相同，很大程度上减少其他外在要素的影响，对我国农田灌溉管护模式的推广有着极大的借鉴意义。

3.2.2.2 样本选择与数据描述统计分析

（1）样本来源与样本分布。

基于在2020年12月、2021年6月、2021年7月本课题组三次前往陆良县对上述两个改革示范村"中坝村"和"炒铁村"进行实地调研，同时课题组在陆良县其他乡镇选择了四个非改革村作为农田水利治理研究的参照组，在实地考察过程中，分别对县水务局工作人员、乡镇干部、村干、用水合作社干部、水利设施产权所有人、水利设施管护责任人、用水农户进行了问卷调研与深度访谈，课题组成员在两个改革村和四个非改革村内，对农户进行随机抽取，得到调研数据，最终收集有效农户问卷332份，有效问卷率为98.3%。在研究农户行为时，选择332户农户样本进行分析；在研究农户收入时，则细化到了对每一个农户具体的地块收入进行实证分析。其中为了使研究更具代表性，通过作物筛选，对需要灌溉的春秋马铃薯进行研究，最终得到 371 份春秋马铃薯地块投入产出具体详细数据。农户数量在不同村庄的分布情况如表 3-18 所示。

表 3-18　样本农户分布　　　　　单位：户，%

样本村		农户数	比例
改革区	中坝村	97	29.22
	炒铁村	114	34.34
非改革区	雍家村	46	13.86
	戚家村	41	12.35
	罗贡村	23	6.93
	太平哨村	11	3.31

资料来源：根据 2021 年云南省陆良县农户调研数据统计整理而得。

（2）样本农户基本特征。

本章中农户的特征主要包括农户的年龄、身体健康状况、非农就业情况、受教育程度、种植经营情况等。对农户的个人特征进行描述如表 3-19 所示。

表 3-19　样本农户基本特征描述　　　　单位：户，%

变量名	组别	频数	百分比
户主年龄	40 岁以下	53	15.96
	40~50 岁	155	46.69
	51~60 岁	100	30.12
	61 岁及以上	24	7.23
是否参与水资源管理	参与	40	12.05
	未参与	292	87.95
身体健康状况	健康	300	90.36
	一般	27	8.13
	不健康	5	1.506

续表

变量名	组别	频数	百分比
是否从事非农就业	是	39	11.75
	否	293	88.25
受教育程度	未上过学	14	4.22
	小学	123	37.05
	初中	154	46.39
	高中	30	9.04
	高中以上	2	0.60

资料来源：根据2021年云南省陆良县的农户调研统计数据整理而得。

1）农户年龄及身体健康状况。

微观农户调研中发现，在332户农户样本中，农户的年龄集中在40~50岁的最多，为155户，占总样本量的46.69%；其次是51~60岁的农户数量为100，占样本量的30.12%；年龄40岁以下的农户为53户，占总样本的15.96%；60岁及以上的农户为24户，占样本总量的7.23%。从身体健康状况来看，农户认为自己身体健康的有300户，占样本农户的90.36%。总体来看，此次调研的样本农户中农户呈现出老龄化趋势，年轻的"农二代"大多外出务工，但身体健康程度较高。

2）农户受教育情况。

本章中对农户的受教育程度是以受教育年限来衡量，基本划分为未上过学（受教育年限为0），小学（受教育年限为1~6年），初中（受教育年限为7~9年），高中（受教育年限为9~12年），高中以上（受教育年限为12年以上）。在样本农户中，受教育水平为初中的农户最多为154，占样本量的46.39%；受教育水平为小学的农户属于调研农户中数量第二大的群体，为123户，占样本量的37.05%；未上过学和高中以上的农户均占比较少。总体来看，农户受教育水平相对较低，文化程度基本处初中及以下水平，而文化相对较高的农户往往具有更多的外出就业机会，因此受教育水平高并且从事农业生产的农户较少。

3) 农户非农就业及参与水资源管理情况。

在本次调研农户中，样本农户中不从事非农就业的农户为 293 户，占总样本的 88.25%；而从事兼业的农户仅有 39 户，占总样本的 11.75%。对于农户是否参与到水资源管理中，有 40 户农户参与管理，占总样本的 12.05%；大部分农户并未参与到水资源管理中，有 292 户，占总样本的 87.95%。可以看出，农户以从事农业生产活动为主，很少外出打工，只有部分农户会在农闲时间去乡镇进行打零工。

（3）样本马铃薯种植经营特征。

样本选中的马铃薯为春秋两季马铃薯，总共为 371 份数据，马铃薯的种植经营特征主要包括该种植最大地块面积、总种植经营规模、种植收入等。最大地块面积指当年农户种植春马铃薯或秋马铃薯的最大一块田地。从样本数据可以看出（见表 3-20），马铃薯种植的地块规模较小，其中 3 亩的样本数最多，为 217 户，占总样本的 58.49%；其次是地块面积 3~5 亩的样本数为 98 户，占总样本的 26.42%；地块面积 5~10 亩的样本数为 25 户，占总样本的 6.74%；地块面积在 10 亩以上的样本数为 31 户，占总样本的 8.36%。农户的总体种植经营规模基本在 10 亩以下，为 252 户，占总样本的 67.92%；其次是 10~30 亩的样本数为 101 户，占总样本的 27.22%；处于 30 亩以上的占比较小。总体来看，陆良县农户的地块面积分割比较细碎，农户更倾向于精耕细作，难以形成规模效应，农户种植收入普遍处于 10 万元以下。

表 3-20　样本马铃薯种植经营特征　　　　　单位：户，%

经营特征	数量（比例）			
最大地块	3 亩以下	3~5 亩	5~10 亩	10 亩以上
数量	217	98	25	31
占比	58.49	26.42	6.74	8.36
经营规模	10 亩以下	10~30 亩	30~100 亩	100 亩以上
数量	252	101	15	3

续表

经营特征	数量（比例）			
占比	67. 92	27. 22	4. 04	0. 81
种植收入	5 万元以下	5 万~10 万元	10 万~15 万元	15 万元以上
数量	106	161	53	51
占比	28. 57	43. 40	14. 29	13. 75

资料来源：根据 2021 年云南省陆良县农户调研数据统计整理而得。

（4）样本马铃薯生产投入特征。

从样本数据可以看出，改革区的亩均马铃薯产量为 2500.51 千克，亩均水资源投入量为 181.84 立方米，亩均能源投入量为 3.46 标准煤；对照区的亩均马铃薯产量为 1814.02 千克，亩均水资源投入量为 423.21 立方米，亩均能源投入量为 63.61 标准煤（见表 3-21）。可以得出结论：①与非改革区相比，灌溉改革区的亩均马铃薯产量明显增加，亩均水资源投入量则大幅减少，说明水资源利用效率可能提高。②与非改革区相比，灌溉改革区的亩均能源投入量明显减少。由于灌溉改革区配备了田间水利工程，集体使用电泵抽水，相较于非改革区的柴油机抽水更加节能。

表 3-21　亩均马铃薯生产投入情况特征

样本区域	变量	单位	样本量	均值	最小值	最大值
改革区	产量	（千克/亩）	235	2500. 51	900	4000
	水资源	（立方米/亩）	235	181. 84	0	770
	能源	（标准煤/亩）	235	3. 46	0	42. 86
	劳动力	（天/亩）	235	23. 71	0	49
	种子	（千克/亩）	235	3. 74	0	52. 5
对照区	产量	（千克/亩）	136	1814. 02	250	4000
	水资源	（立方米/亩）	136	423. 21	12	770
	能源	（标准煤/亩）	136	63. 61	13. 06	364. 12
	劳动力	（天/亩）	136	13. 72	1. 12	29. 2
	种子	（千克/亩）	136	266. 88	80	1600

资料来源：根据 2021 年云南省陆良县农户调研数据统计整理而得。

3.2.3　灌溉改革背景下水资源和能源利用效率研究

3.2.3.1　理论分析与模型构建

（1）理论分析。

在经济学领域，技术效率通常指的是在维持产出不变且其他投入要素恒定的条件下，某一要素理论上可能的最低投入量与实际投入量之间的比率，用于衡量资源利用的有效程度。那么在生产前沿函数中，若要素的投入与产出均位于前沿面上，则意味着实现了以最小投入获取最大产出的最优状态，但在现实生活中，这种状态是很难实现的，尤其是农业生产，其投入和产出是偏离最优状态的，大部分时候都是在生产的可能性边界上进行农业生产，这表示农产品的生产是具有效率损失的，还存在改进空间。那么为了更好弄清楚在农业生产中某一单一生产要素的技术效率，有学者将其定义为在一定产量的前提下，从投入角度来说，某一要素的最可能投入与其实际的投入的比值，这样得出的技术效率可以很好地反映生产过程中的效率损失问题。随后，为了完善生产技术效率的测算，Eisenhard（1989）提出依据生产函数的估计参数和随机误差项进行对单一投入生产要素的测算，后来逐步成为测算单一生产要素技术效率的重要方法。因此本章沿用其方法。

为了更好地表示马铃薯生产中的水资源和能源的投入产出情况，通过假定生产前沿面为 T（·），Y 为产出，W 为水资源投入，E 为能源投入，则 $Y \leqslant T$（W，E）。当 Y′位于生产前沿边界面 T（·）的下方，我们可以认为此时的马铃薯生产的要素投入是处于低效率的状态，水资源和能源投入存在浪费情况，那么如果要消除马铃薯生产中的技术无效率情况，也就是说在图 3-7 中可以看作将 Q 点移动到生产前沿边界面 OE′Q′W 的 Q′处，这时农业生产过程中的所有要素投入都达到了最优的利用状态，在不存在任何冗余情况，同时达到了马铃薯的最大产量水平。假设通过灌溉管理改革，可以使更多农户在马铃薯生产过程中以不存在冗余的投入，就可以生产出最大产出水平。

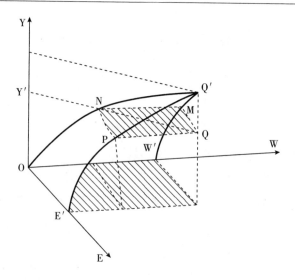

图 3-7 产量、水资源投入与能源投入的生产前沿

为了更直观地看出马铃薯生产过程中的主要要素投入，水资源与能源在灌溉管理改革的推动下发生的变化，将图 3-7 的立体空间图中的水资源和能源投入组合转变成为平面图。如图 3-8 所示，在马铃薯的等产量 Y 下，其水资源投入 W 与能源投入 E 之间的相互变化，不影响马铃薯的产量。假设通过灌溉改革，农户可以以更少的水资源和能源投入等到相同的产量，即等产量线 Y 会向内偏移。

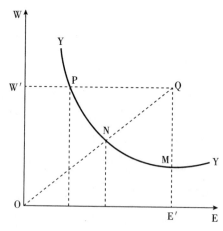

图 3-8 水资源投入与能源投入的生产前沿

（2）模型设定。

效率评价的主流研究方法有以随机前沿分析方法（SFA）为代表的参数方法和以数据包络分析方法（DEA）为代表的非参数方法两种，与SFA 模型相比，DEA 模型对误差项的考虑较为欠缺，根据本章的数据特征，以及 SFA 模型可以基于数据随机假设更好地刻画出农户的粮食生产技术效率水平的优势，参考 Wang 等（2015）的相关研究，本章使用随机前沿分析方法（SFA），对马铃薯生产中水资源、能源利用效率进行分析。因此，本章选择以超越对数生产函数作为马铃薯的生产函数形式，超越对数生产函数的形式更为灵活、可以近似反映任何生产技术条件，在事先并不知道马铃薯生产的各生产要素之间的替代弹性时，可以很好地表示马铃薯生产中主要的生产要素投入量和产出量之间的依存关系。本章的主要目的是通过生产函数测定马铃薯种植户的水资源、能源利用效率，所以将影响马铃薯产出量的各种投入要素作为自变量，主要包括水资源、能源和劳动力，其中能源投入主要包括化肥、农药、灌溉、农机等投入，因变量为农户当年的单位耕地面积的产量。

本章将农业生产要素投入分为水资源、能源、劳动力和种子，构建马铃薯超越对数生产函数模型，如下：

$$\ln Y_i = \alpha_0 + \alpha_w \ln W_i + \alpha_d \ln E_i + \alpha_f \ln L_i + \alpha_1 \ln Z_i + \frac{1}{2}\alpha_{ww}(\ln W_i)^2 + \frac{1}{2}\alpha_{dd}(\ln E_i)^2 +$$

$$\frac{1}{2}\alpha_{ff}(\ln L_i)^2 + \frac{1}{2}\alpha_{ll}(\ln Z)^2 + \alpha_{wd}\ln W_i \ln E_i + \alpha_{wf}\ln W_i \ln L_i + \alpha_{wl}\ln W_i \ln Z_i +$$

$$\alpha_{df}\ln E_i \ln L_i + \alpha_{dl}\ln E_i \ln Z_i + \alpha_{fl}\ln L_i \ln Z_i + (v_i - u_i) \tag{3-11}$$

其中，Y 表示亩均马铃薯产量；W 表示亩均水资源投入；E 表示亩均能源投入；L 表示亩均劳动力投入；Z 表示亩均种子投入；误差项（$v_i - u_i$）表示复合结构；v_i 表示随机干扰项；u_i 表示技术无效率项，是非负的随机变量，它代表技术无效率会对产出产生的影响；v_i 和 u_i 是相互独立。

当模型中 $u_i = 0$ 时，即假定不存在技术无效的影响，此时代表马铃薯生产函数达到了最优的前沿面水平，因此可以构造技术效率函数：

$$lTE_i = \exp(-u_i) \tag{3-12}$$

那么如果要消除马铃薯生产中的技术无效率情况，也就是说在图中可以看作将 Q 点移动到生产前沿边界面 OE′Q′W 的 Q′处，这时农业生产过程中的所有要素投入都达到了最优的利用状态，不存在任何冗余情况，同时达到了马铃薯的最大产量水平。即 TE_i 值越大，越趋近 1，表示效率水平越高，其越趋近 0，则效率水平越低。在假设马铃薯生产过程中的其他生产要素的投入不变，将其中水资源的投入减少到最小的投入量 W_i^*，其产出 $Y_i = f(W_i^*, F_i, E_i, L_i)$，代入式（3-11）为：

$$\ln Y_i = \alpha_0 + \alpha_w \ln W_i^* + \alpha_e \ln E_i + \alpha_l \ln L_i + \alpha_z \ln Z_i + \frac{1}{2}\alpha_{ww}(\ln W_i^*)^2 +$$

$$\frac{1}{2}\alpha_{ee}(\ln E_i)^2 + \frac{1}{2}\alpha_{ll}(\ln L)^2 + \frac{1}{2}\alpha_{zz}(\ln Z_i)^2 + \alpha_{we}\ln W_i^* \ln E_i +$$

$$\alpha_{wl}\ln W_i^* \ln L_i + \alpha_{wz}\ln W_i^* \ln Z_i + \alpha_{el}\ln E_i \ln L_i + \alpha_{ez}\ln E_i \ln Z_i + \alpha_{lz}\ln L_i \ln Z_i + v_i \tag{3-13}$$

由于马铃薯的产出值是相等的，可以用式（3-13）减去式（3-11），最后整理得到：

$$\alpha_w(\ln W_i^* - \ln W_i) + \frac{1}{2}\alpha_{ww}(\ln W_i^* - \ln W_i)^2 + \alpha_{ww}\ln W_i(\ln W_i^* - \ln W_i) +$$

$$\alpha_{we}\ln E_i(\ln W_i^* - \ln W_i) + \alpha_{wl}\ln L_i(\ln W_i^* - \ln W_i) + \alpha_{wz}\ln Z_i(\ln W_i^* - \ln W_i) + u_i = 0 \tag{3-14}$$

由于水资源的利用效率是 $\ln WE_i = \ln\left(\dfrac{W_i^*}{W_i}\right) = \ln W_i^* - \ln W_i$；再加上水资源的产出弹性为 $\partial_{w_i} = \dfrac{d\ln Y}{d\ln W_i} = \alpha_w + \alpha_{ww}\ln W_i + \alpha_{we}\ln E_i + \alpha_{wl}\ln L_i + \alpha_{wz}\ln Z_i$，因此，样本中水资源利用效率可表示为：

$$\ln WE_i = (-\partial_w + \sqrt{(\partial_w)^2 - 2\alpha_{ww} + u_i})/\alpha_{ww} \tag{3-15}$$

同理可得能源利用效率，其表达式为：

$$\ln EE_i = (-\partial_e + \sqrt{(\partial_e)^2 - 2\alpha_{ee} + u_i})/\alpha_{ee} \tag{3-16}$$

最后由于在马铃薯生产中，所有要素投入的效率值一般都是处于有效的状态，那么其水资源利用效率、能源利用效率肯定也是有效的，所以取值只考虑正值。

3.2.3.2　水资源和能源利用效率测算

（1）样本选取。

目前，我国农田水利产权改革运行发展中存在多种运行模式，不同模式在不同地区进行试验。在发展速度和规模上，以产权一体化的多元管护模式和产权分离的私人承包模式两种典型模式发展最好，在全国得到一定的推广和深化改革，两种模式已经成为我国农田水利设施产权改革试点以来的重要发展模式，它们在具体运行方面各有千秋，均取得了较好效果。云南省陆良县小百户镇中坝村与炒铁村是全国第一批农田水利设施改革示范点。自 2014 年改革以来，两个在自然位置上毗邻的村庄，形成了两种截然不同的农田水利治理模式，并都极大地提升了农业水资源利用效率和能源利用效率、农田水利基础设施维护程度，促进了节水技术采纳和农户节水增产增收，这些丰富的现象为本章提供了充足的素材，是分析该问题的理想研究蓝本。因此，本章选取此样本，通过测算水资源利用效率和能源利用效率，分析研究农田水利设施产权改革及灌溉管护模式改革的成效。

（2）随机前沿生产函数估计结果。

运用 STATA17.0 软件对生产函数模型进行极大似然估计，结果如表 3-22 所示。从估计结果可以看出，LR 检验的具体检验值为 121，P 检验值为 0.000，这表示模型整体拟合情况较好，说明本研究设定的关于马铃薯的生产函数模型是合理的，通过了检验，可以继续进行接下来的实证分析。同时模型拟合的参数值 γ 在 1% 的显著水平上通过了检验，表现出较好的拟合效果，其值为 0.9706，这表明在影响马铃薯产量的各项随机因素中，由于随机误差项而引起的不受控部分只占很小一部分，其中有97.06% 归结于技术无效率，生产模型的整体拟合效果较好。接下来可以根据各个变量的系数和显著性，进一步对马铃薯生产的投入情况进行具体分析，判断其生产要素投入与产出之间的关系。

表 3-22　随机前沿超越对数生产函数的估计结果

变量	估计系数	标准误	T 值
水资源	0.6004*	0.36	1.67
能源	0.2644*	0.149	1.77
劳动力	-1.3030*	0.707	-1.84
种子	0.5533	0.879	0.63
水资源二次项	-0.044	0.024	-1.83
能源二次项	-0.014	0.048	-0.29
劳动力二次项	0.036	0.04	0.91
种子二次项	-0.06	0.071	-0.84
水资源×能源	0.019	0.062	0.3
水资源×劳动力	-0.018	0.041	-0.44
水资源×种子	-0.027	0.069	-0.39
能源×劳动力	0.047	0.051	0.91
能源×种子	-0.036	0.063	-0.57
劳动力×种子	0.176	0.129	1.37
常数项	5.657*	3.05	1.85
σ_v	-4.445***	0.431	-10.32
σ_u	-0.948***	0.109	-8.73
Log 似然函数值	-144.84332		
样本量	371		
P 值	0.000		

注：***、**和*分别表示在1%、5%和10%的水平上显著。本章下同。

对生产模式中的每个参数依次进行分析，首先是最重要的水资源投入，可以看到水资源投入的一次项系数为正，二次项系数为负，说明了一开始由于灌溉水源的不充足造成产量较低，故灌溉改革后取水便利性大大增加，水源充足，效率提升，但随着时间的推移，水资源投入的不断增加，出现负面效应，土壤养分流失、板结等一系列问题导致马铃薯边际产量降低，农户收益也不断降低。接下来，分析能源投入的参数系数与显著性，可以看到能源投入的一次项系数为正，二次项系数为负，表明在马铃薯生产的初期，能源投入的不断增加对马铃薯产量的提高具有正向作用，但随着无节制的不合理投入，能源投入的二次项系数显著变为负，证明在化肥、农药、机械柴油大量投入的石油农业背景下，马铃薯生产中能源投入在不断增加，同时也出现过量投入能源导致土壤污染等问题。从水资源和能源二者的交互项来看，其交互项系数为正，说明水资源和能源在马铃薯生产过程中是具有一定的互补性的。与此相反，水资源和劳动力的交互项系数显著为负，说明二者在一定程度上具有替代性，即灌溉改革后水资源投入增加，但节省了劳动力，使其表现出一定的替代性。虽然在模型拟合结果中，要素投入之间的交互项显著性并不强，但仅从其正负性上来分析，也能一定程度上反映要素之间的关系，为马铃薯生产的要素投入调整提供一定的经验借鉴。

根据超越对数生产函数的模型结果和公式 $\partial_{w_i} = \dfrac{dlnY}{dlnW_i}$ 进行各生产要素的产出弹性计算，进一步分析水资源和能源的产出弹性。经过计算后得出，水资源的产出弹性均值为 0.2323，说明在马铃薯生产过程中，水资源投入对马铃薯产量具有促进作用。同样计算得出能源的产出弹性均值为 0.2359，说明能源投入对马铃薯产量同样具有正向作用。那么，为了提高马铃薯产量，对于水资源投入和能源投入要合理安排，以最小的投入量获得最大的马铃薯产量。相反，从农业生产中的另一项重要投入——劳动力的产出弹性均值为-0.1529，可以说明其他资本要素对于劳动力的替代性加强，也反映出在我国传统的小农经济生产中，劳动力的投入存在很大的冗余，从而导致劳动力投入的增加不仅不会提高马铃薯的产量，反而会起到负向作用，导致边际生产不断降低，如何解决农村现存过量投入劳动力对马铃薯生产的重要性日益显现。

3.2.3.3 灌溉改革背景下水资源与能源利用效率分析

为了深入探寻灌溉改革对水资源与能源利用效率的差异，下文将继续对样本的所有效率值进行进一步分析，改革区与对照区的效率区别与影响要素分析，将证明要素利用效率是否存在很大的提高空间及灌溉改革如何影响马铃薯生产的技术效率及水资源和能源利用效率，为以后的灌溉管理改革政策提供参考依据，如表 3-23 所示。

表 3-23 马铃薯生产技术效率和水资源和能源利用效率

效率值	生产技术效率			水资源利用效率			能源利用效率		
	平均值	最小值	最大值	平均值	最小值	最大值	平均值	最小值	最大值
总样本	0.648	0.08	0.961	0.279	0.001	0.841	0.260	0.002	0.852
中坝村	0.662	0.288	0.952	0.295	0.016	0.841	0.259	0.007	0.824
炒铁村	0.739	0.288	0.961	0.376	0.019	0.827	0.363	0.001	0.852
对照区	0.547	0.08	0.942	0.169	0.001	0.745	0.158	0.002	0.753

注：由模型回归结果整理得出。

由表 3-23 可知，马铃薯生产技术效率的平均值为 0.648，这表明陆良县马铃薯种植户的总体生产技术效率水平较为良好。但对比水利部公布的农业灌溉有效利用值，陆良县农户的水资源利用效率值仅有 0.279，远远低于全国的平均水平。在灌溉改革区中，中坝村农户的农业水资源利用效率值为 0.295，炒铁村农户的农业水资源利用效率值为 0.376，普遍高于对照区的其他村落。该结果表明，陆良县的农田水利设施改革对于提高水资源利用效率是有成效的，且炒铁村的管理模式略优于中坝村的管理模式。但是从数据来看，农业灌溉用水投入还没有得到最优的使用效率，灌溉水资源的有效利用率只达到了 27.9%，仍存在优化空间。同样，陆良县农户能源利用效率的均值为 0.260，其中改革区中的炒铁村农户的能源利用效率值为 0.363，也同样高于中坝村农户 0.259 的能源利用效率值，这表明陆良县的灌溉管理改革在提高水资源利用效率的同时，也对其他生产要素投入产生了调节效应，而提高了其他要素利用效率，对提高农户生产技术效率有正向作用。

从农户分布情况来看，陆良县总样本农户中农业生产技术效率值超过 0.9 的只有 32 户农户，占比较少，表明陆良县的农业技术效率仍存在很大的提升空间。其中中坝村有 9 户，炒铁村有 17 户，对照区有 6 户，其余农户农业生产技术效率都是相对无效的。陆良县农户的水资源利用效率普遍未超过 0.9，其中只有 4 户农户的水资源利用效率值达 0.8，且都分布在中坝村和炒铁村，存在较大的提升空间。通过对其中一位最低农业生产技术效率值的农户情况进行分析，发现此农户来自对照区，即非灌溉改革区，该农户主要从事非农就业，因此马铃薯的播种面积较小，且土地位置的灌溉条件不便利，水费较贵，而且秋马铃薯自留种，各种要素投入较低，产量低。同样对于农业水资源利用效率的最小值农户进行分析，该农户同样位于未实行灌溉改革的村庄，种植的作物为秋马铃薯，耕种面积较小，产量较低，马铃薯种子均自留种，且秋季基本不灌溉或少量灌溉，导致马铃薯的生产技术效率、水资源和能源利用效率低。

从改革区内部的两个村庄中坝村与炒铁村，也就是多元合作管护模式与私人管护模式来看（见表 3-23），发现中坝村农户的农业生产平均技术效率值为 0.662，小于炒铁村的技术效率值 0.739，说明在农业生产技术效率方面私人管护模式的提升作用更加明显。此外，可以看出，炒铁村农户的农业水资源利用效率值相对较高，其水资源利用效率值为 0.376，而中坝村农户的农业水资源利用效率值为 0.295，略低于炒铁村的水资源利用效率值。同时，中坝村农户生产的能源利用效率值为 0.259，而炒铁村农户的能源效率值 0.363。总体来看，炒铁村的私人管护模式在提升农户生产技术效率和水资源、能源利用效率上均略优于中坝村的多元合作管护模式，这对我国其他地区选取灌溉改革模式可提供一定的借鉴。

从改革区与对照区方面分析来看，如表 3-24 所示，发现改革区农户的农业生产技术效率值为 0.706，大于对照区的技术效率值 0.547，说明灌溉改革的效率提升作用非常明显，且能更好地提高粮食产量。此外，改革区农户的农业水资源利用效率值相对较高，为 0.342，而对照区农户的农业水资源利用效率值为 0.169，仅为改革区的 1/2。改革区的能源利用效率值为 0.320，是非改革区能源效率值 0.158 的双倍。由此可以看出，灌溉改革对我国农户生产的效率提升具有极大的促进作用，但仍存在较大的改进空间。

表 3-24　改革区与对照区生产技术效率和水资源和能源利用效率

样本区域	变量	样本量	均值	最小值	最大值
改革区	技术效率	235	0.706	0.288	0.961
	水资源利用效率	235	0.342	0.016	0.841
	能源利用效率	235	0.320	0.001	0.852
对照区	技术效率	136	0.547	0.08	0.942
	水资源利用效率	136	0.169	0.001	0.745
	能源利用效率	136	0.158	0.001	0.753

3.2.4　灌溉管护模式对水资源与能源利用效率影响

3.2.4.1　理论分析与研究假说

本部分在前文研究的基础上进一步检验灌溉改革如何提升农户水资源和能源利用效率，前文研究发现灌溉改革对水资源和能源利用效率提升具有正向作用，且不同的灌溉改革模式产生的效果程度不同。所以本部分首先对灌溉改革如何影响农户水资源和能源利用效率进行理论分析，再运用Tobit 模型就灌溉改革对农户水资源和能源利用效率的影响进行实证分析，并在此基础上，运用结构方程模型路径分析法，验证设施维护质量、节水技术采纳、个体特征、家庭特征、土地特征等对灌溉改革影响农户水资源和能源利用效率的中介效应，最后进行稳健性检验。

陆良县在不断推行灌溉管理改革中，形成了两种具有代表性的灌溉管护模式。一种是炒铁村的私人承包模式，其运营原理是将灌溉渠道由个人进行承包，由承包人进行管理和维护，然后由承包人直接负责有灌溉需求的农户，在进行灌溉后收取水费，灌溉渠道的维护和灌溉用水的价格也由承包人进行决策的模式；另一种是中坝村的由农民用水合作社进行管理的多元管护模式，由区域内的农户群体组成合作社的成员，选取代表，共同进行灌溉设施的管理和维护，灌溉渠道的维护和灌溉用水的价格由农户群体共同制定和决策。

由于中坝村的灌溉水价是按照亩数固定收取的，且由合作社统一放水与管理，而炒铁村的灌溉水价是按方收费，由个人向管理者按需按时放水，灌溉系统的管护主体不同，造成了灌溉用水的定价机制与灌溉设施维护程度的不同。在价格的驱使下，作为理性经济人的农户会产生不同的灌溉行为，在私人承包模式管理下的农户，由于灌溉水的按方收费，他们会根据实际需求情况，合理灌溉，避免产生灌溉水的浪费，相较于多元管护模式下的按亩收费，农户倾向于提高灌溉水资源的利用效率，从而可能会更积极的参与灌溉设施的维护，更多的安装喷灌、滴灌等农户型节水设施，最终导致相对比多元管护模式，私人承包模式下的农户具有更高的水资源利用效率。同样，在传统的大水漫灌模式下，灌溉水浪费严重，抽水机使用的能源消耗大，喷滴灌模式进一步优化了水资源和能源配置，能源消耗强度明显降低，水资源的利用效率也会提高。

在两种灌溉管理模式的趋势下，作为理性经济人的生产者，为了实现利润的最大化，会调整不同生产要素的投入组合，以便以最小的投入获得最大的产出。同样的道理放到农业生产中，表现为作为理性经济人的农户会根据农业生产中的生产要素价格来调整投入，在本书研究中，具体表现为随着灌溉水价的相对变动来调整其他投入要素的投入比例，表现出当水资源价格较高时，会减少水资源的投入，而增加其他生产要素的投入，如化肥、农药等，以此来达成最大利润的目的。由此可以看出，灌溉管理改革不仅对水资源的投入产生直接影响，也会由于农民的经济决策而影响其他投入要素的变化。从上面的理论分析可以看出，不同的灌溉管护模式必然会带来不同的结果，除了要研究其本身针对灌溉水资源的作用，还需要将能源投入纳入研究，这样才能更全面地反映灌区的改革成效。基于本书研究目的，提出以下假说：

H1：相较于多元管护模式，私人承包模式具有更高的农户水资源利用效率，并且以相对较高的节水技术采纳程度为中介要素，间接提高了水资源利用效率。

H2：相较于多元管护模式，私人承包模式具有更高的农户能源利用效率，并且以较高的节水技术采纳程度为中介要素，间接提高了能源利用效率。

3.2.4.2　变量设定与描述性统计

（1）被解释变量。

水资源利用效率、能源利用效率、要素利用效率是评估资源使用效果的重要指标。它衡量了在保持其他所有投入和产出不变的情况下，某一特定要素的最优投入量与实际投入量之间的比率。由于农户的种植结构不同，意味着不同作物对水资源和能源的需求不同，测算值难以直接进行比较。通过对研究区域种植的农作物进行分析，发现该地区的主要农作物为马铃薯，且各生产要素的投入充足，有利于针对其水资源和能源投入进行研究，因此最后选定研究区最常见的农作物马铃薯作为研究对象。

（2）核心自变量。

灌溉管护模式。在实地调研时，询问该种植马铃薯的地块所处地区，确定其灌溉管护模式。炒铁村为承包者进行管理和维护的私人承包模式，即灌溉渠道由个人拥有或承包，有灌溉需求的农户找承包人进行购买，灌溉渠道的维护和灌溉用水的价格也由承包人进行决策的模式；中坝村为由农民用水合作社进行管理的多元管护模式，由区域内的农户群体组成合作社的成员，选取代表，共同进行管理和维护，灌溉渠道的维护和灌溉用水的价格由农户群体共同制定和决策。

（3）中介变量。

节水技术采纳程度。灌溉设施的维护程度。陆良县灌区的农户多采用喷灌型和滴灌型的农户型节水技术，主要使用地表软管、地下管道等。除节水技术采纳外，灌溉设施的维护程度也存在一定差异，若灌溉渠道年久失修，得不到及时的维护，会导致水资源的浪费，在运输水的过程中由于管道损坏而产生渗漏。针对以上原因，本研究将节水技术采纳程度和灌溉设施维护程度作为中介变量，用来验证不同灌溉管理模式下，不同的节水技术采纳和灌溉设施维护的中介效应。

（4）控制变量。

地块经营者个体特征、家庭特征、自然资源禀赋特征。

个体特征包括经营者的年龄、受教育程度、化肥农药危害认知、是否参与水资源管理。由于长期的灌溉水的公共资源属性，使农户习惯于大水漫灌，同时为了提高粮食产量而大量使用化肥、农药，且对于化肥农药的危害认知不够，导致水资源和能源的过度使用。同样受教育程度影响农户对于新技术和新知识的接受程度和能力，对受教育程度较高的农户，他们的学习能力更强，能够更好地接受新知识，对于农作物灌溉用水的需求量和化肥、农药的施用量能够更准确的把握，减少水资源和能源的过度投入。

家庭特征包括是否非农就业、种植规模、家庭年收入。当一个农户家庭将重心转移到非农就业中，他对农业的依赖性大大降低，农业劳动力的减少和农业收入重要性的降低，极大可能导致农户的粗放经营。而种植规模的大小同样影响农户对粮食生产的态度，规模越大，粮食生产越具有规模效应，有利于降低生产要素的投入，提高水资源和能源的利用效率。同样农户家庭年收入的增加，同样会导致兼业程度变高，农户对农业的依附性下降，在农业生产中有更多的金钱来增加化肥、农药等能源的投入，借此来提高粮食产量，但可能增产效果并不显著，反而降低了水资源和能源利用效率。

自然资源禀赋特征包括经营地块的土地质量和地形条件。土地越肥沃，土壤质量越高，对农作物的生长越有利，对于提升作物对水资源、能源的吸收能力，提高农作物产量具有很好的促进作用，从而达到提升农作物水资源和能源利用效率的目的。

灌溉改革及灌溉管护模式对农户水资源和能源利用效率影响的变量设计如表 3-25 所示，变量的描述统计如表 3-26 所示。

表 3-25 模型变量说明

变量名称	代码	变量含义和赋值
因变量		
水资源利用效率	WE	连续变量
能源利用效率	EE	连续变量

续表

变量名称	代码	变量含义和赋值
核心自变量		
是否灌溉改革区	IR	改革区=1；非改革区=0
灌溉管护模式	MPM	多元合作管护模式=1；私人承包管护模式=0
中介变量		
节水技术采纳	M	采用节水灌溉技术=1；不使用=0
设施维护质量	W	1=很差；2较差；3=一般；4=较好；5=很好
控制变量		
地块经营者个体特征		
年龄	AGE	连续变量（岁）
受教育水平	EDU	连续变量（年）
是否参与水资源管理	M	是=1；0=否
化肥农药危害认知	FP	是=1；0=否
地块经营者家庭特征		
家庭总收入	INC	连续变量（万元）
种植规模	PS	连续变量（亩）
是否非农就业	NAM	是=1；0=否
自然禀赋层面		
最大地块质量	PQ	1=一等地；2=二等地；3=三等地；4=等外地
最大地块地形条件	IVR	1=非常不平坦；2=坡地；3=较为平坦；4=很平坦

表3-26 变量的描述性统计

变量名称	代码	改革区均值（A）	非改革区均值（B）	多元治理模式均值（C）	私人承包模式均值（D）
因变量					
水资源利用效率	WE	0.342	0.169	0.295	0.259
能源利用效率	EE	0.32	0.158	0.376	0.363
核心自变量					
是否灌溉改革区	IR	1	0	1	1
灌溉管护模式	MPM	1	0	0	1

续表

变量名称	代码	改革区均值（A）	非改革区均值（B）	多元治理模式均值（C）	私人承包模式均值（D）
中介变量					
节水技术采纳	M	0.818	0.286	0.802	0.830
设施维护程度	W	3.881	2.699	3.768	3.963
控制变量					
地块经营者个体特征					
年龄	AGE	46.915	50.926	47.960	46.154
受教育水平	EDU	7.719	7.515	7.242	8.066
是否参与水资源管理	M	0.157	0.051	0.222	0.110
化肥农药危害认知	FP	0.783	0.794	0.687	0.853
地块经营者家庭特征					
家庭总收入	INC	177215.9	139351.6	128027.7	213022.1
种植规模	PS	12.287	6.722	8.429	15.096
是否非农就业	NAM	0.136	0.081	0.162	0.118
土地特征					
最大地块质量	PQ	2.056	1.765	1.990	2.103

从以上描述性统计分析显示，农业水利设施产权改革促进了改革区水利设施维护质量的提升，以及农户节水技术采纳行为，同时又由于不同的产权发展模式，导致设施维护与节水技术采纳存在差异。而上述描述性统计的结果能否被实证验证，本章需要进行进一步实证验证。

3.2.4.3　模型设定与回归结果

（1）回归模型设定。

1）基础回归模型设定。

为了验证假说 H1 中不同灌溉管护模式对水资源、能源利用效率的影响作用，构建关于水资源与能源的基础回归模型。由于水资源效率数据的特性，选取 Tobit 模型构建本章的模型。同时基于前文的研究需求，在回归模型中加入地块经营者的个人特征、家庭特征和自然资源禀赋特征等控制变量。构建的模型如下：

模型一：不同灌溉管护模式影响农户水资源利用效率模型。

$$WE_i = \alpha_0 + \alpha_1 MPM_i + \alpha_2 AGE_i + \alpha_3 DEU_i + \alpha_4 M_i + \alpha_5 FP_i + \alpha_6 INC_i + \alpha_7 PS_i +$$
$$\alpha_8 NAM_i + \alpha_9 PQ_i + \alpha_{10} IVR_i + \varepsilon_i \tag{3-17}$$

其中，WE_i 表示农户水资源利用效率，MPM_i 表示核心自变量，ε_i 表示随机扰动项。α_0 表示常数项，其他参数为回归系数。

多元治理模式是否影响农户灌溉效率的多元回归基准模型设定如下：

模型二：不同灌溉管护模式影响农户能源利用效率模型。

$$EE_i = \beta_0 + \beta_1 MPM_i + \beta_2 AGE_i + \beta_3 DEU_i + \beta_4 M_i + \beta_5 FP_i + \beta_6 INC_i + \beta_7 PS_i +$$
$$\beta_8 NAM_i + \beta_9 PQ_i + \beta_{10} pp_i + \beta_{11} ivr_i + \beta_{12} dcm_i + \beta_{13} IVR_i + \varepsilon_i \tag{3-18}$$

其中，EE_i 表示农户能源利用效率，MPM_i 表示核心自变量。β_0 表示常数项，其他参数为回归系数。

2）中介效应模型设定。

为了验证节水技术采纳程度是否对水资源和能源利用效率具有中介作用，将依据 Baron 等提出的依次检验法，对两者关系构建中介效应模型：

$$WE_i = \alpha_0 + \alpha_1 MPM_i + \sum_2^k \alpha_k X_{ki} + \varepsilon_{1i} \tag{3-19}$$

$$M_{ai} = \beta_0 + \beta_1 MPM_i \sum_2^k \beta_k AGE_{ki} + \varepsilon_{2i} \tag{3-20}$$

$$WE_i = \gamma_0 + \gamma_1 MPM_{ai} + \gamma_2 M_i + \sum_2^k \gamma_k X_{ki} + \varepsilon_{3i} \tag{3-21}$$

其中，M_{ai} 表示第 i 个农户的中介变量，M_{1i} 表示节水技术采纳程度，在陆良县农户多采用农户型的节水技术，即是否采用节水技术，使用节水技术 = 1，不使用节水技术 = 0。被解释变量依旧是马铃薯产量，核心自变量为灌溉管护模式。式（3-19）的估计结果用来表示灌溉管护模式对马铃薯生产的水资源利用效率的总效应；式（3-20）的估计结果用来表示表灌溉管护模式对中介要素，即节水技术采纳程度的配置效应；式（3-21）的估计结果表示灌溉管护模式对马铃薯生产的水资源利用效率的直接效应和中介效应。接下来，将对三个公式依次进行检验和 Bootstrap 法的有效性检验，通过模型估计结果分析节水技术采纳程度对马铃薯生产的水资源利用效率是否具有中介效应。对于能源利用效率的分析同理。

（2）基础模型回归结果。

如表 3-27 所示，根据模型（3-17）的回归结果，我们可以看到所有模型均通过了显著性检验。为了更好地拟合模型结果，首先仅对自变量灌溉管护模式对因变量水资源利用效率进行了回归，发现模型的拟合结果较好。为了进一步验证模型的拟合性，在依次分别加入地块经营者的个人特征、家庭特征和自然资源禀赋特征等，可以看出无论有没有控制变量，模型的回归结果一直为正，且均在 10% 的水平下通过了显著性检验，这说明了控制变量的引入不仅不影响模型的拟合效果，反而会使模型的模拟结果更加准确合理。通过对以上模型的不断检验，能够充分验证假设 H1 的正确性。

表 3-27　基础模型回归结果

被解释变量	变量 水资源利用效率	模型 1	模型 2	模型 3	模型 4
核心自变量	灌溉管护模式	0.081** (0.029)	0.072** (−0.03)	0.068** (0.03)	0.064** (0.030)
个体特征	年龄	—	−0.001 (−0.002)	−0.001 (0.002)	−0.001 (0.002)
	受教育程度	—	0.003 (0.005)	0.003 (0.005)	0.022 (0.035)
	是否参与水资源管理	—	0.023 (0.04)	0.026 (0.04)	0.021 (0.039)
	化肥农药危害认知	—	0.037 (0.037)	0.035 (0.037)	0.018 (0.037)
家庭特征	家庭总收入	—	—	0.001 (0.001)	0.114*** (0.338)
	种植规模	—	—	0.001 (0.001)	−0.003*** (0.001)
	是否非农就业	—	—	−0.012 (0.042)	−0.029 (0.041)

续表

被解释变量	变量 水资源利用效率	模型 1	模型 2	模型 3	模型 4
自然禀赋特征	地块质量	—	—	—	0.007 (0.017)
	常数项	0.214***	0.232*	0.228*	0.124*

在地块经营者的个人特征中受教育水平和是否参与水资源管理对水资源利用效率为正，说明农户的受教育水平越高，农户的学习积极性和能力越高，会更愿意接受新知识和新技术，提高节水设施的采用，提高水资源利用效率。而参与水资源管理的农户，明白了过度灌溉反而不利于农作物生长，从而主动降低灌溉用水，在不影响产量的前提下，更加合理的对农作物进行灌溉，从而提升了水资源利用效率。在农户家庭特征中，家庭总收入对水资源利用效率具有显著的正向影响，说明收入的提高可能使农户有能力使用节水设备，增加农田的节水设施装配和参与灌溉设施的维护，从而使水资源利用效率提高；同样地块面积对水资源利用效率具有显著的正向效率，随着种植面积的扩大，规模经营的效果越明显，说明农户种植规模的增加，也对灌溉水资源产生了同样的规模效应。为了更好地参与非农就业，对农业的劳动力投入减少，倾向于粗犷灌溉，从而对水资源利用效率产生了负效应。

如表3-28所示，根据模型（3-18）的回归结果，我们可以看到所有模型均通过了显著性检验。为了更好地拟合模型结果，首先仅对自变量灌溉管护模式对因变量能源利用效率进行了回归，发现模型的拟合结果较好。为了进一步验证模型的拟合性，在依次分别加入地块经营者的个人特征、家庭特征和自然资源禀赋特征等，可以看出无论有没有控制变量，模型的回归结果一直为正，且均在1%的水平下通过了显著性检验，这说明了控制变量的引入不仅不影响模型的拟合效果，反而会使模型的模拟结果更加准确合理。通过对以上模型的不断检验，能够充分验证假设 H2 的正确性。

表 3-28　基础模型回归结果

被解释变量	变量	模型 1	模型 2	模型 3	模型 4
	能源利用效率				
核心自变量	灌溉管护模式	0.104 ***	0.095 ***	0.092 ***	0.091 ***
		（0.030）	（0.031）	（0.031）	（0.032）
个体层面	年龄	—	0.001	-0.001	-0.0014
			（0.005）	（0.005）	（0.002）
	受教育程度	—	0.012	0.001	0.0106
			（0.042）	（0.005）	（0.037）
	是否参与水资源管理	—	0.045	0.014	0.014
			（0.038）	（0.041）	（0.042）
	化肥农药危害认知	—	0.184	0.035	0.001
			（0.127）	（0.037）	（0.038）
家庭层面	家庭总收入	—	—	0.001	0.115 **
				（0.001）	（0.412）
	种植面积	—	—	0.001	-0.003 ***
				（0.001）	（0.001）
	是否非农就业	—	—	-0.012	-0.041
				（0.042）	（0.043）
自然禀赋层面	地块质量	—	—	—	0.006
					（0.018）
	常数项	0.155 ***	0.232 *	0.199 *	0.178 *

在地块经营者的个人特征中，农业生产者的年龄越大，能够投入到生产中的精力越少，能源利用效率随年龄增大而减少。受教育水平和是否参与水资源管理对能源利用效率为正，说明农户的受教育水平越高，农民的学习能力越高，文化水平越高的农户更容易接受农业新技术，越有利于农户了解如何合理地施用化肥、农药等能源，改善不合理的施用行为，从而提升能源利用效率。在家庭特征变量中，家庭总收入对能源利用效率具有显著的正向影响，种植规模和家庭总收入对能源利用效率均为显著正相关，说明种植规模的扩大，对提升能源利用效率的规模效应具有同样的正向作用。同样是否非农就业对能源利用效率也具有负向效应，这说明农业

劳动力的减少，造成了农户粗放经营和对化肥、农药使用的增加，进而降低了能源利用效率。

（3）中介效应模型结果分析。

为了验证节水技术采纳程度对于水资源利用效率的中介效应，将根据前文中构建的三个中介效应模型，将其代入回归中依次进行显著性检验。根据得到的回归结构可以发现，灌溉管护模式对于水资源利用效率的回归结果显著性通过，符合前文中的模型结果，而后两个模型的检验结果并不显著性通过，并没有通过依次检验，但其均具有正向作用。为了判断中介效应的显著性，接下来需要使用 Bootstrap 检验法，根据其置信区间是否包含零来检验中介效应。在经历 500 次的重复抽样后，得到节水技术采纳程度的中介效应值和置信区间（−0.0364，−0.0042），均为负值区间，很明显不包括零值，说明节水采纳程度对于马铃薯生产的水资源利用效率具有一定的中介效应，验证了假说 H1。同时为了研究的丰富性，还加入了灌溉设施维护程度对水资源的利用效率影响研究，但从结果来看，两种检验方法均为通过，这说明灌溉设施维护程度对水资源利用效率的中介效应并不明显。根据对陆良县的灌溉改革区进行分析，发现无论是在多元管护模式下，还是私人承包模式下，灌溉设施的维护程度基本相同，这导致不能比较出差异性，中介效应也难以通过检验。最后基于以上的分析，可以得出结论，私人承包模式的水资源利用效率高于多元管护模式，并通过采用了更高的节水技术程度，进一步促进了私人承包模式下的水资源利用效率（见表 3-29）。

表 3-29　中介效应模型回归结果

变量	总效应	核心自变量对中介要素的配置效应		引入中介要素后核心自变量影响因变量的直接效应		Bootstrap 中介效应检验	
	水资源利用效率	节水技术采纳	设施维护程度	水资源利用效率		系数	置信区间
灌溉管理模式	0.063** (0.031)	0.018 (0.043)	0.034 (0.032)	0.059** (0.031)	0.063** (0.031)	—	—

续表

变量	总效应	核心自变量对中介要素的配置效应		引入中介要素后核心自变量影响因变量的直接效应		Bootstrap 中介效应检验	
	水资源利用效率	节水技术采纳	设施维护程度	水资源利用效率		系数	置信区间
节水技术采纳	—	—	—	0.008 (0.038)	—	-0.021** (0.003)	[-0.0364, -0.0042]
设施维护程度	—	—	—	—	0.029 (0.051)	-0.004 (0.006)	[-0.0153, 0.0078]
控制变量	已控制	已控制	已控制	已控制	已控制	—	—
F 值	2.71	0.93	2.65	2.37	2.71	—	—
截距项	0.403	0.601	0.128	0.361	0.404	—	—

通过同样的中介模型检验，对马铃薯生产的能源利用效率进行实证分析。在对构建的中介模型的公式依次进行回归检验后，发现其灌溉管护模式对于马铃薯生产的能源利用效率的总体效应是显著的，符合前文关于能源利用效率的基础回归模型检验的结果，再依次对接下来的公式进行检验，发现节水技术采纳程度对于能源利用效率也未通过显著性检验，但均表现出正向影响。在未通过依次检验法后，继续使用 Bootstrap 检验法，在重复 500 次抽样的条件下，检验节水技术采纳程度对马铃薯生产的能源利用效率的中介效应，发现其置信区间不包括零值，说明通过了检验，验证了假说 H2。而对于灌溉设施维护程度对马铃薯生产的能源利用效率，也同样未通过中介检验，主要原因在于无论是在多元管护模式下，还是私人承包模式下，灌溉设施的维护程度基本相同，这导致不能比较出差异性。通过以上的分析，验证了假说 H2 的正确性，即私人承包模式下的农户生产马铃薯的能源利用效率更高，灌溉管理改革和管护模式不仅对能源利用效率产生直接影响，也会对马铃薯生产中的其他投入要素产生间接影响，从而提高能源利用效率（见表 3-30）。

表 3-30　中介效应模型回归结果

变量	总效应	核心自变量对中介要素的配置效应		引入中介要素后核心自变量影响因变量的直接效应		Bootstrap 中介效应检验	
	能源利用效率	节水技术采纳	设施维护程度	能源利用效率		系数	置信区间
灌溉管理模式	0.091*** (0.032)	0.019 (0.043)	0.034 (0.032)	0.086*** (0.032)	0.091*** (0.032)	—	—
节水技术采纳	—	—	—	0.003 (0.041)	—	-0.019** (0.009)	[-0.0364, -0.0017]
设施维护程度	—	—	—	0.005 (0.053)	—	-0.002 (0.006)	[-0.0704, 0.0068]
控制变量	已控制	已控制	已控制	已控制	已控制	—	—
F 值	2.65	0.93	2.65	2.09	2.38	—	—
截距项	0.161	0.601	0.128	0.152	0.165	—	—

3.2.5　小结

首先，利用 2021 年云南陆良县的马铃薯种植户在生产过程中投入的水资源、能源、劳动力等实际调查数据，采用随机前沿分析方法，测算出马铃薯的生产技术效率和水资源、能源利用效率。主要研究发现：第一，总体样本中的马铃薯生产技术效率为 0.648，与其水资源利用效率和能源利用效率，马铃薯的生产技术效率明显要高得多，说明在总体的要素投入中，马铃薯生产的要素投入是较为合理的。对比来看，马铃薯生产中的水资源利用效率显得较低，远远低于全国的平均水平，仅为 0.279。这意味着在不改变其他要素的投入和马铃薯产量不变的情况下，灌溉水资源还有着近 72.1% 左右的节水空间。处于同样低效率状态的还有能源利用效率，仅为 0.26，也就是说马铃薯的能源投入也存在同样的节能空间。这可以看出马铃薯生产中存在大量的生产要素的浪费，完全可以在不减少马铃薯产量的前提下，节约水资源和能源的投入量，这对于缓解农业水资源和能源紧缺的状况具有极大的促进作用。第二，从改革区内部的角度来看，中坝村农户的农业生产的平均技术效率值为0.662，小于炒铁村的技术效率值0.739。炒铁村农户的农业水资源利用效率值为0.376，高于中坝村农户的农业水资源利用效率值0.295，同样中坝村农户生产的能源利用效率值为0.259，低于炒铁村农户的能源效率值0.363。总体来看，炒铁村的私人管护模式在提升农户生产技术效率、水资源和能源利用效率上优于中坝村的多元合作模式，对于灌溉管理模式的选取具有一定的借鉴意义。第三，无论是从水利设施改革还是从灌溉管理模式方面，都表明马铃薯生产中存在较高的节水节能潜力，在粮食种植中需要加强对水资源的管理。因此，灌区的水利设施和灌溉管理改革势在必行。

其次，利用计算得出的效率值数据，采用基础回归模型对影响农户水资源利用效率和能源利用效率的因素进行分析，通过外部性理论，对多个层面的影响因素进行验证分析，同时运用中介效应模型进一步验证节水技术采纳程度对水资源利用效率和能源利用效率的影响，主要发现为：第一，相较于多元管护模式，私人承包模式下的农户在水资源利用效率上表现出显著的优势。第二，私人承包模式的农户不仅直接提升了水资源利用效率，还通过采纳更高程度的节水技术间接地增强了效率，而灌溉设施维护程度的中介效应并不明显。第三，在能源利用效率方面，私人承包模式的农户同样展现出更高的效率。这些农户不仅直接提高了能源利用效率，还通过采纳节水技术间接提升了效率，而灌溉设施维护程度的中介作用并不突出。

同时，根据对农户的实地访谈发现，在私人承包模式中，实行的是计量水价制度和按需灌溉制度，承包人为了收益最大化，希望农户用水越多越好，尽可能不延误农户需要的每一方水，尽可能保证灌溉设施随时畅通，所以承包人在利益动机下会尽量减少农户的灌溉延误次数，实现了灌溉设施供水能力的最大化。而在多元管护模式中，实行水量定额管理制度、按亩收费制度使得合作社的收益是固定的，放水量也是固定的，随时给农户提供灌溉服务并不会增加合作社的收益，所以从制度上不具备为农户提供及时灌溉的内生动力；同时统一的放水灌溉制度，导致农户是被迫接受灌溉；因为每年固定的放水次数和固定时间给农户灌溉没有考虑到作物需水的规律性，没有考虑到农户每一个地块和作物是否是在最需要灌溉的时间，可能会导致农户在最需要水的时候没有水，而不需要水的时候又进行了灌溉，所以相较于私人承包治理模式，多元治理模式的供水能力稍弱，最终导致在多元管护模式下的农户水资源利用效率和能源利用效率相对较低。因此，依据本章的结论，私人承包模式优于多元管护模式，在实践中具有更加广泛的适用性，在同等条件下，私人承包者的积极性与定价可能会影响水资源利用效率和能源利用效率。

第4章 水资源管理对农业节水效率的影响

4.1 "一提一补"水价改革节水效率及农业生产影响

从 20 世纪 70 年代开始，地下水在农业生产中的重要性逐渐提升，尤其是我国华北平原，新增的灌溉项目基本是以地下水作为灌溉水源。长期的地下水开采带来了地面下沉、海水倒灌、水质变硬等一系列严重的环境问题，使华北平原形成了世界上面积最大的深层地下水沉降漏斗。然而，即便如此严峻的形势，农户在灌溉时仍大量使用了大田漫灌等高耗水的灌溉方式。农业水价过低是导致上述现象的主要原因之一，提高农业水价已成为缓解地下水超采形势的当务之急。但是，直接提高农业水价由于可能会损害农户利益一直饱受争议，政策制定者也一直在探索一种"双赢"的水价调节机制。河北省衡水市桃城区于 2005 年 8 月首创了"一提一补"水价制度，以"提价+补贴"的新形式寻求农户利益和资源保护之间的共赢。本章采用 2015 年 8 月对桃城区 332 户农户的实地调研数据，利用中介效应分析法和倍差法模型，从用水量、作物单产和收入三个角度评价"一提一补"水价改革的政策效果。

4.1.1 "一提一补"水价改革政策背景分析

4.1.1.1 我国农业水价改革历史与现实

姜文来（2011）将新中国成立以来我国农业水价改革进程分为三个时期：第一个时期是起步阶段（1949~1985年），其主要的标志是1965年国务院颁布了《水利工程水费征收使用和管理试行办法》，拉开农业水价改革的序幕；第二个时期是推进阶段（1985~2002年），其重要标志是农业水价改革逐步走向法治化道路，颁布了1988年《水法》并在2002年颁布了新修订的《水法》；第三个时期是综合推进探索阶段（2003年至今），其标志是各地根据实际情况，开展多种形式的水价改革。

可见，自新中国成立以来，我国政府已在农业水价改革问题上付诸了巨大的努力和实践。然而，我国现行农业水价依旧偏低，这也导致了灌溉用水的大量浪费，农户的节水意识并没有显著的提高，大田漫灌等高耗水的灌溉方式依然屡见不鲜。据调查，2007年全国百家水管单位农业水价0.0616元/立方米，2008年全国平均水价0.0733元/立方米，2010年水利工程供农业用水价格仍不足0.1元/立方米，大多数只有0.03~0.05元/立方米（秦长海，2013）。现行的低水价政策一方面无法调动农户节水积极性，另一方面也使供水单位难以回收供水成本，导致灌溉设施年久失修，进一步降低了水资源利用率。

近年来，农业水价偏低的现实也逐渐得到了国务院、水利部和发改委等国家部委的重视，加快推进农业水价改革已经成为当务之急。2008年水利部部长陈雷在农业水价综合改革暨末级渠系节水改造方案编制工作会议上的讲话中强调了农业水价综合改革的重要性和紧迫性："积极开展农业水价综合改革，是保障国家粮食安全的迫切需要，是解决民生水利问题的迫切需要，是建设节水型社会的迫切需要，是加强农村水利工程建设和管理的迫切需要，是加快水管体制改革的迫切需要。"2011年，中央一号文件《中共中央国务院关于加快水利改革发展的决定》中明确指出："积极推进水价改革。充分发挥水价的调节作用，兼顾效率和公平，大力促进节约用水和产业结构调整。……按照促进节约用水、降低农民水费支出、保障灌排工程良性运行的原则，推进农业水价综合改革，农业灌排工程运行管理费用由财政适当补助，探索实行农民定额内用水享受优惠水价、超定额用水累进加价的办法。"2015年国务院颁布了《中共中央国务院关于推进价格机制改革的若干意见》，其中提到："推进水资源费改革，研究征收水资源税，推动在地下水超采地区先行先试。采取综合措施逐步理顺水资源价格，深入推进农业水价综合改革，促进水资源保护和节约使用。"2016年颁布的《国务院办公厅关于推进农业水价综合改革的意见》确定了农业水价改革的总体要求，提出要夯实农业水价改革基础，并提出一系列保障措施，建立健全农业水价形成机制，辅以精准补贴和节水奖励机制。

4.1.1.2　研究区域概况

（1）水资源现状。

衡水市位于河北省东南部，辖2区、1县级市和8个县，属于华北平原干旱圈，多年平均降雨量不足500毫米，人均水资源占有量仅为120立方米，仅为全国人均水平的1.7%。20世纪60年代以来，该地区一直依靠超量开采地下水来保证经济社会的快速发展，59.3%的灌溉用水来自深层地下水，每年需超采约0.78亿立方米深层地下水（Chen等，2014）。长期的开采致使地下水位不断下降，形成了巨大的沉降漏斗。由《河北省环境状况公报》公布的2001~2014年衡水市深层地下水平均埋深数据所绘制的折线如图4-1所示，尽管地下水埋深在2003年、2007年、2008年、2011年、2012年稍有回升，但总体呈下降趋势，由2001年的48.31米下降至2014年的70.52米。而"一提一补"水价改革试点的桃城区位于衡水市的中心，其地理位置正是冀州、枣强、衡水地下深层淡水沉降漏斗中心所在。目前，漏斗中心最大埋深已超过100米，并依然以2.3米/年的速度下沉，显示地下水超采形势的无比严峻，同时引发海水入侵、地面下沉等一系列问题。

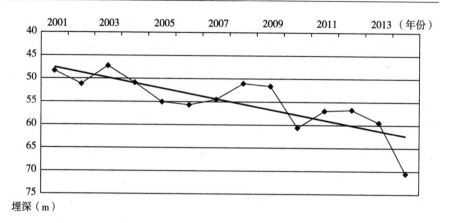

图4-1 2001~2014年衡水市深层地下水平均埋深变化趋势

资料来源:《河北省环境状况公报》(2001~2014年)。

（2）试点区农业生产情况。

图4-2是1999~2013年桃城区种植结构变化趋势，可以看出，小麦、玉米、棉花是桃城区最主要的三种作物，三种作物的播种面积多年占桃城区作物总播种面积的70%~80%，其中小麦和玉米的播种面积每年基本各占30%以上，2005年是玉米播种面积占比的峰值，达39.13%，2006年是小麦播种面积占比的峰值，达42.32%，而从那之后，两种作物的播种面积比例都有所下降，在2013年达到最低，分别仅占32.93%和30.04%。棉花种植面积的峰值在2004年，达18.80%，之后几年基本稳定在15%左右。

从图4-3可以看出，2000~2014年桃城区三种主要作物小麦、玉米和棉花的产量变化趋势，其中棉花的单产一直稳定在1000千克/公顷左右；小麦的单产总体呈稳步上升的趋势，从2000年的5610千克/公顷逐步增长到2013年的接近7000千克/公顷；玉米的单产变化在2009年之前与小麦的变动趋势基本一致，但在2009年之后有了大幅的增加，2011年以后基本稳定在8000千克/公顷以上。

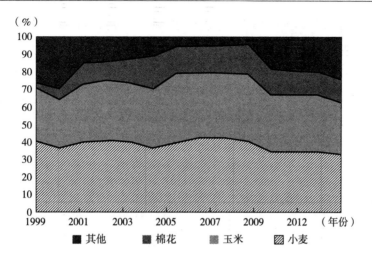

图 4-2　1999～2013 年桃城区种植结构变动趋势

资料来源：《衡水市统计年鉴》（2000～2014 年）。

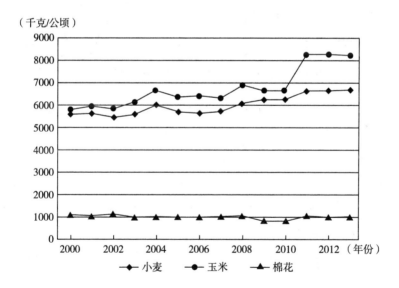

图 4-3　2000～2013 年桃城区三种主要作物单产变化趋势

当地农户普遍采用冬小麦（9 月下旬或 10 月上旬至次年 6 月中上旬）—夏玉米（6 月下旬至 9 月中下旬）一年两熟的种植模式（见图 4-4）。

在夏季多雨时节，玉米用水一般可以用降雨、地表水或少量地下水来满足，而在小麦生长季节，农户就只能通过大量开采地下水来满足小麦的灌溉用水，这也加剧了地下水超采的形势。从图中可以看出，近年来桃城区的种植结构有所变化，2013 年桃城区小麦、玉米的占比达到了历史最低。

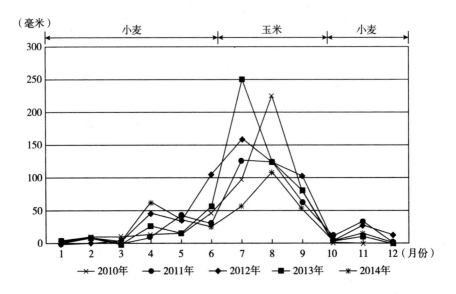

图 4-4　2010~2014 年桃城区月降雨量与冬小麦—夏玉米种植模式

资料来源：河北省农林科学院旱作所提供降雨量数据。

棉花是低耗水作物，整个生长期只需灌 1 水，适合试点区的水情。近年来，由于国家棉花种植的整体布局西迁，在新疆棉区落实了棉花种植的财政补贴政策，而取消了衡水市原有的财政补贴政策，导致棉花的种植比例有所下降。2004 年棉花的种植比例最高，达 18.80%，2013 年棉花的播种比例降至 12.78%。

在其他作物方面，2005~2008 年其他作物的占比始终在 5% 左右徘徊，而在 2009 年突然增至 18.34%，并在 2013 年增长到 24.25%，其中主要原因在于蔬菜种植比例的提高，2013 年蔬菜的种植比例已达 18.33%。

（3）试点区节水措施实施进展。

目前，为了实现华北地下水节水、高效、可持续的目标，除"一提一补"水价改革之外，当地政府也实施了一系列综合节水措施。

1）种植结构调整。

冬小麦的种植面积是试点区种植结构调整的重点，目前当地正在开展两种方案的试点：一种是稳定或少量减少冬小麦的种植面积（并非大面积休耕），但实施限水灌溉制度，种植 1 水小麦和 2 水小麦，这种方案既能节水又能保粮；另一种是从 2015 年开始的，当地部分地区开始实行休耕政策，由"一季休耕，一季雨养"的种植模式取代原先冬小麦—夏玉米的高耗水种植模式，对于休耕的土地，国家补贴 500 元/亩·年。此外，试点区也在压缩蔬菜的种植面积。

2）农艺节水技术的采用。

在蔬菜的种植上，当地逐步推行滴灌和微喷灌的使用，推广实施水肥一体化灌溉技术。除此之外，农户采用的工程、农艺节水技术还包括防渗管道安装、低压输水管道安装、修建扬水站点、深耕深翻、平整土地、大畦改小畦、地膜覆盖、实施灌溉、立体种植、蔬菜点种等。

3）南水北调工程完工。

2016 年 4 月，衡水市南水北调厂的输水线已大体完工。虽然南水北调工程用水主要用于工业用水和生活用水，但可以在一定程度上减少工业用水和生活用水对农业用水的挤占，可以在一定程度上缓解地下水超采的压力。

4.1.1.3 "一提一补"水价改革实施背景

2004 年 6 月，桃城区被定为河北省节水型社会建设试点。最早桃城区采用总量控制节水模式，但发现总量控制的方法存在许多弊端：第一，总量、定额的确定非常繁琐；第二，操作成本高，不利于推广；第三，在多种水源并存的地区，总量控制很难应用（常宝军，2008）。实践中，为了便于操作，将农业节水由水量控制转向水价控制，于 2005 年 8 月创造性地提出了"一提一补"水价调控机制，在全区部分村试点，取得了巨大成功。

该制度包含"提价"和"补贴"两个过程（见图4-5），"一提"就是根据不同水资源的稀缺性和重要性分别提高不同的价格，"一补"就是将提价多收的资金按用水单位（指耕地面积和人数）再平均补贴给用水者。提价后用水越多农户交的水费越多；反之亦然，从而达到"节奖超罚"的目的。

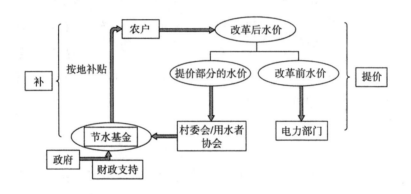

图4-5 "一提一补"水价改革简图

由于井灌区主要是用电来抽地下水，因此在实施过程中直接提高电价。根据"按电核算，按地补贴"的原则，统一提高电价，每亩地用的水多则用的电多，缴纳的电费高；反之，用的水少电少相应电费也少，根据村承包地面积，计算出每亩地应该返还给农户的金额，按照农户承包地面积乘以每亩地应返还金额，返还给每个农户，从而调动农户节水积极性。"一提一补"制度将提高水价的资金按用水单位平均补贴给了用水者，没有给用水者增加负担，只是在用水者层面以平均用水量为基数、以提价幅度为奖罚标准进行了节奖超罚。农业生产中将亩均实际用水量作为平均用水量，生活用水则采用人均生活用水量，超过该用水量的农户受罚，低于该用水量的受奖。

常宝军（2008）提出了"一提一补"的具体计算公式：

$$J_{实际} = j_2 - (j_2 - j_1) \times \overline{X} / x \tag{4-1}$$

在此基础上，可以推得使用一种水源的水费计算公式：

$$W = j_2 \times x - (j_2 - j_1) \times \overline{X} \tag{4-2}$$

其中，$J_{实际}$ 表示改制后某用水户实际水价；j_2 表示提价后水价；j_1 表示提价前水价；$\overline{X}$ 表示区域人均用水量；x 表示用水户人均实际用水量；W 表示某用水者人均用水费用。

可以看出：当 $x = \overline{X}$ 时，$J_{实际} = j_1$，$W = j_1 \times x$，也就是当某用水者的人均用水量和区域内人均用水量相同时，用水户的实际水价和缴纳的水费与改制前相同；当 $x > \overline{X}$ 时，$J_{实际} > j_1$，$W > j_1 \times x$，当某用水者的人均用水量大于区域内人均用水量时，用水户的实际水价和缴纳的水费会高于改制前水平；当 $x < \overline{X}$ 时，$J_{实际} < j_1$，$W < j_1 \times x$，当某用水者的人均用水量小于区域内人均用水量时，用水户的实际水价和缴纳的水费会低于改制前水平。

"一提一补"制度将提高水价的资金按用水单位平均补贴给了用水者，没有给用水者增加负担，只是在用水者层面以平均用水量为基数、以提价幅度为奖罚标准进行了节奖超罚。农业生产中将亩均实际用水量作为平均用水量，超过该用水量的农户受罚，低于该用水量的受奖。提价后用水越多农户交的水费越多；反之亦然，从而达到"节奖超罚"的目的。政府的财政支持是"一提一补"能够顺利推行的重要原因之一，在没有财政支持的情况下，受奖的农户和受罚的农户各占 50%，但在有财政支持的情况下，受奖农户比例可以达 80%，这在很大程度上提高了农户的节水热情。

4.1.1.4　研究数据来源和样本选择

本部分数据来自课题组于 2015 年 8 月在桃城区 3 乡镇 9 行政村收集到的农户调研数据（见表4-1），共收回 360 份问卷，整理后得到有效问卷 332 份，有效样本率 92.2%，其中"一提一补"试点村 156 户农户，对照村 176 户农户。

表 4-1 样本分布情况

调研地点	实验组	对照组	自对照
邓庄镇	东邢疃村 36 份	前邢疃村 36 份	—
	速流村 42 份	索水口村 69 份	—
	曹庄 15 份	—	曹庄 15 份
麻森乡	肖家村 15 份	中堂村 29 份	—
河沿镇	国家庄 48 份	盐堤口村 42 份	国家庄 48 份
合计	156 份	176 份	63 份

资料来源：2015 年 8 月桃城区调研。

在所有的试点村中，我们根据随机抽样的原则抽取了东邢疃村、速流村、曹庄、肖家村、国家庄村作为实验组，并从这些村的邻村中抽取出对照村。相邻两村在种植结构、资源禀赋、收入消费结构等特征上相近，适合进行对照分析。曹庄和国家庄两个村在参与试点之后又退出了试点，所以作为自对照村。

问卷中主要收集了农户"一提一补"实施前一年、"一提一补"实施当年、2011 年、2014 年四个时间段的数据。问卷内容主要有三个部分：①农户家庭基本情况，包括家庭成员特征、劳动力情况、收入消费结构、农业种植结构等。②农业生产情况，包括地块质量、离家距离、地块作物的投入产出、农产品销售情况等。③农户灌溉用水情况，包括水价、水权、水市场、地下水使用情况、水利基础设施状况、不同作物的用水量、用水结构、灌溉次数等。

4.1.2 "一提一补"水价改革节水效应分析

4.1.2.1 描述性统计分析

由于样本收集了四个时间段（"一提一补"前一年、"一提一补"实施当年、2011 年、2014 年）的数据，在实际处理中，将"一提一补"前一年和"一提一补"实施当年两个时间段看作政策实施前，将 2011 年和 2014 年看作政策实施后。

由表 4-2 可以看出，在政策实施后，小麦、玉米和棉花的每公顷用水量总体是下降的。在政策实施前，样本实验组小麦的用水量为3016.12 立方米/公顷，而实施后用水量变为 2735.31 立方米/公顷，用水量减少 9.3%；而样本对照组小麦用水量由 2800.14 立方米/公顷变为2669.78 立方米/公顷，因此政策对小麦每公顷用水量的净影响为-150.45 立方米/公顷。相对小麦而言，玉米的每公顷用水量无论是对照组还是实验组在政策实施前后变化不大，实验组的用水量仅由每公顷2247.85 立方米/公顷变为 2182.81 立方米/公顷，对照组的用水量由2078.54 立方米/公顷变为 2042.99 立方米/公顷，因此政策对玉米每公顷均用水量的净影响为-29.49 立方米/公顷。棉花是低耗水作物，实验组的棉花用水在政策实施之后从 917.18 立方米/公顷降至 894.25 立方米/公顷，对照组的用水量由 851.71 立方米/公顷降至 844.94 立方米/公顷，政策对棉花每公顷用水量的净影响是-16.16 立方米/公顷。可见，与未试点"一提一补"政策的对照组相比，实验组的政策节水效果比较明显。但是仅用这样的比较分析并不能得出结论，因为实验组和对照组用水量的变化差异也有可能是其他因素引起的，因此需要建立计量模型进一步分析。

表 4-2　"一提一补"政策对不同作物地下水灌溉用水量的净影响

	小麦（立方米/公顷）		玉米（立方米/公顷）		棉花（立方米/公顷）	
	实验组	对照组	实验组	对照组	实验组	对照组
政策实施前	3016.12	2800.14	2247.85	2078.54	917.18	851.71
政策实施后	2735.31	2669.78	2182.81	2042.99	894.25	844.94
净效应	$\Delta=-150.45$		$\Delta=-29.49$		$\Delta=-16.16$	

资料来源：2015 年 8 月桃城区调研数据计算求得。

4.1.2.2　模型建立与变量选择

为了进一步分析得出结论，本部分建立了以下计量模型：

$$InY = \alpha_0 + \beta_0 P + \beta_1 T + \beta_2 TP + \varepsilon \tag{4-3}$$

$$\ln Y = \alpha_0 + \sum_{i=1}^{n} \alpha_i \ln X_i + \sum_{j=n+1}^{k} \alpha_j X_j + \beta_0 P + \beta_1 T + \beta_2 TP + \varepsilon \quad (4\text{-}4)$$

$$\ln Y = \alpha_0 + \sum_{i=1}^{n} \alpha_i \ln X_i + \sum_{j=n+1}^{k} \alpha_j X_j + \beta_0 WP + \varepsilon \quad (4\text{-}5)$$

其中，$\ln Y$ 表示作物每公顷灌溉用水的对数形式；α_0 表示常数项；α_1、α_2、α_3、…、β_0、β_1、β_2 表示待估参数；T 表示时间虚拟变量，$T=0$ 表示政策实施前，$T=1$ 表示政策实施后；P 表示政策虚拟变量，$P=0$ 表示对照组，$P=1$ 表示实验组；TP 表示两者的交互项，是本部分的关键变量，其系数代表了"一提一补"政策的净效应；WP 表示水价，ε 表示残差项。需要指出的是，本部分的用水量仅指农户灌溉消耗的地下水量。其中，考虑到地下水用水量信息若直接询问农户很难得到准确的数据，对农户来说灌溉时机井产生的用电度数与他自身利益相关，会比用水量更让他印象深刻，因此在调研中一方面询问农户灌水一次的用电度数，另一方面再从每个村的看井人询问得到机井的出水效率，相乘以后再乘以灌溉次数求得用水量。

模型（4-3）是个最简单的 DID 模型，仅观测政策实施对用水量的净影响；模型（4-4）在模型（4-3）的基础上加入了各个控制变量；模型（4-5）是一个普通的 OLS 模型，用水价变量 WP 代替模型（4-4）的 T、P 和 TP 三个变量来衡量"一提一补"政策的节水效应，其目的是与模型（4-3）、模型（4-4）的结果对照，从而进一步印证结论。

X 是模型所选择的解释变量（见表4-3），主要包括四个方面：第一，自然环境变量，主要指降雨量；第二，户主以及农户家庭特征变量，如户主的年龄、受教育程度、是否是村干部以及家庭劳动力人数；第三，农户生产与灌溉行为变量，本章选择了农作物播种面积、小白龙长度、灌溉次数和是否采用了节水技术四个变量，小白龙是指农户家中浇地用的白色塑料薄膜管道，小白龙越长越能减少灌溉过程中的跑水和漏水，对农户用水量有负的效应；第四，本章还选择了村里的机井数作为一个控制变量。从表4-3中可以看出，实验组和对照组的各个控制变量统计上并无明显差异。

表 4-3　变量描述性统计

作物	变量	单位	实验组		对照组	
			实施前	实施后	实施前	实施后
小麦	户主年龄	岁	46.88 (9.46)	54.59 (10.17)	50.79 (8.96)	57.46 (9.15)
	户主受教育程度	年	7.26 (2.96)	7.05 (2.96)	6.12 (2.96)	6.24 (2.95)
	户主是否是村干部	1=是；0=否	0.10 (0.30)	0.09 (0.29)	0.07 (0.26)	0.07 (0.25)
	家庭劳动力人数	人	2.53 (1.07)	2.58 (1.22)	2.74 (1.09)	2.56 (1.31)
	降雨量	毫米	429.81 (37.23)	413.44 (34.15)	438.70 (35.58)	420.45 (41.72)
	机井数	个	9.97 (7.52)	9.89 (7.81)	8.84 (3.58)	9.47 (4.00)
	小白龙长度	米	206.44 (98.39)	228.81 (175.76)	236.84 (96.16)	235.77 (109.83)
	作物播种面积	公顷	0.56 (0.27)	0.64 (0.34)	0.58 (0.34)	0.66 (0.42)
	灌溉次数	次	2.78 (0.50)	2.78 (0.49)	2.78 (0.63)	2.80 (0.47)
	是否采用节水技术	1=是；0=否	0.69 (0.46)	0.69 (0.46)	0.67 (0.47)	0.66 (0.47)
	水价	元/度	0.63 (0.10)	0.94 (0.13)	0.63 (0.08)	0.76 (0.08)
玉米	户主年龄	岁	47.29 (10.35)	54.42 (10.48)	50.37 (9.34)	57.19 (9.23)
	户主受教育程度	年	7.25 (2.81)	7.16 (2.79)	6.20 (2.82)	6.20 (2.82)
	户主是否是村干部	1=是；0=否	0.08 (0.27)	0.08 (0.27)	0.06 (0.24)	0.05 (0.22)
	家庭劳动力人数	人	2.58 (1.09)	2.57 (1.23)	2.64 (1.05)	2.56 (1.31)

续表

作物	变量	单位	实验组		对照组	
			实施前	实施后	实施前	实施后
玉米	降雨量	毫米	432.47 (35.59)	412.94 (38.21)	438.26 (35.81)	414.48 (38.18)
	机井数	个	9.04 (7.23)	9.92 (7.85)	8.63 (3.60)	9.06 (3.86)
	小白龙长度	米	210.84 (101.47)	231.98 (177.89)	231.28 (111.92)	240.30 (114.16)
	作物播种面积	公顷	0.60 (0.32)	0.66 (0.35)	0.67 (0.41)	0.73 (0.46)
	灌溉次数	次	1.77 (0.50)	1.89 (0.47)	1.72 (0.64)	1.85 (0.61)
	是否采用节水技术	1=是；0=否	0.68 (0.46)	0.69 (0.46)	0.67 (0.47)	0.66 (0.47)
	水价	元/度	0.64 (0.13)	0.92 (0.12)	0.64 (0.08)	0.77 (0.08)
棉花	户主年龄	岁	47.32 (9.36)	54.50 (7.53)	50.40 (9.36)	55.64 (10.69)
	户主受教育程度	年	7.18 (2.64)	6.93 (2.43)	6.13 (2.97)	5.57 (2.80)
	户主是否是村干部	1=是；0=否	0.09 (0.29)	0.06 (0.24)	0.02 (0.14)	0.04 (0.20)
	家庭劳动力人数	人	2.36 (0.92)	2.44 (1.08)	2.59 (0.96)	2.27 (1.12)
	降雨量	毫米	447.20 (37.39)	418.00 (38.04)	449.34 (35.36)	419.24 (37.75)
	机井数	个	12.75 (8.63)	14.95 (9.46)	9.89 (3.52)	11.46 (3.76)
	小白龙长度	米	182.31 (105.77)	203.56 (113.13)	187.90 (133.09)	214.69 (128.07)
	作物播种面积	公顷	0.35 (0.43)	0.32 (0.36)	0.34 (0.20)	0.30 (0.26)

续表

作物	变量	单位	实验组		对照组	
			实施前	实施后	实施前	实施后
棉花	灌溉次数	次	1.05 (0.66)	0.89 (0.58)	0.97 (0.73)	0.78 (0.84)
	是否采用节水技术	1=是；0=否	0.64 (0.22)	0.66 (0.19)	0.63 (0.34)	0.61 (0.29)
	水价	元/度	0.64 (0.11)	0.90 (0.13)	0.64 (0.09)	0.73 (0.08)

注：括号内为标准差。

资料来源：2015年8月桃城区调研。

4.1.2.3 回归结果分析

（1）小麦。

使用Stata14.0对小麦的数据进行回归，得到结果如表4-4所示。模型（4-3）中交互项TP的系数为-0.2433，且在1%的显著性水平下显著，这意味着与对照组农户相比，"一提一补"政策的实施对实验组农户小麦用水量的节水效果是显著的，这一结果也在模型（4-4）和模型（4-5）中得到印证。模型（4-4）中加入控制变量之后，交互项TP的系数为-0.2035，在5%的显著性水平下显著；模型（4-5）中，水价变量的系数为-0.2248，在10%的显著性水平下显著，表示在其他条件一定的情况下，水价上升1%能使小麦的用水量减少22.48%。

表4-4 小麦模型的回归结果

	小麦每公顷用水量（ln）		
	模型（4-3）	模型（4-4）	模型（4-5）
P	0.5415*** (9.01)	0.4558*** (7.78)	—
T	-0.1044* (-1.70)	-0.1315** (-2.13)	—

| | 小麦每公顷用水量（ln） | | |
	模型（4-3）	模型（4-4）	模型（4-5）
TP	-0.2433*** (-2.89)	-0.2035** (-2.32)	—
水价 （ln）	—	—	-0.2248* (-1.93)
户主年龄 （ln）	—	-0.2271** (-2.07)	-0.4946*** (-4.46)
降雨量 （ln）	—	0.1751 (0.73)	0.1999 (0.90)
机井数 （ln）	—	0.1826*** (4.91)	0.2512*** (6.77)
播种面积 （ln）	—	-0.0416 (-1.21)	-0.0702* (-1.93)
小白龙长度 （ln）	—	-0.0212 (-0.59)	-0.0464 (-1.18)
灌水次数	—	0.4385*** (12.01)	0.3804*** (10.51)
劳动力人数	—	0.0034 (0.20)	0.0028 (0.15)
户主受教育程度	—	-0.0113 (-1.55)	-0.0054 (-0.70)
户主是否村干部	—	-0.3512*** (-5.01)	-0.3167*** (-4.22)
是否采用了节水技术	—	-0.1555*** (-3.68)	-0.1201*** (-2.68)
Cons	7.6687*** (172.12)	6.2697*** (4.16)	7.0867*** (5.03)
Adj R-squared	0.0878	0.3005	0.2768

注：括号中为 t 值；*、** 和 *** 分别表示在 10%、5% 和 1% 的水平下显著；ln 表示该变量在模型中以对数形式出现。本章余同。

观察模型（4-4）和模型（4-5）的控制变量也可以得出一些有意思的结论。户主年龄的系数在两个方程中分别为 -0.2271 和 -0.4946，且分别在 5% 和 1% 水平下显著，这可能意味着，一方面，年龄大的户主劳动能力不如年轻的户主，耗费在农业生产上的时间会相对较少；另一方面，年龄大的农户拥有更丰富的务农经验，他们相对于那些年轻农户更清楚如何灌溉能使灌溉成本最少。此外，户主是否村干部这一变量的系数分别为 -0.3512 和 -0.3167，且都在 1% 的水平下显著，即在其他条件不变的情况下，户主是村干部的农户相对用水较少，这可能与户主本身是村干部，较普通农户赋有较强的率先垂范节水意识有关，同时，还可能与作为村干部对"一提一补"政策的理解比普通农户更为深刻，并非常清楚这项政策中所含"节水越多，奖励越多"的激励机制有关。除此之外，节水技术虚变量在两个模型中都在 1% 的水平下显著为负，机井数和灌水次数变量均在 1% 水平下显著为正。

（2）玉米。

玉米三个模型的结果（见表 4-5）与前文描述性统计基本相符。DID 模型（4-3）和模型（4-4）的交互项系数为负，模型（4-5）水价变量的系数也为负，但这几个变量的系数都不显著。相对于小麦而言，玉米生长期可以靠雨水，一般灌 1~2 次水就能满足生长需要，这可能是该政策的实施对于玉米灌溉用水量影响很小之根本所在；而小麦生产情景完全不同，小麦生长期灌溉基本靠抽取地下水，这时地下水价的提升可能就会影响农户的灌溉行为，故"一提一补"政策的实施对小麦用水量的净效应是显著的。

表 4-5　玉米模型的回归结果

	玉米每公顷用水量（ln）		
	模型（4-3）	模型（4-4）	模型（4-5）
P	0.5040 *** (7.40)	0.4535 *** (7.59)	—
T	-0.0363 (-0.49)	-0.0383 (-0.60)	—
TP	-0.0180 (-0.18)	-0.0260 (-0.32)	—

续表

	玉米每公顷用水量（ln）		
	模型（4-3）	模型（4-4）	模型（4-5）
水价 （ln）	—	—	-0.1298 （-0.98）
户主年龄 （ln）	—	-0.3510*** （-3.21）	-0.4623*** （-3.65）
降雨量 （ln）	—	-0.1007 （-0.41）	-0.0595 （-0.22）
机井数 （ln）	—	0.0027 （0.07）	-0.0812** （-2.04）
播种面积 （ln）	—	-0.1314*** （-3.85）	-0.1530*** （-3.86）
小白龙长度 （ln）	—	0.0481 （1.36）	0.0198 （0.51）
灌水次数	—	0.7917*** （20.96）	0.8508*** （19.83）
劳动力人数	—	0.0264 （1.46）	0.0039 （0.19）
户主受教育程度	—	0.0084 （0.144）	0.0121 （1.41）
户主是否是村干部	—	-0.3719*** （-4.49）	-0.3930*** （-4.58）
是否采用了节水技术	—	-0.4161*** （-4.90）	-0.2898*** （-3.10）
Cons	7.0687*** （140.97）	7.9647*** （5.13）	8.5139*** （4.83）
Adj R-squared	0.1340	0.4038	0.3336

（3）棉花。

如表4-6所示，棉花用水量模型的结果中DID模型（4-3）和模型（4-4）的交互项系数为负，模型（4-5）水价变量的系数也为负，但这几个变量的系数都不显著。可以看出，棉花与玉米模型结果的模型比较接近，这可能是因为棉花也是耐旱作物，其生长期一般只需灌溉1次水，如果雨水充足，其生长期也可以不浇水，因此"一提一补"水价改革实施对棉花用水量的影响并不显著。

表 4-6　棉花模型的回归结果

	棉花每公顷用水量（ln）		
	模型（4-3）	模型（4-4）	模型（4-5）
P	0.0976 （0.45）	0.2090 （0.98）	—
T	0.0356 （0.14）	-0.0258 （-0.10）	—
TP	-0.1529 （-0.35）	-0.1690 （-0.49）	—
水价 （ln）	—	—	-0.1246 （-0.59）
户主年龄 （ln）	—	0.5804 （1.45）	0.4627 （1.19）
降雨量 （ln）	—	0.0343 （0.04）	0.4671 （0.52）
机井数 （ln）	—	0.1374 （1.03）	0.0946 （0.70）
播种面积 （ln）	—	-0.1917 ** （-2.00）	-0.2031 ** （-2.15）
小白龙长度 （ln）	—	0.0208 （0.46）	0.0236 （0.53）
灌水次数	—	0.9589 *** （4.53）	0.9545 *** （4.51）
劳动力人数	—	0.0416 （0.54）	0.0283 （0.37）
户主受教育程度	—	-0.0566 * （-1.79）	-0.0556 * （-1.79）
户主是否是村干部	—	-0.1421 （-0.43）	-0.1230 （-0.37）
是否采用了节水技术	—	-0.4454 （-1.33）	-0.4045 （-1.21）
Cons	3.8323 *** （23.79）	2.8300 （0.44）	4.7093 （0.67）
Adj R-squared	0.0319	0.2584	0.2259

4.1.3 "一提一补"对作物单产的影响分析

4.1.3.1 模型建立

本部分建立了以下几个模型进行分析:

中介变量对自变量回归:

$$\ln WU = \alpha_0 + \sum_{i=1}^{n} \alpha_i \ln X_i + \sum_{j=n+1}^{k} \alpha_j X_j + \beta_0 P + \beta_1 T + \beta_2 TP + \varepsilon \qquad (4-6)$$

$$\ln WU = \alpha_0 + \sum_{i=1}^{n} \alpha_i \ln X_i + \sum_{j=n+1}^{k} \alpha_j X_j + \beta_0 WP + \varepsilon \qquad (4-7)$$

因变量对自变量回归:

$$\ln Y = \alpha_0 + \sum_{i=1}^{n} \alpha_i \ln X_i + \sum_{j=n+1}^{k} \alpha_j X_j + \beta_0 P + \beta_1 T + \beta_2 TP + \varepsilon \qquad (4-8)$$

$$\ln Y = \alpha_0 + \sum_{i=1}^{n} \alpha_i \ln X_i + \sum_{j=n+1}^{k} \alpha_j X_j + \beta_0 WP + \varepsilon \qquad (4-9)$$

因变量同时对自变量和中介变量回归:

$$\ln Y = \alpha_0 + \sum_{i=1}^{n} \alpha_i \ln X_i + \sum_{j=n+1}^{k} \alpha_j X_j + \beta_0 P + \beta_1 T + \beta_2 TP + \ln WU + \varepsilon$$

$$(4-10)$$

$$\ln Y = \alpha_0 + \sum_{i=1}^{n} \alpha_i \ln X_i + \sum_{j=n+1}^{k} \alpha_j X_j + \beta_0 WP + \ln WU + \varepsilon \qquad (4-11)$$

其中,模型(4-6)是中介变量对自变量的倍差法模型,$\ln Y$ 表示产量的对数,P 是村虚拟变量,P = 1 表示试点村,P = 0 表示非试点村;T 是时间虚拟变量,T = 0 表示政策实施前,T = 1 表示政策实施后;交互项 TP 是关键变量,其系数反映"一提一补"水价改革对作物单产的对数的净影响,X 表示控制变量,这些控制变量包含用对数形式表示的 $\ln X_i$ 和非对数形式的 X_j;模型(4-8)和模型(4-9)为因变量对自变量的回归模型;模型(4-10)和模型(4-11)为因变量同时对自变量和中介变量的回归模型。

其中,本部分的控制变量选择主要包括:①农户特征变量,如户主的年龄、户主受教育程度以及户主是否是村干部。②地块特征变量,主要包括：土地质量和地块离家距离。③农业投入变量，包含劳动投入、种子投入、肥料投入、农药投入以及机械投入。各个变量的描述性统计如表4-7所示。

表 4-7　变量描述性统计分析

变量	单位/变量描述	小麦		玉米		棉花	
		均值	标准差	均值	标准差	均值	标准差
农户特征变量							
户主年龄	岁	52.61	10.61	52.59	10.61	51.63	9.56
户主受教育程度	年	6.71	2.95	6.71	2.95	6.43	2.98
户主是村干部	0=否；1=是	0.08	0.86	0.08	0.27	0.06	0.24
地块特征变量							
土地质量	1=很好；2=较好；3=一般；4=较差；5=很差	2.02	0.86	2.00	0.83	2.84	1.07
地块离家距离	千米	0.82	0.66	0.80	0.60	0.92	0.72
农业投入变量							
劳动投入	元/公顷	10.08	9.86	11.04	10.62	60.63	54.59
种子投入	元/公顷	45.77	32.43	41.75	19.64	28.79	11.95
肥料投入	元/公顷	128.93	51.24	102.11	48.98	103.64	46.28
农药投入	元/公顷	22.35	19.43	27.17	24.95	88.58	65.89
机械投入	元/公顷	85.19	49.90	84.06	59.93	30.70	29.37
核心变量							
村虚拟变量	1=试点村；0=非试点村	0.53	0.50	0.53	0.50	0.55	0.50
时间虚拟变量	1=实施后；0=实施前	0.51	0.50	0.51	0.50	0.36	0.48
交互项	村虚拟变量×时间虚拟变量	0.28	0.45	0.28	0.45	0.18	0.38
水价	元/度	0.73	0.13	0.72	0.14	0.70	0.13
用水量	立方米/公顷	2631.45	2012.72	2053.60	2729.41	962.65	614.04

资料来源：2015 年 8 月桃城区调研。

4.1.3.2 回归结果分析

利用 Stata 14.0 分别对各小麦、玉米和棉花的个模型进行回归分析。与前文对应，三个表中模型（4-6）和模型（4-7）的因变量是用水量，模型（4-8）至模型（4-11）的因变量为产量。

（1）小麦。

小麦模型第一步分析政策对小麦灌溉用水量的影响中，可以看见政策对小麦用水量有显著影响的（见表4-8），模型（4-6）交互项变量的系数为-0.1692，且在1%的显著性水平下显著，这表明，在其他条件一定的情况下，政策实施村能比对照村显著减少用水16.92%。而模型（4-7）的结果也给出了验证，水价变量的系数为-0.1163，且在5%的显著性水平下显著。

表4-8　小麦回归结果

	小麦					
	用水量		产量			
	模型(4-6)	模型(4-7)	模型(4-8)	模型(4-9)	模型(4-10)	模型(4-11)
村虚拟变量	0.3430*** (4.68)	—	-0.0186 (-0.39)	—	-0.0310 (-0.60)	—
时间虚拟变量	-0.0174 (-0.22)	—	0.1340** (2.48)	—	0.1425*** (2.74)	—
交互项	-0.1692*** (-2.60)	—	-0.0382* (-1.69)	—	-0.0208 (-0.34)	—
水价（ln）	—	-0.1163** (-1.98)	—	-0.0014** (-2.13)	—	-0.0009 (-0.19)
用水量（ln）	—	—	—	—	0.0704* (1.86)	0.0368** (2.01)
户主年龄（ln）	-0.1257 (-0.78)	-0.1937 (-1.20)	-0.0784 (-0.84)	0.0534 (0.59)	0.0545 (0.94)	0.0687 (0.83)
户主受教育程度	-0.0125 (-0.62)	-0.0058 (-0.62)	-0.0043 (-0.98)	0.0816 (1.60)	-0.0035 (-0.81)	0.0822* (1.65)
户主是村干部	-0.0299 (-0.37)	-0.0071 (-0.97)	0.0329 (1.52)	0.0255 (1.01)	0.0480* (1.69)	0.0364 (1.20)

续表

	小麦					
	用水量		产量			
	模型(4-6)	模型(4-7)	模型(4-8)	模型(4-9)	模型(4-10)	模型(4-11)
土地质量	-0.0049 (-0.15)	-0.0322 (-0.97)	-0.0109* (-1.75)	-0.0133* (-1.77)	-0.0085 (-0.53)	-0.0107 (-0.64)
地块离家距离	-0.0730** (-2.13)	-0.0818*** (-3.06)	-0.0259 (-1.55)	-0.0237 (-1.40)	-0.0282* (-1.77)	-0.0268 (-1.60)
劳动投入(ln)	-0.0627 (-0.62)	0.0917 (0.65)	0.0158 (1.29)	0.0092 (0.72)	0.0192 (1.53)	0.0119 (0.90)
种子投入(ln)	-0.0541 (-0.99)	-0.0641 (-1.14)	0.0199 (0.74)	0.0189 (0.70)	0.0191 (0.73)	0.0185 (0.71)
肥料投入(ln)	-0.0909 (-1.47)	-0.1138* (-1.88)	-0.0382 (-0.72)	-0.0302 (-0.57)	-0.0383 (-0.73)	-0.0290 (-0.55)
农药投入(ln)	0.0866 (2.29)	0.0904** (2.39)	0.0207 (0.34)	0.0343* (1.75)	0.0365* (1.77)	0.0422 (0.75)
机械投入(ln)	0.0644 (1.56)	0.0724 (0.76)	0.0273** (2.45)	0.0363** (2.13)	0.0224** (2.23)	0.0326** (1.97)
常数项	8.3371*** (11.45)	8.9252*** (12.44)	7.1816*** (17.64)	6.6882*** (17.27)	6.7494*** (12.28)	6.3087*** (11.08)
R^2	0.3271	0.2859	0.2911	0.2726	0.3154	0.3085

第二步利用模型（4-8）和模型（4-9）分析政策对产量的影响，模型 3 时间虚拟变量系数为 0.1340 且在 5% 的水平下显著，意味着其他条件一定时，样本村在政策实施后的总体小麦产量比政策实施前增长了 13.40%，但交互项系数为 -0.0382 且在 10% 的显著性水平下显著，表明在其他条件一定时，试点村的小麦增产平均比非试点村小麦增产低 3.82%，这个结果在模型（4-9）中也得到检验，水价变量的系数为 -0.0014 且在 5% 的显著性水平下显著，表明其他条件一定的情况下，水价平均上升 1%，小麦产量会下降 0.14%。

第三步在模型（4-8）和模型（4-9）中加入了用水量变量以后，发现模型（4-8）和模型（4-9）中显著的交互项和水价变量都不显著了，而模型（4-10）和模型（4-11）中的用水量系数分别为 0.0704 和 0.0368 分别在 10% 和 5% 的显著性水平下显著，说明用水量在"一提一补"水价政策对小麦产量的影响中起到完全中介作用，也就是说，"一提一补"水价政策会通过影响小麦用水量导致小麦减产。

此外，观察模型（4-8）至模型（4-11）可以发现，四个模型中机械投入变量都显著为正，说明小麦增产过程中，机械化使用程度的增加起到了重要作用，因此虽然水价提高会对小麦生产有一定的负面影响，但产量总体还是呈上升趋势。

（2）玉米。

如表 4-9 所示。玉米模型结果中，模型（4-6）和模型（4-7）中的交互项和水价变量对用水量的影响并不显著，而在模型（4-8）和模型（4-9）中这两个变量对玉米产量的影响也并不显著，但在模型（4-10）和模型（4-11）中加入了用水量变量以后，用水量变量系数分别为 0.0500 和 0.0416 且均在 5% 的显著性水平下显著，这表明农户的灌溉用水量是会对玉米产量有显著影响的，但是"一提一补"水价政策的实施并未能显著影响玉米灌溉用水量，因此对玉米产量并不会产生显著影响。

表 4-9　玉米回归结果

	玉米					
	用水量		产量			
	模型(4-6)	模型(4-7)	模型(4-8)	模型(4-9)	模型(4-10)	模型(4-11)
村虚拟变量	0.0516 (0.58)	—	−0.0320 (−0.90)	—	−0.0578 (−1.52)	—
时间虚拟变量	−0.0284 (−0.31)	—	0.1568*** (3.62)	—	0.1583*** (3.68)	—
交互项	−0.0748 (−0.72)	—	0.0461 (1.00)	—	0.0499 (1.09)	—
水价（ln）	—	−0.0054 (−0.17)	—	0.0588 (0.68)	—	0.0590 (0.75)
用水量（ln）	—	—	—	—	0.0500** (2.27)	0.0416** (2.06)

续表

	玉米					
	用水量		产量			
	模型(4-6)	模型(4-7)	模型(4-8)	模型(4-9)	模型(4-10)	模型(4-11)
户主年龄（ln）	-0.2234 (-1.64)	-0.2993** (-2.07)	-0.0435 (-0.77)	0.0695 (1.22)	-0.0323 (-0.60)	0.0820 (1.51)
户主受教育程度	-0.0234** (-2.40)	0.0392*** (3.83)	0.0087** (2.53)	0.0124*** (3.57)	0.0075** (2.16)	0.0108*** (2.99)
户主是村干部	-0.0965 (-0.78)	-0.0322 (-0.25)	-0.0263 (-0.84)	-0.0183 (-0.52)	-0.0215 (-0.67)	-0.0170 (-0.46)
土地质量	0.0388 (1.26)	-0.0111 (-0.35)	-0.0048 (-0.38)	-0.0075 (-0.56)	-0.0068 (-0.53)	-0.0071 (-0.53)
地块离家距离	0.0559 (1.44)	0.0744 (0.83)	-0.0287** (-2.14)	-0.0277** (-1.98)	-0.0315** (-2.34)	-0.0308** (-2.17)
劳动投入（ln）	-0.0064 (-0.20)	-0.0240 (-0.77)	0.0258** (2.14)	0.0162 (1.30)	0.0261** (2.16)	0.0172 (1.37)
种子投入（ln）	-0.0451 (-0.61)	-0.0817 (-1.08)	-0.0337 (-1.08)	0.0094 (0.30)	-0.0314 (-1.01)	0.0128 (0.41)
肥料投入（ln）	-0.0783 (-1.22)	-0.1033* (-1.71)	0.0239 (1.09)	0.0413* (1.84)	0.0278 (1.21)	0.0456* (1.95)
农药投入（ln）	0.2386*** (5.10)	0.2330*** (4.97)	0.0580*** (3.10)	0.0524*** (2.67)	0.0699*** (3.37)	0.0621*** (2.90)
机械投入（ln）	0.1273*** (3.29)	0.1343*** (3.25)	0.0536*** (3.42)	0.0805*** (5.41)	0.0473*** (3.18)	0.0749*** (5.34)
常数项	6.9008*** (10.73)	7.6970*** (12.18)	6.9224*** (32.13)	6.2039*** (28.39)	6.5775*** (29.68)	5.8837*** (24.38)
R^2	0.3446	0.2766	0.2978	0.2571	0.3099	0.2659

究其原因，可分为三个方面：第一，相比于小麦，玉米本身需水较少，灌水1~2次便可满足生长需要，且生长期适逢雨季，因此该政策对于玉米用水量影响非常之小，玉米产量产生显著影响。第二，试点村自提价以后，水价一直稳定在提价后的水平。也就是说，去除通货膨胀因素影响后的水价其实是在逐年变低，这也是导致水价对玉米产量影响并不显著的另一个原因。第三，由于水价改革中存在补贴，农户的生产积极性并未

降低。

再观察模型（4-8）至模型（4-11）的其他控制变量可以发现，户主受教育程度对产量的影响都是5%的水平下显著为正，这意味着户主受教育程度越高，更能够利用自己的知识水平和学习能力促进玉米产量的提高；四个模型中地块离家距离变量均在5%的水平下显著为负，表明离家距离越远的地块农户可能更会疏于管理，生产投入较少，导致产量减少。此外，农药投入和机械投入变量在四个模型中都显著在1%水平下为正。劳动投入变量在模型（4-8）和模型（4-10）中在5%水平下显著为正而在模型（4-9）和模型（4-11）中虽然不显著，但也为正。肥料投入在模型（4-9）和模型（4-11）中在10%的水平下显著为正，在模型（4-8）和模型（4-10）中虽然不显著，但也为正。这表明加大生产投入对于产量的提高有着积极影响。

（3）棉花。

棉花的回归结果（见表4-10）和玉米基本相似，交互项和水价变量对用水量的影响并不显著，同时对产量的影响也不显著，但是用水量对产量的影响在1%显著性水平下显著为正。其原因之一也是因为棉花本身是耐旱作物，生长期一般只需要1次水或0次水，因此"一提一补"政策对棉花用水量影响不显著，进而也不会显著影响棉花产量；此外，水价本身过低和"一提一补"政策中补贴的存在也是导致对棉花产量影响不显著的原因之一。

表 4-10　棉花回归结果

	棉花					
	用水量		产量			
	模型(4-6)	模型(4-7)	模型(4-8)	模型(4-9)	模型(4-10)	模型(4-11)
村虚拟变量	0.0150 (1.39)	—	0.0635** (2.22)	—	0.0406 (1.33)	—
时间虚拟变量	0.0283 (0.09)	—	0.0593 (1.65)	—	0.0589 (1.63)	—
交互项	−0.0926 (−0.23)	—	−0.0168 (−0.35)	—	−0.0153 (−0.33)	—

续表

	棉花					
	用水量		产量			
	模型(4-6)	模型(4-7)	模型(4-8)	模型(4-9)	模型(4-10)	模型(4-11)
水价（ln）	—	−0.0811	—	−0.0227	—	−0.0371
		(−1.22)		(−0.35)		(−0.60)
用水量（ln）	—	—	—	—	0.0152 ***	0.0177 ***
					(2.80)	(3.69)
户主年龄（ln）	−0.0301	−0.0555	−0.0137	0.0129	−0.0091	0.0228
	(−0.56)	(−1.09)	(−0.27)	(0.26)	(−0.18)	(0.46)
户主受教育程度	−0.0332	−0.0025	0.0006	0.0023	0.0011	0.0023
	(−0.89)	(−0.07)	(0.17)	(0.67)	(0.32)	(0.69)
户主是村干部	0.0821	0.0485	0.1356 ***	0.1451 ***	0.1344 ***	0.1365 ***
	(0.15)	(0.79)	(4.49)	(4.48)	(4.48)	(4.37)
土地质量	−0.0646	−0.0753	−0.0488 ***	−0.0526 ***	−0.0390 ***	−0.0392 ***
	(−0.24)	(−1.59)	(−4.31)	(−4.70)	(−3.51)	(−3.49)
地块离家距离	−0.0603 ***	−0.0775 ***	−0.0288 *	−0.0367 **	−0.0197	−0.0230
	(−3.77)	(−4.67)	(−1.65)	(−2.10)	(−1.21)	(−1.40)
劳动投入（ln）	−0.0378	−0.0360	−0.0214 *	−0.0229 *	−0.0156	−0.0165
	(−1.29)	(−1.41)	(−1.76)	(−1.97)	(−1.29)	(−1.45)
种子投入（ln）	−0.0917	−0.0318	0.0118	0.0184	0.0104	0.0128
	(−0.57)	(−1.32)	(0.58)	(1.03)	(0.53)	(0.71)
肥料投入（ln）	0.1963	0.0915	0.0070	0.0129	0.0100	0.0145
	(1.19)	(0.57)	(0.42)	(0.79)	(0.66)	(0.97)
农药投入（ln）	−0.2513	−0.2351	−0.0280	−0.0292	−0.0242	−0.0250
	(−0.76)	(−1.57)	(−1.27)	(−1.31)	(−1.08)	(−1.12)
机械投入（ln）	−0.1784 **	−0.1563 **	0.0107 *	0.0092	0.0135 **	0.0120 *
	(−2.52)	(−2.16)	(1.70)	(1.46)	(2.07)	(1.85)
常数项	7.3945 ***	10.8716 ***	6.3816 ***	6.3819 ***	6.2690 ***	6.1891 ***
	(3.02)	(4.60)	(25.97)	(25.49)	(24.78)	(23.89)
R^2	0.3032	0.2283	0.2536	0.2324	0.2702	0.2574

4.1.4　"一提一补"对农户收入的影响分析

4.1.4.1　描述性统计分析

表 4-11 是利用倍差法对"一提一补"制度对农户收入的影响进行交叉分析。在实际处理过程中，所有户均收入都用消费价格指数 CPI 折算成

2001 年水平，一方面以消除通货膨胀的影响，另一方面可以避免不同村政策实施年不同带来的麻烦。同样地，取"一提一补"前一年户均收入水平和一提一补实施年户均收入水平的平均值作为"一提一补"实施前的值，取 2011 年户均收入水平和 2014 年户均收入水平的平均值作为"一提一补"实施后的值，得到表 4-11 中的结果。从表中可以看出，试点村户均收入水平较高于非试点村，而表示实施效果的二重差分值 Δ 为正，表明"一提一补"政策对试点村农户户均收入可能存在正向净影响。

表 4-11 "一提一补"政策对农户收入的净影响   单位：元

	收入	
	实验组	对照组
政策实施前	20851.25	21270.86
政策实施后	31966.83	30042.73
净效应	Δ = 2343.71	

资料来源：2015 年 8 月桃城区调研数据计算求得。

4.1.4.2 模型建立与变量选择

本部分建立了以下三个收入决定方程：

$$\ln Y = \alpha_0 + \beta_0 P + \beta_1 T + \beta_2 TP + \varepsilon \qquad (4-12)$$

$$\ln Y = \alpha_0 + \sum_{i=1}^{n} \alpha_i \ln X_i + \sum_{j=n+1}^{k} \alpha_j X_j + \beta_0 P + \beta_1 T + \beta_2 TP + \varepsilon \qquad (4-13)$$

$$\ln Y = \alpha_0 + \sum_{i=1}^{n} \alpha_i \ln X_i + \sum_{j=n+1}^{k} \alpha_j X_j + \beta_0 WP + \varepsilon \qquad (4-14)$$

其中，$\ln Y$ 表示农户家庭收入的对数形式；α_0 表示常数项；α_1、α_2、α_3、…、β_0、β_1、β_2 表示待估参数；T 表示时间虚拟变量，$T=0$ 表示政策实施前，$T=1$ 表示政策实施后；P 表示政策虚拟变量，$P=0$ 表示对照组，$P=1$ 表示实验组；TP 表示两者的交互项，是本部分的关键变量，其系数代表了"一提一补"政策的净效应；WP 表示水价，ε 表示残差项。模型（4-12）是个最简单的 DID 模型，仅观测政策实施对农户收入的净影响；模型（4-13）在模型（4-12）的基础上加入了各个控制变量；模型（4-14）是一个普通的 OLS 模型，用水价变量 WP 代替模型（4-13）的 T、P 和 TP 三个变量来衡量"一提一补"政策对农户收入的影响，其目的是与模型（4-12）和模型（4-13）的结果对照，从而进一步印证结论。

在收入决定方程中，本部分选取了以下几个控制变量：户主年龄、户主受教育程度、耕地面积、非农就业时间、户主是否是村干部、家庭劳动力人数、农户拥有的小白龙长度。解释变量的描述性统计如表 4-12 所示，有以下三点发现：第一，户主受教育程度、户主是否是村干部、家庭劳动力人数、耕地面积这几个变量实验组和对照组的情况基本相似，在水价政策实施前后也并未发生很大改变；第二，两个组的非农就业时间和水价两个变量在政策实施后的都有所提高，而实验组提高的幅度更大；第三，两个组平均每户拥有的小白龙长度在政策实施后也有提高，两个组的变化差异不大。

表 4-12　收入决定模型解释变量的统计描述

变量	单位	实验组		对照组	
		实施前	实施后	实施前	实施后
户主年龄	岁	48.70 (11.12)	54.22 (10.15)	50.80 (9.53)	57.47 (9.61)
户主受教育程度	年	7.05 (2.99)	7.20 (2.96)	6.20 (2.91)	6.21 (2.91)
户主是否是村干部	1=是；0=否	0.09 (0.29)	0.09 (0.29)	0.07 (0.26)	0.07 (0.26)
家庭劳动力人数	人	2.47 (1.13)	2.56 (1.18)	2.65 (1.07)	2.56 (1.31)
总非农就业时间	月	5.20 (6.82)	7.09 (8.14)	4.61 (6.94)	5.60 (8.24)
小白龙长度	米	190.13 (253.85)	210.24 (178.08)	190.74 (133.94)	215.54 (124.38)
耕地面积	公顷	0.82 (0.32)	0.74 (0.35)	0.92 (0.36)	0.83 (0.42)

变量	单位	实验组		对照组	
		实施前	实施后	实施前	实施后
水价	元/度	0.63 （0.10）	0.94 （0.13）	0.64 （0.07）	0.78 （0.42）

注：括号内为标准差。

资料来源：2015 年 8 月桃城区调研。

4.1.4.3 回归结果分析

如表 4-13 所示，三个模型的 R^2 分别达到了 0.0483、0.4259 和 0.4251，且各变量符号与预期基本一致。模型（4-12）和模型（4-13）中，交互项的系数分别为 0.0624 和 0.0688，但不显著，模型（4-14）中水价的系数为 0.2946，且在 1% 的显著性水平下显著，这三个系数都为正，与描述性统计的结果是一致的，"一提一补"水价改革的实施会促进农户收入的增加。这与传统的认识可能有些不同，传统的观点认为水价的提高会导致农户收入降低，损害农户福利，笔者认为主要有以下三个原因：第一，"一提一补"水价政策的实施改变了农户的种植结构，转向种植蔬菜、水果等经济效益高的作物；第二，随着经济社会的发展，农户外出务工带来的收入促进了家庭收入的提高；第三，"一提一补"政策实施过程中，由于政府给了了财政补贴，80% 的农户受奖，只有 20% 的农户受罚，因此农户的整体生活水平是得到改善的。因此，"一提一补"水价改革的实施并不会像传统水价政策一样降低农户的收入；相反会促进农户收入的提高。

表 4-13 收入决定模型回归结果

	农户家庭收入（ln）		
	模型（4-12）	模型（4-13）	模型（4-14）
P	0.0062 （0.10）	0.0133 （0.30）	—
T	0.3228*** （5.11）	0.3664*** （7.46）	—

续表

	农户家庭收入（ln）		
	模型（4-12）	模型（4-13）	模型（4-14）
TP	0.0624 (0.72)	0.0688 (1.06)	—
水价（ln）	—	—	0.2946*** (3.63)
户主年龄（ln）	—	-0.2224*** (-2.81)	-0.0196 (-0.24)
小白龙长度（ln）	—	0.0089 (1.00)	0.0265*** (2.87)
耕地面积（ln）	—	0.0350*** (17.41)	0.0397*** (18.32)
劳动力人数	—	0.1016*** (6.26)	0.1035*** (6.42)
户主受教育程度	—	0.0240*** (4.10)	0.0299*** (4.94)
户主是否是村干部	—	0.0629 (1.05)	0.0363 (0.58)
非农就业时间	—	0.0306*** (14.52)	0.0387*** (15.89)
Cons	9.6952*** (216.82)	9.4831*** (29.78)	8.7445*** (25.10)
Adj R-squared	0.0483	0.4259	0.4251

控制变量的符号与预期也基本一致。模型（4-13）和模型（4-14）中耕地面积的系数分别为 0.0350 和 0.0397，且都在 1% 的水平下显著，这表明在其他条件不变的情况下，耕地面积增加 1% 能使农户增收约 4%；劳动力人数的系数分别为 0.1016 和 0.1035，且在 1% 水平下显著，这表示在其他条件不变的情况下，家中劳动力每增加一人，平均能使家庭收入增加 10% 左右；户主受教育程度的系数分别为 0.0240 和 0.0299，表示在其他条件不变的情况下，户主受教育程度增加 1 年，能使农户家庭收入平均增加 2%~3%；非农就业时间的系数分别为 0.0306 和 0.0387，且在 1%

水平下显著，这意味着在其他条件不变的情况下，非农就业时间增加 1 个月平均能使农户增收 3%~4%。

4.2 水资源管理改革对农户生计的影响分析

农田水利设施的产权不明、权责不清是导致当前我国农业水资源浪费严重、水资源利用效率低下的重要原因，如何通过社区水资源管理改革改善农户生产并提升水资源利用效率是当前面临的重要问题。本节聚焦在社区水资源管理改革对农户生计的影响。依据在云南省陆良县的实地调研数据，将水资源利用效率、农户种植结构、农户农业收入作为农户生产的表征，探讨了云南省陆良县社区水资源管理改革对农户生产的影响作用，并分析了社区水资源管理改革对农户水资源利用效率的作用机制。研究结果为如何通过社区水资源管理改善农户生产和提高农户水资源利用效率，提供了政策启示。

4.2.1 数据、变量与方法

4.2.1.1 数据来源

本部分基于理论抽样的原则，选取更适宜回答研究问题的对象进行调研（Eisenhardt，1989），对"是什么"及"怎么样"的问题进行深度挖掘。研究数据主要来自本课题组在 2020 年 12 月、2021 年 6 月、2021 年 7 月三次前往陆良县改革区的实地调研，同时在陆良县其他乡镇选择了四个非改革村作为对农田治理研究的参照组，数据收集方面采取问卷调研，深度半结构访谈，相关单位政府文件、新闻、文献数据等数据三角验证方式。最终收集有效农户问卷 345 份，有效问卷率 98.3%，最后通过作物筛选，对用水较多的春马铃薯作物研究对象，剔除未种植春马铃薯的农户，得到 328 份农户数据，其中改革区 208 份，对照区 120 份。为避免极端值的影响，对所有连续变量进行上下 1% 的 Winsorize 缩尾处理。最后运用 STATA 及 AMOS20 进行实证分析。

4.2.1.2　变量设定与描述统计

（1）被解释变量：水资源利用效率。

根据前文地下水资源利用效率定义，借鉴 Färe 等的建模思想，基于 DEA 模型对农业水资源利用效率的估算模型。本研究估算的农户尺度投入产出效率，是基于投入型假设基础上，并结合调研实际提出投入要素如表 4-14 所示，产出既定情况下的最小投入组成前沿面，从而测度其他农户的生产有效程度，这样转化为如下的线性规划问题。

$$WUE = \min\theta_i$$

$$s.\,t.\ -Y_i + Y\lambda \geqslant 0$$

$$\theta X_i - X\lambda \geqslant 0 \quad \theta X_i - X_\lambda \geqslant 0 \tag{4-15}$$

$$\sigma X_i - X\lambda = 0$$

$$\lambda \geqslant 0,\ 0 \leqslant \sigma \leqslant 1,\ i = 1,\ 2,\ 3,\ \cdots,\ n$$

其中，θ_i 表示的是农业水资源利用效率值，λ 是 N×1 维向量，Y_i 表示农户产出数据，X_i 表示涵盖水资源投入的农户投入。

表 4-14　农户春马铃薯水资源利用效率测度的投入产出指标体系

指标类型	指标名称
投入	种子投入量（斤/亩）
	机械投入量（元/亩）
	化肥投入量（斤/亩）
	农药除草投入量（元/亩）
	劳动力投入量（标准劳动日/亩）
	农膜投入量（斤/亩）
	灌溉用水投入量（立方/亩）
产出	春马铃薯产量（斤/亩）

（2）核心自变量：社区水资源管理改革、多元治理模式。

社区水资源管理改革：核心内容已经在理论部分给出，本部分中社区水资源管理改革为0-1变量，1代表改革区，0代表对照组。多元治理模式：在调研过程中通过深入的半结构访谈等剖析改革区形成的两种治理逻辑，将中坝村模式即"村委+合作社+分区管水员"协同治理治理模式归为"多元治理模式"；将炒铁村模式即"水利设施经营权外包"模式归为"私人承包治理模式"。

（3）路径变量：节水灌溉技术采纳行为、灌溉设施维护质量、供水能力。

本部分的路径变量为节水灌溉技术采纳行为、灌溉设施维护质量、供水能力。农户节水技术：通过实地调研发现云南省渠灌区常见节水技术主要为滴灌和喷灌两种，本研究以节水技术采纳为路径变量，一方面是为了验证社区水资源管理改革是否通过促进节水技术采纳行为提升水资源利用效率，另一方面是分析治理模式对节水技术类别采纳的差异，并分析哪种技术更有利于水资源利用效率的提升。灌溉设施的维护质量：由于调研过程中发现渠灌区的沟、渠、管道等灌溉系统常年老化失修、堵塞和输水渗漏等，而这些均会造成水资源浪费和水资源利用效率下降。供水能力：农户灌溉用水是否有效和便捷主要体现在灌溉的及时性，为了保证农户灌溉的及时性，灌溉系统的供水能力则起着决定性作用，如果供水不及时、不规律势必会影响作物生长和水资源利用效率的下降，本部分中供水能力主要以农户灌溉延误次数来衡量。

（4）控制变量：农户家庭特征、农户个人特征、地块特征。

本部分参考其他相关研究，选取控制变量主要为家庭特征、农户个人特征和地块特征。其中家庭特征主要包括家庭年总收入、种植经营总面积、家庭距县城的距离。农户个人特征主要包括教育、年龄、务农经验、是否村干部。地块特征方面本书主要包括农户种植春马铃薯的最大地块的土壤质量和灌溉条件（见表4-15）。相关研究表明农户的个人特征、家庭特征和地块特征从不同角度影响着农业用水效率。

表 4-15　变量描述与统计

变量名称		代码	变量含义和赋值	均值	标准差
因变量	水资源利用效率	WUE	连续变量	0.42	0.25
	农业收入	AI	连续变量（万元）	9.33	9.63
	种植结构	PS	农户年马铃薯种植面积/年总作物种植面积	0.77	0.19
核心自变量	社区水资源管理改革	IR	社区水资源管理改革区=1；非改革区=0	0.63	0.48
	多元治理模式	MGM	多元治理模式=1；私人承包治理模式=0	0.46	0.50
中介变量	节水技术采纳	WST	采用节水灌溉技术=1；不使用=0	0.76	0.43
	设施维护	FM	1=很差；2=较差；3=一般；4=较好；5=很好	3.43	1.11
	供水能力	WSC	去年您家马铃薯灌溉延误了几次？（次数）	1.01	1.98
控制变量	家庭总收入	INC	连续变量（万元）	13.84	11.17
	种植规模	PS	连续变量（亩）	21.61	24.18
	到县城距离	DC	连续变量（千米）	15.09	3.44
	年龄	AGE	连续变量（岁）	48.58	3.11
	受教育水平	EDU	连续变量（年）	7.60	8.81
	是否村干部	VC	是=1；0=否	0.11	0.31
	务农经验	AE	连续变量（年）	27.61	10.61
	地块灌溉条件	IC	1=非常差；2=比较差；3=一般；4=比较好；5=非常好	3.73	1.00
	地块质量	PQ	1=一等地；2=二等地；3=三等地；4=等外地	1.94	0.99

4.2.1.3　研究方法

（1）社区水资源管理对农户生产生活的作用模型构建。

社区水资源管理改革影响农户水资源利用效率模型。

$$\mathrm{WUE}_i = \alpha_0 + \alpha_1 \mathrm{IR}_i + \alpha_2 \mathrm{INC}_i + \alpha_3 \mathrm{PS}_i + \alpha_4 \mathrm{DC}_i + \alpha_5 \mathrm{AGE}_i + \alpha_6 \mathrm{EDU}_i + \alpha_7 \mathrm{VC}_i +$$

$$\alpha_8 AE_i + \alpha_9 IC_i + \alpha_{10} PQ_i + \varepsilon_i \tag{4-16}$$

其中，WUE_i 表示农户水资源利用效率，IR_i 表示核心自变量，其余是控制变量，ε_i 表示随机扰动项。α_0 为常数项，其他参数为回归系数。

治理模式影响农户水资源利用效率模型。

$$WUE_i = \beta_0 + \beta_1 MGM_i + \beta_2 INC_i + \beta_3 PS_i + \beta_4 DC_i + \beta_5 AGE_i + \beta_6 EDU_i + \beta_7 VC_i + \beta_8 AE_i + \beta_9 IC_i + \beta_{10} PQ_i + \delta_i \tag{4-17}$$

其中，WUE_i 表示农户水资源利用效率，MGM_i 表示核心自变量，其余是控制变量，δ_i 表示随机扰动项。β_0 为常数项，其他参数为回归系数。

社区水资源管理改革影响农户农业经营收入模型。

$$AI_i = \alpha_0 + \alpha_1 IR_i + \alpha_2 PS_i + \alpha_3 DC_i + \alpha_4 AGE_i + \alpha_5 EDU_i + \alpha_6 VC_i + \alpha_7 AE_i + \alpha_8 IC_i + \alpha_9 PQ_i + \varepsilon_i \tag{4-18}$$

其中，AI_i 表示农户农业经营收入，IR_i 表示核心自变量，其余是控制变量，ε_i 表示随机扰动项。α_0 表示常数项，其他参数为回归系数。

治理模式影响农户农业经营收入模型。

$$AI_i = \beta_0 + \beta_1 MGM_i + \beta_2 PS_i + \beta_3 DC_i + \beta_4 AGE_i + \beta_5 EDU_i + \beta_6 VC_i + \beta_7 AE_i + \beta_8 IC_i + \beta_9 PQ_i + \delta_i \tag{4-19}$$

其中，AI_i 表示农户农业经营收入，MGM_i 表示核心自变量，其余是控制变量，δ_i 表示随机扰动项。β_0 表示常数项，其他参数为回归系数。

社区水资源管理改革影响农户种植结构模型。

$$PS_i = \alpha_0 + \alpha_1 IR_i + \alpha_2 PS_i + \alpha_3 DC_i + \alpha_4 AGE_i + \alpha_5 EDU_i + \alpha_6 VC_i + \alpha_7 AE_i + \alpha_8 IC_i + \alpha_9 PQ_i + \varepsilon_i \tag{4-20}$$

其中，PS_i 表示农户农业种植结构，IR_i 表示核心自变量，其余是控制变量，ε_i 表示随机扰动项。α_0 为常数项，其他参数为回归系数。

治理模式影响农户种植结构模型。

$$PS_i = \beta_0 + \beta_1 MGM_i + \beta_2 PS_i + \beta_3 DC_i + \beta_4 AGE_i + \beta_5 EDU_i + \beta_6 VC_i + \beta_7 AE_i + \beta_8 IC_i + \beta_9 PQ_i + \delta_i \tag{4-21}$$

其中，PS_i 表示农户种植结构，MGM_i 表示核心自变量，其余是控制变量，δ_i 表示随机扰动项。β_0 表示常数项，其他参数为回归系数。

（2）社区水资源管理对农户水资源利用效率的机制作用模型构建。

简单的线性回归方法多用于分析直接效应，相较于一般的直接分析，结构路径分析更加侧重探究自变量影响因变量的作用机制和路径。本研究以节水技术采纳行为、设施维护、供水能力作为路径变量建立结构方程路径模型（SEM），设定社区水资源管理改革影响农户水资源利用效率的路径模型如下：

社区水资源管理改革影响农户水资源利用结构效率路径模型。

$$WUE_i = \alpha_1 IR_i + \varepsilon_1$$

$$WST_i = \alpha_2 IR_i + \varepsilon_2$$

$$FM_i = \alpha_3 IR_i + \varepsilon_3 \tag{4-22}$$

$$WSC_i = \alpha_4 IR_i + \varepsilon_4$$

$$WUE_i = \alpha_0 + \alpha_1 IR_i + \alpha_2 WST_i + FM_i + \alpha_4 WSC_i + \alpha_5 T_{ki} + \varepsilon_i$$

其中，WUE_i 表示水资源利用效率，IR_i 表示社区水资源管理改革核心解释变量，WST_i 表示节水技术采纳行为，FM_i 表示灌溉设施维护，WSC_i 表示供水能力，T_{ki} 表示其他控制变量，ε 表示随机扰动项。β_0 为常数项，其他参数为回归系数。关于多元治理模式对水资源利用效率影响路径分析模型与上述模型类似，这里不再赘述。

4.2.2　实证分析

4.2.2.1　社区水资源管理改革对农户水资源利用效率的影响

表4-16汇报了社区水资源管理改革和不同管理模式影响农户水资源利用效率的估计结果。模型（1）估计结果表明，社区水资源管理改革对农户水资源利用效率具有显著的正向影响，社区水资源管理改革的村庄农户水资源利用效率越高；比较模型（1）和模型（2）的估计结果可知，在控制家庭特征、个人特征及地块特征之后，模型整体的解释力提升了5%以上。因此，可初步判断社区水资源管理改革对农户水资源利用效率有显著

的提升。模型（3）和模型（4）的估计结果，相较"私人承包"管理模式，"多元合作"式的社区水资源管理改革下农户水资源利用效率更高。

表 4-16　社区水资源管理改革和管理模式对水资源利用效率的影响

指标	（1）水资源利用效率	（2）水资源利用效率	（3）水资源利用效率	（4）水资源利用效率
社区水资源管理改革	0.198*** (7.49)	0.159*** (5.30)	—	—
管理模式	—	—	0.037 (1.04)	0.070* (1.86)
家庭特征				
家庭收入	—	0.069*** (3.50)	—	0.082*** (2.74)
种植面积	—	-0.008 (-0.43)	—	-0.017 (-0.64)
到县城距离	—	-0.005 (-1.39)	—	-0.007 (-1.17)
个人特征				
教育	—	0.008* (1.83)	—	0.010* (1.66)
年龄	—	-0.000 (-0.01)	—	0.002 (0.47)
是否村干部	—	0.063 (1.56)	—	0.102* (1.75)
务农年限	—	0.000 (0.10)	—	-0.000 (-0.15)
地块特征				
地灌溉条件	—	0.015 (1.09)	—	0.031 (1.50)
地块质量	—	-0.007 (-0.59)	—	-0.016 (-1.02)
常数项	0.290*** (13.76)	-0.495** (-2.03)	0.471*** (19.56)	-0.610 (-1.57)

续表

指标	（1）	（2）	（3）	（4）
	水资源利用效率	水资源利用效率	水资源利用效率	水资源利用效率
N	328	328	208	208
R^2	0.144	0.198	0.000	0.075

注：括号内为稳健标准误。

从控制变量来看，家庭特征中家庭收入对农户水资源利用效率呈现显著正相关，与已有研究结论一致，表明随着农户家庭年收入的增加可能更有助于农户采用节水技术或者参与农田水利设施管护的可能；而距县城的距离在去除核心自变量后对农户水资源利用效率有负向影响，说明距离行政与经济中心的距离越远可能农户接受节水灌溉技术等信息越难，或者节水设施购买安装的成本越大，从而负向影响农户水资源利用效率。个人特征中受教育程度对农户的水资源利用效率呈现显著的正向影响与已有研究结论相同，表明受教育程度越高，越有可能采纳节水灌溉技术和科学用水行为。地块特征方面，地块的灌溉条件对用水资源利用效率具有正向促进作用，表明地块的取水便利程度对农户科学灌溉具有促进效应。农户是否为村干部的特征对水资源利用效率呈正相关关系，表明在改革区多元治理模式中，村干部作为主要的灌溉设施管护主体之一，更具有接受国家社区水资源管理改革政策的能力和信息掌握程度的能力，更愿意采用节水技术提升节水灌溉意识，从而提升水资源利用效率。

4.2.2.2　社区水资源管理改革对农户种植结构的影响

表 4-17 汇报了社区水资源管理改革和不同管理模式影响农户种植结构的估计结果。模型（5）估计结果表明，社区水资源管理改革对农户种植结构具有显著的正向影响，即社区水资源管理改革村庄的农户马铃薯种植比例明显更高；说明社区水资源管理改革提高了供水保证性，使农户对马铃薯的种植不再受灌溉水源和降水影响，提高了马铃薯的种植面积和复种规模。比较模型（5）和模型（6）的估计结果可知，在控制家庭特征、

个人特征及地块特征之后，模型整体的解释力依然在1%以上。模型
（7）和模型（8）的估计结果，相较"多元合作"管理模式，"私人承
包"式的社区水资源管理改革下农户马铃薯种植比例更高，这可能是由
于炒铁村"私人承包"方式下对农户的灌溉需求可做到随时满足，而中
坝村的"多元合作"是采用定时集体供水的模式，因此相较"私人承包"
下灌溉水资源的随叫随到，"多元合作"模式供水模式下农户对马铃薯这
类经济作物的种植态度会更谨慎一些，因此种植比例略低。

表4-17　社区水资源管理改革和管理模式对种植结构的影响

指标	（5）	（6）	（7）	（8）
	种植结构	种植结构	种植结构	种植结构
是否改革	0.076*** (3.50)	0.063*** (2.61)	—	—
管理模式	—	—	-0.249*** (-11.55)	-0.253*** (-10.93)
家庭特征				
种植面积	—	0.060*** (4.11)	—	0.001 (0.08)
到县城的距离	—	0.008*** (2.76)	—	0.001 (0.21)
个人特征				
教育	—	-0.001 (-0.27)	—	-0.002 (-0.43)
年龄	—	-0.004* (-1.78)	—	-0.003 (-1.34)
是否村干部	—	0.000 (0.00)	—	0.006 (0.16)
务农年限	—	0.002 (1.16)	—	0.001 (0.32)
地块特征				
地块质量	—	0.002 (0.18)	—	-0.021 (-1.65)
地灌溉条件	—	-0.011 (-1.07)	—	-0.013 (-1.32)

续表

指标	（5）	（6）	（7）	（8）
	种植结构	种植结构	种植结构	种植结构
常数项	0.724***	0.592***	0.914***	1.152***
	(41.80)	(5.23)	(62.67)	(9.07)
N	328	328	208	208
R²	0.033	0.108	0.390	0.394

4.2.2.3　社区水资源管理改革对农业收入的影响

表4-18汇报了社区水资源管理改革和不同管理模式影响农业收入的估计结果。模型（9）估计结果表明，社区水资源管理改革对农业收入具有显著的正向影响，即社区水资源管理改革明显提升了农户收入，农户收入的提升一方面受益于灌溉用水效率的提升，通过更少的水获得了更高的作物产出，另一方面受益于种植结构的改变，稳定的灌溉系统使农户增加了耗水的经济作物种植面积；比较模型（9）和模型（10）的估计结果可知，在控制家庭特征、个人特征及地块特征之后，模型整体的解释力依然在1%以上。模型（11）和模型（12）的估计结果，相较"多元合作"管理模式，"私人承包"式的社区水资源管理改革下农户的农业收入更高，虽然"私人承包"下农户的水资源利用效率并未优于"多元合作"模式，但是"私人承包"模式下，农户对以马铃薯为代表的经济作物扩种比例明显多于"多元合作"，因此农户的农业收入更高。

表4-18　社区水资源管理改革和管理模式对农业收入的影响

指标	（9）	（10）	（11）	（12）
	ln 农业经营收入	ln 农业经营收入	ln 农业经营收入	ln 农业经营收入
是否改革	0.602***	0.331***	—	—
	(7.17)	(4.50)		
管理模式	—	—	-0.511***	-0.286***
			(-5.34)	(-3.37)
家庭特征				

指标	(9)	(10)	(11)	(12)
	ln 农业经营收入	ln 农业经营收入	ln 农业经营收入	ln 农业经营收入
种植面积	—	0.581 *** (13.08)	—	0.485 *** (8.46)
到县城的距离	—	−0.003 (−0.29)	—	−0.010 (−0.79)
个人特征				
教育	—	0.001 (0.07)	—	−0.008 (−0.56)
年龄	—	−0.010 (−1.58)	—	−0.006 (−0.70)
是否村干部	—	0.098 (0.99)	—	0.108 (0.80)
务农年限	—	−0.004 (−0.66)	—	−0.009 (−1.31)
地块特征				
地块质量	—	0.105 *** (3.04)	—	0.087 * (1.85)
地灌溉条件	—	−0.012 (−0.39)	—	0.013 (0.35)
常数项	10.741 *** (160.73)	9.563 *** (27.81)	11.576 *** (178.97)	10.421 *** (22.37)
N	328	328	208	208
R^2	0.134	0.504	0.117	0.400

4.2.3　社区水资源管理改革对农户水资源利用效率的作用机制分析

上述分析验证了社区水资源管理改革对农户水资源利用效率具有促进作用,并且"多元合作"管理模式相较"私人承包"管理模式对农户水资源利用效率的促进效果更优。但社区水资源管理改革究竟是通过何种机制路径实现了水资源利用效率的提升;"多元合作"与"私人承包"模式的内在治理逻辑差异对水资源利用效率的影响路径也存在不同。

4.2.3.1　社区水资源管理对水资源利用效率影响的机制分析

2014 年,水利部将云南省陆良县作为农田水利综合改革(以下简称社区水资源管理改革）全国试点，以探索建立社区水资源管理模式改革。改革进程中形成了两种典型的管理模式，即"多元合作"与"私人承包"管理模式。改革区在农田水利设施确权的基础上，通过制定灌溉水价、明确管护责任主体，实现灌溉事务的良好治理；而"多元合作"与"私人承包"两种管理模式在产权制度、用水定价方式、管护制度、灌溉制度等方面均呈现不同。"多元合作"管理模式下水利设施产权归合作社所有，根据用水成本不同，制定分区灌溉水价按亩收费制度，定额管理统一灌溉的灌溉制度，管护制度方面通过选拔分区管水员并支护工资，管水员负责农户用水调配、征收水费及设施维护工作，接受合作社监督与考核，配合合作社共同实现对农田水利的管护治理；"私人承包"管理模式则把农田水利设施经营权外包给个人，实行所有权与经营权分立，承包人则成为职业灌溉服务者，在灌溉水价制定方面实行统一灌溉水价按方计量收费的形式，在管护制度方面由承包人全权负责对灌溉设施的运营维护并承担农户用水配水工作，在灌溉制度方面实行农户按需灌溉。

（1）社区水资源管理、节水技术采纳与水资源利用效率。

新古典经济学中认为，生产者是理性经济人，其目标是实现利润最大化。在农业生产中，生产要素市场有效的前提下，具有经济理性的农户会根据生产要素价格的相对变动来调整各个要素的投入比例，以获得最大利润。长久以来，中国农业用水效率较低、浪费严重、节水技术采纳不足等一系列问题，均与农业水价长期较低有关（陈黎和仇蕾，2017；陈钦萍和郑晶，2021）。科学的灌溉定价提升了灌溉成本，激发了农户的节水意识，不仅可以通过价格机制减少农户的灌溉水量，直接带来节水效果（Omidi-Arjenaki 等，2016；陈儒和姜志德，2017）；合理的农业水价还能促使农户提高对节水灌溉技术的采纳（常明等，2020），从而进一步降低灌溉成本、提高每单位用水产量。由此可见，灌溉水价是影响农户灌溉水量、节水技术采纳及相关要素投入的首要决策因素。相关研究也证实，水利工程产权明晰及水价制度能有效促进设施维护质量和推进农户节水技术采纳，激发农户的节水意识（Bebbington，1999；Omidi-Arjenaki 等，2016；

柴盈和曾云敏，2020；常宝军，2008），最终实现农户水资源利用效率的提升。在本研究区域中，云南陆良改革区根据提水配水成本制定了对应水价，水价的制定使改革区农户对灌溉用水形成了价格意识，通过价格机制促使农户采纳节水灌溉技术来节省水量提升地块单产，最终相较于非改革区具有更高的水资源利用效率。

（2）社区水资源管理、设施维护与水资源利用效率。

当公共物品产权没有明确界定时，则容易产生"公地悲剧"，明晰的产权则具有更高的资源配置效率优势，可以对公共池塘资源产生更好的管护效果（陈舜等，2015；常明等，2000）。本研究中，云南陆良社区水资源管理改革实现了产权明晰，产权主体可以通过出售灌溉服务获取收益，促使产权主体倾向于维护好灌溉设施的运营，达到了更好的农田水利设施维护效果，从而减少水资源浪费，保证灌溉的及时性等。基于以上理论探讨，改革区与非改革区的设施维护状态不同势必会造成其治理效果的差异，并最终可能会对农户的水资源利用效率造成影响。

（3）社区水资源管理、供水能力与水资源利用效率。

在产权不明、缺乏灌溉治理秩序的情况下，灌溉群体中的具有经济理性的个人不会为了达成集团的利益而行事，造成了集体行动能力下降，出现农田水利设施治理动力不足等问题（Eisenhardt，1989；曹淑艳和谢高地，2010；曾福生和李飞，2015；曾文革等，2010；柴盈和曾云敏，2020）。本部分中的供水能力主要体现在农户灌溉的延误次数，在改革区中有管护主体专门负责设施的运营维护，同时受到灌溉收益的驱使，提升了灌溉系统的供水能力。非改革区农户设施供水不稳定，主要通过水车拉水和"靠天吃饭"。所以根据以上理论分析，本研究认为改革区灌溉系统的供水能力更高，并会以此影响水资源利用效率。

基于上述社区水资源管理改革对农户水资源利用效率的理论推演，提出本部分的假说 H1：

H1：社区水资源管理改革相较于非改革区具有更高的农户水资源利用效率。并且以较高的节水灌溉技术采纳行为、更好的设施维护效果、更优的供水能力为中间要素，间接提升水资源利用效率。

（4）两种社区水资源管理模式与水资源利用效率。

传统的公共池塘资源的治理模式，可分为政府主导和私有化方式（常明等，2022）。西方社会在应对"市场失灵"和"政府失灵"时，合作治理理论便应运而生，1989 年关于南非国家公共治理危机的报告中首次提出合作治理。其特征表现为公共事务的治理中除了政府部门以外，私人部门、民众和团体等非政府部门均可参与其中，政府可以通过授权、委托等方式将原本由他承担的治理任务移交给私人部门完成，各主体间相互依赖通过协调合作的方式最终实现治理效应的最大化，从而突破了政府或市场二元对立的传统治理思路。这说明了在对农田水利等乡村公共事务的治理中，除了政府、市场等治理方式外，还存在着合作治理这种更高效的方式。

本部分中，改革区"多元合作"模式形成的是一种水利设施产权明晰下"合作社+管水员+农户"的分级合作治理的方式，从制度上主要表现在：制定统一灌溉制度、水量定额管理按亩收费分区定价的水价制度，灌溉合作社与管水员协同合作，共同实现农田水利设施有效治理的制度。"私人承包"管理模式形成的是一种市场资本参与灌溉管理，经营权私有化下形成了按需供水的灌溉制度和按方收费的水价制度，"私人承包"者提供职业灌溉服务满足农户生产诉求的同时，实现自身利益最大化治理制度，最终也形成了农户普遍自主采用喷灌技术、良性治理、农户节水增收的效果。相关文献认为"定额管理制度"相比"计量水价"具有更高的节水效率（陈香云，2022）；在关于市场参与乡村公共基础设施服务的研究中，学者认为国家把公共品治理事务承包给私人主体，更能够实现服务专业化和有效治理（陈宇斌和王森，2023）。基于以上理论推演，本研究认为由于两种治理模式内部治理逻辑差异可能导致农户技术采纳行为、设施供水能力、维护质量方面的差异，从而导致农户水资源利用效率差异。基于此提出本部分的假说 H2：

H2："多元合作"相较于"私人承包"管理模式具有更高的用水效率差异。"多元合作"管理模式在节水灌溉技术采纳行为路径方面对用水效率的提升效果更优，而"私人承包"管理模式在设施维护质量、供水能力路径方面对用水的提升效率优于"多元合作"。

4.2.3.2　社区水资源管理改革影响农户水资源利用效率的路径分析结果

（1）模型适配度评价。

本部分在上节的基础上，运用结构方程路径分析的方法，建立社区水资源管理改革通过农户节水技术采纳、灌溉设施维护和供水能力影响农户水资源利用效率的结构路径模型。

在模型构建过程中本部分基于理论上是否存在关系、影响路径是否显著等考量删减控制变量，并结合修正指数修正社区水资源管理改革影响水资源利用效率机制路径模型，直到基本满足模型拟合度评价相关标准（程序，2002）。运用 AMOS 软件采用稳健极大似然估计方法对假设进行估计，表 4-19 呈现的是结构方程模型整体适配度评价指标、判断标准与适配结果。χ^2/DF、RMSEA、CFI、AGFI 等重要指标都通过了检验，表明理论模型与样本数据比较契合，估计结果具有较高的可靠性。

表4-19　社区水资源管理改革影响水资源利用效率路径分析模型拟合情况

评价指标	适配的标准或临界值	拟合值	是否适配判断
卡方值/自由度（χ^2/DF）	<3	1.610	是
渐进残差均方和平方根（RMSEA）	<0.09	0.043	是
适配度指数（GFI）	>0.90	0.973	是
调整后适配度指数（AGFI）	>0.90	0.948	是

（2）估计结果。

社区水资源管理改革对农户水资源利用效率的间接影响机制路径估计结果如图 4-6 所示，其中实线代表影响路径显著，虚线代表路径不显著，路径回归分析结果如表 4-20 所示。

根据路径分析结果可知，社区水资源管理改革会通过农户节水技术采纳、设施维护质量两个路径变量间接影响农户水资源利用效率，供水能力

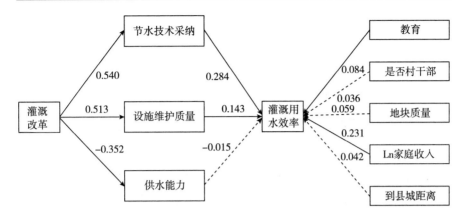

图 4-6 社区水资源管理改革对水资源利用效率影响的作用路径

表 4-20 社区水资源管理改革对水资源利用效率影响的路径分析标准化系数回归结果

路径	标准化估计系数	标准差	临界比率值	P 值
社区水资源管理改革→节水技术采纳	0.540	0.047	11.601	0.000
社区水资源管理改革→维护质量	0.513	0.111	10.807	0.000
社区水资源管理改革→供水能力	-0.352	0.214	-6.807	0.000
节水技术采纳→水资源利用效率	0.284	0.027	5.349	0.000
维护质量→水资源利用效率	0.143	0.012	2.647	0.008
供水能力→水资源利用效率	-0.015	0.007	-0.277	0.781

不显著。计算各路径要素的路径系数间接效应和总效应结果如表 4-21 所示，结果显示社区水资源管理改革通过促进节水技术采纳、灌溉设施维护质量分别提升农户水资源利用效率 0.153 个、0.073 个标准单位，共同导致水资源利用效率提升 0.226 个标准单位。

表 4-21 社区水资源管理改革影响水资源利用效率的间接效应和总效应

影响路径	影响效应	贡献度占比（%）
社区水资源管理改革→节水技术采纳→水资源利用效率	0.153	67.70
社区水资源管理改革→维护质量→水资源利用效率	0.073	32.30
总效应	0.226	100.00

（3）路径分析。

1）路径 1：节水技术采纳路径。

社区水资源管理改革→节水技术采纳→水资源利用效率路径显著，对农户水资源利用效率提升的贡献度为 67.70%，是社区水资源管理改革提升农户水资源利用效率的主要路径。云南渠灌区改革村在工程产权明晰以后制定农业水价制度，改变了农业用水零成本现状，农业水价提升了农户的生产成本，生产成本提升导致农户收益减少，为增加种植收益，改革区农户逐步采用节水灌溉技术，以达到减少农业用水成本的目的，研究结果显示改革村农户节水技术采纳率到达 90% 以上，而节水技术的采纳则促进了农户水资源利用效率的提升。

2）路径 2：设施维护质量路径。

社区水资源管理改革→维护质量→水资源利用效率路径显著，对农户水资源利用效率提升的贡献度为 32.30%。改革区通过明晰工程产权及水权，落实了灌溉工程管护的责任及绩效考核制度，经营权所有者负责对灌溉设施的及时维护检修，保证了灌溉设施的维护质量和良好运行，减少了农业灌溉提水、配水、运水过程中的水资源渗漏浪费等，从而间接促进了农户水资源利用效率。

3）路径 3：供水能力路径不显著。

社区水资源管理改革→供水能力→水资源利用效率路径不显著，主要原因可能是因为改革区与非改革区的供水方式均能实现及时灌溉，改革区设有设施管护人员对农户提供灌溉服务，农户灌溉的及时性能得到保障；而非改革区农户为了保证收益会发挥主观能动性，用水车拉水、柴油机抽水、打井抽水等各种高成本方式进行灌溉，最终导致在灌溉延误次数上与改革区的差距缩小，使得供水能力路径不显著。

4.2.3.3 两种社区水资源管理改革对农户水资源利用效率影响的路径分析

（1）模型适配度评价。

本部分同样使用结构方程路径分析法，将农户节水灌溉技术的采纳、灌溉设施维护质量和供水能力作为中介要素，分析两种管护模式对农户水资源利用效率的影响机制。模型修正与上述过程，同样对数据进行处理后，运用 AMOS 软件采用稳健极大似然估计方法对假设进行估计。模型的拟合度指标结果如表 4-22 所示，x^2/DF、RMSEA、CFI、AGFI 等重要指标都通过了检验，表明理论模型与样本数据比较契合，估计结果具有较高的可靠性。

表 4-22　不同治理模式影响水资源利用效率路径分析模型拟合情况

评价指标	适配的标准或临界值	拟合值	是否适配判断
卡方值/自由度（x^2/DF）	<3	1.633	是
渐进残差均方和平方根（RMSEA）	<0.09	0.055	是
适配度指数（GFI）	>0.90	0.955	是
调整后适配度指数（AGFI）	>0.90	0.918	是

（2）估计结果。

不同治理模式对农户水资源利用效率的间接影响机制路径估计结果如图 4-7 所示，其中实线代表影响路径显著，虚线代表路径不显著，路径回归分析结果如表 4-23 所示。

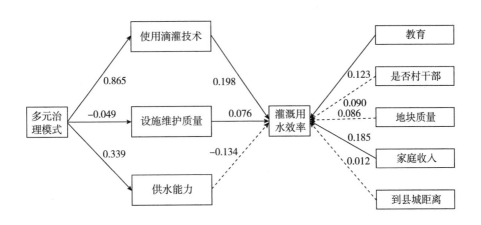

图 4-7　社区水资源管理改革对水资源利用效率影响的作用路径

表4-23 社区水资源管理改革对水资源利用效率影响的

路径分析标准化系数回归结果

路径	估计标准化系数	标准差	临界比率值	P 值
治理模式→使用滴灌技术	0.865	0.035	24.753	0.000
治理模式→维护质量	−0.049	0.129	−0.713	0.476
治理模式→供水能力	0.339	0.157	5.181	0.000
使用滴灌技术→水资源利用效率	0.198	0.035	2.879	0.004
维护质量→水资源利用效率	0.076	0.02	1.046	0.296
供水能力→水资源利用效率	−0.134	0.016	−1.762	0.078

根据路径分析结果可知，多元治理模式会通过农户滴灌节水技术采纳、供水能力这两个中介变量间接影响农户水资源利用效率，设施维护质量不显著。计算各中介要素的路径系数结果如表4-24所示，多元治理模式通过滴灌技术采纳、供水能力分别提升农户水资源利用效率 0.171 和 −0.045 个标准单位，共同导致农户水资源利用效率提升 0.126 个标准单位。

表4-24 治理模式影响水资源利用效率间接效应和总效应

影响路径	影响效应	贡献度占比
治理模式→滴灌技术使用→水资源利用效率	0.171	135.71%
治理模式→供水能力→水资源利用效率	−0.045	−35.71%
总效应	0.126	100%

（3）路径分析。

1）路径1：滴灌技术使用路径。

治理模式→滴灌技术使用→水资源利用效率路径显著。相对于私人承包治理的喷灌技术，多元治理模式的滴灌技术使用是对农户水资源利用效率提升的主要途径，贡献度为 135.71%。原因在于，多元治理模式中合作社拥有灌溉工程运营权，为了提升农户水资源利用效率以及节省水费开支，合作社决定统一推广更为省水的滴灌技术，"多元合作"管理区农户滴灌技术采用率达91%。而在"私人承包"管理区域，农户作为理性的经济人，为追求利益最大化，成本最小化，私人承包治理覆盖区95%的农户选择了采纳成本更低的喷灌技术。覆膜滴灌只对农作根系进行灌溉，减少了喷灌喷洒在田地里及蒸发的水分，所以相比喷灌更为省水，使得农户水资源利用效率更高。

2）路径2：供水能力路径。

多元治理模式→供水能力→水资源利用效率显著为负。相对于"私人承包"管理模式，"多元合作"的模式供水能力更低，因此导致农户水资源利用效率降低，贡献度为−35.71%。表明"多元合作"管理区农户灌溉延误次数相对较多，并且降低了水资源利用效率。主要原因在于，虽然两种管理模式都是由管护主体提供灌溉服务，但在"私人承包"管理中存在"利益驱动供水"，在计量水费制度下，农户用水多少与承包人收益挂钩，承包人希望农户用水越多越好，尽可能保证自己管护的灌溉设施随时畅通，所以私人管护模式在利益动机下，实现了供水能力的最大化；而在"多元合作"管理中，一是实行水量定额管理制度下，农户用水多少并不与管水员利益直接挂钩，可能导致管水员在保证及时供水性方面动机不足；二是统一灌溉制度下，容易出现灌溉的先后顺序不公平性，耕地较远的农户，受到延误的可能性更大。所以"多元合作"管理相较于"私人承包"管理供水能力稍弱，成为降低农户水资源利用效率的中介路径。

3）路径3：设施维护路径。

设施维护对水资源利用效率不显著。原因在于，两种模式尽管存在着内部治理逻辑的不同，但是在设施维护上都达到了较优的状态，最终导致设施维护质量在对农户水资源利用效率的影响中不显著。

4.2.4　小结

本节通过对2021年云南省陆良县农田水利综合改革调研问卷数据的

分析，探讨了渠灌区农田水利改革对农户生产的影响和水资源利用效率的作用机制，在此基础上进一步探索了改革形成的两种具体模式即"多元合作""私人承包"对农户水资源利用效率影响差异的机制作用路径。得到以下研究结论：第一，农田水利改革区相较于非改革区，具有显著更高的农户水资源利用效率、更多的耗水型经济作物的种植规模和更高的农业收入。第二，多元治理模式相较于私人承包治理模式，农户水资源利用效率相对更优、耗水型经济作物的种植规模更少、农业收入更低。第三，社区水资源管理改革通过促进农户对节水技术的采纳、设施维护质量的提升间接促进了农户水资源利用效率的提升。第四，"多元合作"模式与"私人承包"模式在产权制度、水价制度、灌溉制度、管护制度等方面存在着内在治理逻辑差异，这些差异导致两种治理模式在节水技术的选择和供水能力存在不同，并使"多元合作"治理模式表现出了更高的水资源利用效率。

本节结论具有以下政策启示：

第一，继续推进灌溉工程产权改革，科学界定农田水利设施工程产权，分类实施工程管护，按照"谁投资、谁所有、谁使用"的原则，确定其所有权和经营使用权，通过"放开所有权、搞活经营权、强化管理权、明确收益权"，有效解决水利设施在以往经营、服务和管理方面的问题，从而促进农田水利设施有效运营维护。

第二，推进农业水价改革，在完善供水计量设施的基础上，健全农业水价形成机制，探索实行分类水价，逐步推行分档水价。同时要建立农业用水精准补贴和节水奖励机制，多渠道筹集精准补贴和节水奖励资金，建立与节水成效、调价幅度、财力状况相匹配的农业用水精准补贴机制，以及易于操作、用户普遍接受的节水奖励机制。

第三，社区水资源管理改革和治理模式推广在产权明晰与制度完善的基础上，要以推行节水灌溉技术、增强设施供水能力、实现设施有效运营维护为导向，实现农田水利的高效运营。

第四，推行节水效果更优更具有普遍推广效益的"多元合作"管理模式，以农村基层组织为管护主体的"多元合作"模式更容易介入乡村灌溉事务；可由农村基层组织重新获取农田水利设施的经营使用权，掌握农村灌溉事务的"事"权和"财"权，承担相应的监督和兜底责任。农村基层组织成为管理主体后，能有效破除改革制度推广和集体行动力不足的困境。在此基础上，推行灌溉定额管理，同时根据各区用水成本推行分区定价、按亩收费。可选拔被农户认可的乡村能人负责水利设施的运行和管理工作，将具体的事务分工下放乡村能人，并给予激励型报酬，使其能提供更好的私人服务，村基层组织则负责可能产生机会主义行为的事务，让乡村能人在村基层组织的约束和激励下达到农田水利设施的良治目的。

第5章 农业生产管理对农业绿色生产的影响

5.1 水资源管理改革对水污染治理影响

农业绿色发展是指在保障农产品产量和质量的同时，注重生态环境保护和可持续发展的一种农业发展模式。随着社会经济发展水平的提高，人们对生态环境问题愈加重视，而作为国内外环境污染治理的难点领域，农业面源污染的治理逐渐成为社会关注的焦点。本研究以农村社区水资源管理改革为切入点，以云南省曲靖市陆良县农村社区水资源管理改革试点为研究对象，利用试点村与非试点村的截面数据做对比分析，分别将农户单位生产面积氮污染排放量、磷污染排放量作为社区水污染的表征，探讨农村社区水资源管理改革对农田面源污染的效应及其作用机制。

5.1.1 理论分析

农村社区水资源管理改革以完善农田水利工程体系为基础。农田水利工程包括水土保持工程、农田灌溉工程、农田排水工程和节水灌溉工程（周晓平和王宝恩，2008），完善农田水利灌溉设施是农村社区水资源管理改革的重要组成部分。

5.1.1.1　农村社区水资源管理改革通过农田水利基础设施改善影响农田面源污染

相关研究表明，农业基础设施建设对粮食生产中的劳动要素具有替代效应，对资本要素和中间要素具有互补效应（Ellis，2000；Zhang 和 Fan，2004；崔学军和陈宏坤，2018）。从理论来看，对于自然资源禀赋及灌溉条件较差的地区来说，农业基础设施建设，尤其是农田水利设施的完善，有效地缓解了农民灌溉难的问题，提高了农民的灌溉便利度，使其获取灌溉水的成本大大降低，进而提高了农民的灌溉用水量。作为灌溉水的互补品，化肥的使用量与灌溉用水量具有显著的正相关关系（马立珊等，1997），水分和养分之间具有协同效应，灌溉用水量增加，那么相应的化肥施用量也会增加；反之亦然（Schuck 等，2005）。如图 5-1 所示，灌溉成本的降低使得化肥的使用成本下降，导致化肥投入临界点从 B 移动至 B′，从而使得等产量曲线由 Q 移动至 Q_1。灌溉成本的降低最终会导致生产点从 C_1 移动至 C_2，其所对应的化肥投入量也由 F_1 增长至 F_2。农户作为理性经济人，在进行农业生产决策时符合最优化原则（Yan 等，2016）。若当地的灌溉生产条件不能充分满足作物生产所需，导致农户进行的生产要素投入没有获得相对应的产量，那么出于控制成本的考虑，农户将会减少化肥等生产要素的投入。当灌溉条件有所改善时，土地的生产上限得到提升，单位成本的产量逐渐增加，而出于对更高产量的期待，农户会陆续增加化肥的投入。因此，对于本身灌溉条件较差的区域来说，作为农业水价综合改革的基础，农田水利设施的建设会导致当地灌溉用水量的提升，从而造成化肥投入量的增加。

化肥对作物产量具有巨大的促进作用（道格拉斯，1994），但同时，化肥过量投入而未被作物吸收的氮磷营养元素则会随着地表径流、淋溶等方式进入水体，造成严重的污染，对生态环境造成较大的负面影响（邓鹏等，2017）。由于环境是一种共享资源（翟治芬，2012），化肥施用过量所致的环境问题难以责任具体化，农民在享受化肥带来较高经济利润的

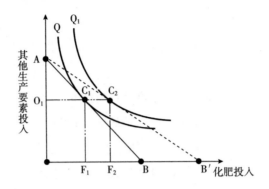

图5-1 要素价格改变的等成本线与等产量曲线示意图

同时却不需对环境损害负责。农业活动的外部性割裂了农业生产和与之生存发展密切相关的生态环境之间的联系（邸少华等，2011），在利益最大化的驱使下，农民只关注施用化肥的增产效应，而忽视其所进行的生产活动对外部资源环境产生的影响（丁文魁等，2022），因此，农户不断增施化肥的行为是造成面源污染加剧的主要原因。基于以上分析，本部分提出假说H1。

H1：陆良地区的农村社区水资源管理改革有助于促进当地灌溉条件的改善，但不可避免地导致农田面源污染的加剧。

5.1.1.2 农村社区水资源管理改革通过种植制度和要素投入影响面源污染

导致面源污染加剧的途径有两种：一是从无到有的绝对量增加，二是从有到多的相对量增加。在实地调查中了解到，由于陆良地区春季干旱少雨，与早春马铃薯的用水需求相冲突，为了节约生产成本，不少农户在春季选择少种或放弃种植早春马铃薯。而在农村社区水资源管理改革区内，水利设施的建立极大地缓解了春旱，相较于少种或者不种，农户为了增加收益，纷纷选择种植早春马铃薯，甚至多种早春马铃薯。陆良地区的农村社区水资源管理改革使得当地的早春马铃薯种植经历了从"不种"到"种"，从"少种"到"多种"的转变过程。其中，由"不种"到"种"

涉及种植制度的变化，而由"少种"到"多种"更多涉及农业生产要素投入的改变。

农业种植调整既可能对环境产生正向效应，也可能引起环境的负向效应。面对人口增长与粮食危机的双重压力，我国的农业种植调整更多伴随着农用化学品投入力度的加大（丁一江等，2006）以及面源污染的加剧。根据陆良县农村社区水资源管理改革的实践，农田水利设施的兴建提高了试点区农户在春季的生产积极性，推动形成了"早春马铃薯—玉米—秋马铃薯"一年三季的轮作方式。而在试点区之外，水源条件的季节性不均衡限制了春季大田作物的生产，年内轮作方式仍以"玉米—秋马铃薯"为主。在追求更高产量目标和更充足作物生长必要养分补给的要求下，三季轮作往往需要比两季轮作更多的肥料投入，特别是农民偏爱的能助力高产出的现代生产要素化肥的投入，由此带来潜在农田面源污染排放风险也会更大。陆良县农村社区水资源管理改革提高了当地的灌溉基础设施水平，有利于增加农业生产要素的投入（董凤丽，2004）。针对陆良县实地调研情况，关于农业生产要素最直观的改变有两方面，一是灌溉用水量，二是种子用量。大量研究表明，农田面源污染增加的主要原因是化肥施用量的提高，根据水分与养分之间的协同效应，较高的化肥施用量和较高的灌溉用水量往往是共生的（Schuck 等，2005）。且由前文分析可知，农田水利设施建设降低了灌溉成本，提升了农田的灌溉便利度，农户将投入更多的资本与精力在增加产量、提高收入方面，对化肥的需求会逐渐增加。此外，种子作为化肥的直接作用对象，其用量的多寡与化肥的增减关系十分密切，较高的种子用量往往意味着较高的种植密度，而随着种植密度的增加，马铃薯干物质积累量以及商品薯率均有降低的趋势，因此农户会选择增施化肥以保证马铃薯产量及商品薯率。根据前文有关假说 H1 的分析，化肥施用量的增加会导致面源污染的加剧。因此，本部分提出假说 H2 和假说 H3。

H2：种植制度的变化在陆良县农村社区水资源管理改革与面源污染加剧之间发挥中介效应。

H3：农业生产要素投入的变化在陆良县农村社区水资源管理改革与

面源污染加剧之间发挥中介效应。

5.1.2 研究对象与方法

5.1.2.1 研究区域概况

调研区域云南省陆良县位于滇中,居南盘江上游,在北纬 24°44′~25°18′,东经 103°23′~104°02′。全县坝区面积 771.99 平方千米,占总面积的 38.8%,是云南省第一大高原平坝。陆良县海拔 1840 米,冬干夏湿,年均气温 14.7℃,年降雨量 900~1000 毫米,土壤多为红壤、黄壤、棕红壤,土层深厚。陆良县所属曲靖市是云南省种植薯类最多的地区,种植面积占全省种植面积的 29.55% (董小菁等,2020),同时也是早春马铃薯的主要产区 (董莹和穆月英,2014)。马铃薯种植是陆良县农业支柱性产业,2020 年,陆良县马铃薯种植面积达 36.5 万亩、产量超过 65 万吨 (丑洁明和叶笃正,2006),是云南省马铃薯种植的适宜区、主产区和高产区之一 (崔巧娟,2005)。

5.1.2.2 调查内容与方法

受季风气候影响,云南省降水量年内分配不均匀,水资源季节性变幅差距大 (董舟和田千喜,2010),春季水资源短缺风险高 (杜江和罗珺,2013)。而滇中地区的降水时空分布尤为不均,具有坝子越大降雨越少的特点 (杜威漩,2015)。有研究表明,马铃薯最佳耗水量在 450~500 毫米 (杜文献,2011),陆良县季节性缺水和工程性缺水与早春马铃薯的用水需求相冲突,严重制约了当地早春马铃薯种植业的发展。2014 年,陆良县中坝村、炒铁村成为农业水价综合改革试点村,率先进行了农田水利设施的改建,灌溉条件得到了极大的改善,整体效益显著提高 (崔新蕾等,2011)。据此,本部分将针对陆良县农村社区水资源管理改革试点村及非试点村早春马铃薯生产过程中的农田面源污染情况展开研究。

调查采用分组抽样的方法,抽样总体为陆良县 2020 年从事早春马铃薯种植的农户。根据研究目的及意义,本次调查以是否进行改革作为分组标志,将抽样总体分为两组,分别是改革组和未改革组,在每一组内进行简单随机抽样,并对被抽调的每一户农户进行入户访谈式调研。为保障调查质量,所有调研人员均在前期接受了相关培训。本次调查共发放农户问卷 345 份,满足本部分研究的有效样本为 345 份。

调查的主要内容包含三个层面:第一,农户层面,包括农户及其家庭成员的基本信息、家庭农业经营状况等。第二,地块层面,包括地块基本特征及投入产出信息。考虑到当地地形以低山丘陵为主,地块较为分散,农户仅凭记忆可能难以将地块间的种植差异进行量化,因此,参考梁志会等(Duiker 和 Popkin,1980)的做法,本部分仅调查农户种植早春马铃薯最大地块的相关信息。第三,集体层面,包括粮食补贴、环保宣传及化肥减施行动等相关信息。

5.1.2.3 核算方法与变量特征

(1) 结果变量。

化肥面源污染排放量。国内学者常采用单元调查评估法、排污系数法、清单分析法、输出系数模型、等标污染负荷法等方法进行农业面源污染排放量的核算(方琳等,2018;房茜等,2012;冯广志和谷丽雅,2000;冯晓龙等,2016;冯颖等,2012)。本部分参考赖斯芸等(冯志文等,2018)、罗斯炫等(方琳等,2018)的基于单元调查的清单分析方法,通过逐步确定产污单元,各产污单元污染物的产污系数以及各产污单元污染物的污染排放系数,进一步估算化肥面源污染排放量。计算的一般公式如下:

$$E = \sum_l EU_l \rho_l C_l = \sum_l PE_l C_l \tag{5-1}$$

其中,l 表示各产污单元,由于化肥中造成环境污染的主要是氮肥、磷肥,钾肥并不能直接造成面源污染,根据以往文献(Wu,2011;邓鹏等,2017;冯志文等,2018),本部分将产污单元确定为氮肥、磷肥和复合肥 3 中;EU 表示产污单元 l 指标统计数,具体为单位面积早春马铃薯生产氮肥、磷肥及复合肥施用折纯量[①];ρ_l 表示产污单元 l 的产污系数,

---

① 需要说明的是,市面上绝大多数复合肥包装袋上普遍显示的是每 100 千克此复合肥中所含的氮、磷、钾的千克数,因此,需要先进行比例换算,再进行折纯计算。

本部分采用以往文献的普遍做法（邓鹏等，2017；方琳等，2018；冯志文等，2018），根据化肥折纯的化学成分来计算产污系数。其中，氮肥、磷肥中的氮元素产污系数分别为 1、0，氮磷钾养分比例为 1∶1∶1 的复合肥中氮元素产污系数为 0.33，氮磷钾养分比例非 1∶1∶1 的复合肥按照其养分比例折合成氮素折纯量，其氮元素产污系数为 1。氮肥、磷肥中的磷元素产污系数分别为 0、0.44，氮磷钾养分比例为 1∶1∶1 的复合肥中磷元素产污系数为 0.15，氮磷钾养分比例非 1∶1∶1 的复合肥按照其养分比例折合为磷素折纯量，其磷元素产污系数为 0.44；PE_l 为产污单元 l 的污染产生量，等于氮肥、磷肥和复合肥施用折纯量 EU_l 乘对应的产污系数 ρ_l；C_l 为产污单元 l 的污染排放系数，参考任天志、刘宏斌等著《全国农田面源污染排放系数手册》，根据调研地种植制度及其他地形地块特征，匹配选取南方山地丘陵区—缓坡地—非梯田—顺坡—旱地—大田两熟及以上肥料流失系数：总氮流失系数为 1.241%，总磷流失系数为 0.255%。

通过以上过程，本研究具体测算了两种污染排放标准，分别是单位面积氮污染排放量（千克/亩）；单位面积磷污染排放量（千克/亩）。

（2）关键解释变量。

农户所在村集体是否进行了农业水价综合改革是本部分的关键解释变量。本部分依照分组抽样的组别来衡量农户是否处于农村社区水资源管理改革试点村。

（3）其他解释变量。

农户的肥料使用状况受多种因素的影响。本部分根据被调研地区的具体情况，结合现有研究的做法（傅春和胡振鹏，1998；付永，2008；高鸿业，2011），将其他解释变量分为受访农户特征、家庭及耕地特征、信息认知与获取特征。具体地，受访农户特征包括农户年龄、性别、文化程度、务农经验；家庭及耕地特征包括家庭总收入、土地地形、土地肥力、农家肥有机肥施用情况；信息认知与获取特征包括是否加入合作社、化肥施用过量污染认知、化肥减施技术指导（见表 5-1）。

表 5-1　变量定义与描述性统计特征

变量名称	变量说明	均值	标准差	最小值	最大值
氮污染排放量	单位面积氮元素污染排放（千克/亩）	0.43	0.24	0.000	1.829
磷污染排放量	单位面积磷元素污染排放（千克/亩）	0.04	0.02	0.000	0.188
是否进行水资源管理改革	农户所在村集体是否进行了农村社区水资源管理改革：是=1；否=0	0.62	0.49	0.000	1.000
年龄	被调研农户年龄（岁）	48.44	8.84	25.000	75.000
性别	男=1；女=2	1.03	0.18	1.000	2.000
文化程度	被调研农户受教育的具体年限（年）	7.56	3.09	0.000	18.000
务农经验	被调研农户从事农业生产的年限（年）	27.62	10.69	1.000	60.000
家庭总收入	被调研农户家庭2020年总收入（万元）	16.03	35.07	0.724	534.900
土地地形	种植早春马铃薯最大地块地形：平地=1；坡地=2；洼地=3	1.26	0.48	1.000	3.000
土地肥力	种植早春马铃薯最大地块的肥力：一等地=1；二等地=2；三等地=3；等外地=4	1.92	0.81	1.000	4.000
粮食补贴	被调研农户家庭2020年粮食补贴金额（万元）	0.11	0.16	0.000	2.500
是否加入合作社	是=1；否=0	0.22	0.41	0.000	1.000
农家肥或有机肥施用	被调研农户在种植早春马铃薯的生产过程中是否施用农家肥或有机肥：是=1；否=0	0.81	0.39	0.000	1.000
化肥施用污染认知	被调研农户是否认为化肥施用过量会造成污染：是=1；否=0	0.79	0.40	0.000	1.000
化肥减施技术指导	被调研农户是否接受过化肥减施技术的指导：是=1；否=0	0.50	0.50	0.000	1.000

　　此外，考虑到农户的化肥施用行为在一定程度上也受到预算的约束（Schulthess 等，2017），本部分还纳入了家庭总收入和粮食补贴金额两个控制变量。由于本研究被调研农户集中于固定区域——陆良县范围内，村与村之间的肥料价格几乎无差异，因此这里不考虑肥料价格变量。

　　表 5-2 展示了上述各变量的定义与描述性统计结果。由表 5-1 可知，受访农户的平均年龄为 48 岁，其中，男性受访农户占比高达 96.81%，可以看出，在从事农业生产的传统家庭中，男性为主要的生产决策者。受访

农户平均受教育年限为7.56年，文化程度分布较广，但以初中水平以下为主，整体受教育程度偏低。从耕地特征来看，受访农户种植早春马铃薯的最大地块以平地为主，7成以上的农户认为自家土地在肥力上属于一等地或二等地。另外，80%的农户在种植早春马铃薯的过程中会施用有机肥或农家肥，而接受过化肥减施技术指导的农户与未接受过技术指导的农户在人数上基本相等。

表5-2　氮、磷污染排放量均值t检验结果

	改革组	未改革组	全样本	均值差异
氮污染排放量均值	0.4678384	0.3728634	0.4315244	−0.0949751***
磷污染排放量均值	0.0404263	0.0265186	0.0351087	−0.0139077***

注：***、**和*分别代表在1%、5%和10%的水平下显著。本章余同。

通过表5-2中氮、磷污染排放量均值t检验可以发现，改革组的单位面积氮、磷污染排放量均在1%的水平上显著，高于未改革组。

（4）模型设定。

目前针对农户施肥行为的相关研究主要运用Logit模型、Probit模型、Heckman模型、一般线性模型等方法。为使问题简化并便于对比、考察不同组别样本间的具体差异，根据研究目的及意义，本部分采用一般线性模型来分析农村社区水资源管理改革背景下的面源污染变化程度。模型的一般形式如下：

$$Y = \alpha Group + \beta X + \varepsilon + c \tag{5-2}$$

其中，Y为结果变量，表示单位面积面源污染排放量（千克/亩），具体包括单位面积氮污染排放量、单位面积磷污染排放量；Group表示是否为农村社区水资源管理改革组的虚拟变量，当农户位于改革范围内取1，反之取0；X表示一系列与农业生产条件及农户生产行为相关且可能会影响结果变量的控制变量；ε表示随机扰动项。

5.1.3　计量结果分析

5.1.3.1　基准结果分析

本部分接下来以单位面积氮污染排放量、单位面积磷污染排放量为结果变量，使用已建立的线性模型展开计量检验。为了缓解异方差问题，本部分对家庭总收入与粮食补贴两个变量进行对数化处理，基准回归结果如表 5-3 所示。由列（1）、列（3）可知，本部分的关键解释变量，是否进行水资源管理改革的估计系数为正，且无论是对氮污染排放量的处理效应还是对磷污染排放量的处理效应，均在 1% 的统计水平上显著，这表明在云南省陆良地区进行的农村社区水资源管理改革试点行动并不能降低试点村的氮、磷污染水平，反而使试点村的氮、磷污染水平有所上升。由列（2）、列（4）可知，在控制了其他影响农户化肥施用行为的因素后，农村社区水资源管理改革对氮、磷污染排放量的正效应仍然显著，印证了上述基准回归结果的稳健性。综合对比表 5-3 中的参数估计结果，可以发现无论是否纳入控制变量，农村社区水资源管理改革对氮污染排放水平的增加作用都大于对磷污染排放水平的增加作用。可能的解释是，我国氮肥用量一直较多，磷肥钾肥用量较少，重氮肥轻磷钾现象比较严重（高怀友等，2003），氮肥在作物产量和品质形成中起着关键作用（高霁等，2012），同时也是化肥面源污染的主要来源。

表 5-3　农村社区水资源管理改革对氮、磷污染排放量的影响

	（1）	（2）	（3）	（4）
	氮污染排放量	氮污染排放量	磷污染排放量	磷污染排放量
是否进行水资源管理改革	0.095*** (3.750)	0.082*** (2.975)	0.014*** (6.361)	0.012*** (5.152)
年龄	—	-0.003 (-1.036)	—	-0.001** (-1.983)
性别	—	0.253** (2.478)	—	0.010 (1.433)

续表

	(1)	(2)	(3)	(4)
	氮污染排放量	氮污染排放量	磷污染排放量	磷污染排放量
文化程度	—	-0.008* (-1.852)	—	-0.000 (-1.150)
务农经验	—	-0.000 (-0.051)	—	0.000 (1.064)
家庭总收入	—	-0.023 (-1.385)	—	-0.003** (-2.265)
土地地形	—	0.010 (0.386)	—	0.001 (0.491)
土地肥力	—	0.026* (1.780)	—	0.000 (0.282)
粮食补贴	—	0.000* (1.771)	—	0.000** (2.226)
是否加入合作社	—	-0.040 (-1.433)	—	0.000 (0.097)
农家肥或有机肥施用	—	0.013 (0.331)	—	0.001 (0.316)
化肥施用污染认知	—	-0.048 (-1.597)	—	-0.005* (-1.674)
化肥减施技术指导	—	0.024 (0.917)	—	0.002 (0.811)
常数项	0.373*** (19.531)	0.561** (2.089)	0.027*** (17.720)	0.074*** (3.132)

5.1.3.2 稳健性检验结果分析

为了进一步验证上述结果的可靠性，参考以往文献的做法（方琳等，2018），本部分选取单位面积氮、磷折纯用量①（千克/亩）来表征氮、磷施用强度，作为化肥面源污染排放量的替代指标，进一步考察陆良地区的农村社区水资源管理改革对当地面源污染的作用。另外，为了深入探讨农

---

① 此处计算的氮、磷折纯用量既包括氮肥、磷肥的折纯用量，也包括复合肥中的氮、磷折纯量。其中，氮肥、磷肥的折纯用量分别根据氮肥、磷肥中含氮、五氧化二磷的比例计算得出，复合肥中的氮、磷折纯量则根据不同复合肥中氮、磷、钾的养分比例计算得出。

村社区水资源管理改革对农户施肥过程产生的影响，本部分进一步将氮、磷折纯用量细分为底肥氮、磷折纯用量和追肥氮、磷折纯用量，稳健性检验结果如表 5-4、表 5-5 所示。

根据表 5-4 中的估计结果，由列（1）可知，在陆良地区进行的农村社区水资源管理改革对当地早春马铃薯的氮折纯用量有着显著的增长效应。对比列（2）、列（3）的估计结果可以看出，农村社区水资源管理改革在不同施肥过程中的作用不同，具体来讲，水资源管理改革显著增加了农户在底肥阶段的氮投入，而对于追肥阶段的氮投入并没有产生显著的影响。表 5-5 中的估计结果同样显示农村社区水资源管理改革显著增加了农户磷肥折纯量的投入，尤其是底肥阶段磷折纯量的投入。马铃薯在各个生长阶段，均需要不同量不同类的养分供应，施肥是满足马铃薯植株生长需求的有效手段。相较于追肥，底肥施肥量在一定范围内对马铃薯前期植株生长影响较大（高晶晶等，2019），施足底肥可促进马铃薯前期枝叶繁茂，根系发达，有利于后期块茎的膨大（葛继红和周曙东，2011）。上述稳健型检验进一步证实了前文的回归结果，即在陆良地区进行的农村社区水资源管理改革对当地的氮、磷污染排放量有增加效应。

表 5-4　农村社区水资源管理改革对农户氮折纯用量的影响

	（1）	（2）	（3）
	氮折纯量	底肥氮折纯量	追肥氮折纯量
是否进行水资源管理改革	0.204 ** （2.531）	0.262 *** （2.689）	0.256 （1.558）
年龄	0.001 （0.110）	−0.001 （−0.079）	−0.008 （−0.613）
性别	0.644 *** （4.137）	0.501 *** （3.105）	0.922 * （1.952）
文化程度	−0.020 * （−1.837）	−0.021 （−1.607）	0.004 （0.169）
务农经验	−0.007 （−1.207）	−0.004 （−0.604）	0.001 （0.085）

续表

	(1)	(2)	(3)
	氮折纯量	底肥氮折纯量	追肥氮折纯量
家庭总收入	-0.008 (-0.143)	-0.032 (-0.494)	0.050 (0.498)
土地地形	0.224** (2.338)	0.129 (1.004)	0.019 (0.126)
土地肥力	0.172*** (3.182)	0.157*** (2.706)	0.102 (1.167)
粮食补贴	0.000 (0.236)	0.000 (0.150)	0.000 (1.111)
是否加入合作社	-0.078 (-0.923)	-0.107 (-1.024)	-0.215 (-1.204)
农家肥或有机肥施用	0.342*** (2.612)	0.227 (1.634)	0.345* (1.959)
化肥施用污染认知	-0.151* (-1.665)	-0.158 (-1.578)	-0.126 (-0.693)
化肥减施技术指导	0.044 (0.513)	0.051 (0.607)	0.108 (0.793)
常数项	2.205*** (2.604)	2.586*** (2.694)	-0.662 (-0.446)

表5-5　农村社区水资源管理改革对农户磷折纯用量的影响

	(1)	(2)	(3)
	磷折纯量	底肥磷折纯量	追肥磷折纯量
是否进行水资源管理改革	0.371*** (4.150)	0.393*** (4.372)	-0.015 (-0.175)
年龄	-0.010 (-1.052)	-0.012 (-1.234)	0.004 (0.561)
性别	0.467** (2.554)	0.484*** (2.734)	-0.073 (-0.370)
文化程度	-0.006 (-0.411)	-0.003 (-0.245)	-0.008 (-0.574)
务农经验	0.005 (0.530)	0.007 (0.787)	-0.009 (-1.580)

续表

	（1）	（2）	（3）
	磷折纯量	底肥磷折纯量	追肥磷折纯量
家庭总收入	−0.005 （−0.073）	−0.021 （−0.331）	0.025 （0.347）
土地地形	0.240** （2.407）	0.235** （2.322）	−0.101 （−1.519）
土地肥力	0.122** （2.018）	0.129** （2.225）	0.012 （0.265）
粮食补贴	0.000 （0.595）	0.000 （0.616）	0.000 （0.017）
是否加入合作社	−0.023 （−0.215）	−0.022 （−0.209）	−0.058 （−0.698）
农家肥或有机肥施用	0.341** （2.376）	0.328** （2.302）	−0.008 （−0.075）
化肥施用污染认知	−0.180 （−1.640）	−0.188* （−1.698）	−0.050 （−0.630）
化肥减施技术指导	0.061 （0.683）	0.068 （0.776）	0.032 （0.520）
常数项	2.256** （2.412）	2.386** （2.556）	0.262 （0.253）

5.1.4　机制分析

根据前文的结论，陆良地区的农村社区水资源管理改革显著提高了当地早春马铃薯种植的氮、磷面源污染排放量。那么，造成陆良县农村社区水资源管理改革区化肥面源污染水平提高的具体影响机制是什么？农业水价综合改革究竟给试点村的农业生产带来了哪些变化，使得面源污染加剧？

5.1.4.1　模型设定

为了分析陆良县农村社区水资源管理改革对化肥面源污染的影响机制，本部分借鉴温忠麟等（2004）逐步回归法构建如下模型，进行中介效应的检验：

$$Y = cGroup + \beta_0 X + \varepsilon_0 + c_0 \tag{5-3}$$

$$M = aGroup + \beta_1 X + \varepsilon_1 + a_0 \tag{5-4}$$

$$Y' = c'Group + bM + \beta_2 X + \varepsilon_2 + c'_0 \tag{5-5}$$

在式（5-3）至式（5-5）中，若待估系数 a、b、c 都显著，则表明中介变量 M 发挥显著的中介效应。若回归系数 c 显著，而 a、b 至少有一个不显著，则不能判断中介变量 M 发挥了中介效应。此时需进一步进行 Sobel 检验，如果显著，则说明变量 M 的中介效应显著，否则中介效应不存在，检验结束。在中介效应存在的基础上，还应继续进行完全中介检验，即检验系数 c'，如果不显著，说明变量 M 发挥完全中介作用，若显著，则说明存在部分中介效应。

基于前文的理论分析，本部分将从种植制度和农业生产要素投入两个方面检验农村社区水资源管理改革对化肥面源污染影响的中介效应。其中，种植制度的变化用农户的轮作方式来表征，0 代表不轮作，即同一地块一年内只种植一种作物；1 代表两季轮作，即同一地块一年内轮作玉米，秋马铃薯两种作物；2 代表三季轮作，即同一地块一年内轮作早春马铃薯、玉米、秋马铃薯三种作物。农业生产要素投入的中介效应包括灌溉用水量以及种子用量，鉴于陆良县农村社区水资源管理改革试点的灌溉工程始建于 2014 年，2016 年正式投入使用，因此灌溉用水量的变化以农户对比 2016 年前的用水量为表征，1 代表用水量增加，2 代表用水量无明显变化，3 代表用水量减少；种子用量指农户在种植早春马铃薯最大地块中投入的亩均种子数量。

5.1.4.2　计量检验

表 5-6 展示了种植制度作为中介变量的中介效应检验结果。列（1）、列（2）是对本部分基准回归结果的再现，列（3）的估计结果表明，农村社区水资源管理改革对农户的种植制度安排具有显著的正效应，说明农村社区水资源管理改革改变了农户的轮作方式，增加了轮作季数。列（4）、列（5）的估计结果显示，种植制度的改变对氮、磷面源污染排放量有着显著的增加作用，即农村社区水资源管理改革带来的轮作季数的增

加显著提高了化肥污染排放水平，这与上述理论相符。进一步对比列
（1）和列（4）、列（2）和列（5）可以发现，当模型中加入中介变量种
植制度后，本部分关键解释变量的估计系数由 0.082、0.012 分别减少至
0.070、0.011，这表明，在水资源管理改革对氮、磷面源污染的增加效应
中，有一部分是通过种植制度的变化实现的。

表 5-6　种植制度中介效应检验结果

	（1）	（2）	（3）	（4）	（5）
	氮面源污染排放量	磷面源污染排放量	种植制度	氮面源污染排放量	磷面源污染排放量
是否进行水资源管理改革	0.082 *** （2.975）	0.012 *** （5.152）	0.180 ** （2.584）	0.070 ** （2.511）	0.011 *** （4.708）
种植制度	—	—	—	0.077 *** （2.701）	0.006 ** （2.326）
控制变量	已控制	已控制	已控制	已控制	已控制
常数项	0.561 ** （2.089）	0.074 *** （3.132）	−1.237 ** （−2.554）	0.670 ** （2.399）	0.082 *** （3.444）

表 5-7、表 5-8 展示的是生产要素作为中介变量的中介效应检验结
果。表 5-7 中列（3）的估计结果表明，改革试点村的灌溉用水量表征数
值小于非试点村，农村社区水资源管理改革对农户灌溉用水量变化具有显
著的负效应，根据灌溉用水量表征数值的含义，这代表农村社区水资源管
理改革显著增加了农户的灌溉用水量。由表 5-8 中列（3）的估计可知，
农村社区水资源管理改革显著增加了农户的亩均种子用量。表 5-7 中列
（4）、列（5）的估计结果显示，灌溉用水量的变化对氮、磷面源污染都
存在显著的负相关性，这代表着灌溉用水量的增加显著加剧了当地化肥面
源污染水平；表 5-8 中列（4）、列（5）的估计结果表明种子用量的增加
使得氮、磷面源污染排放量显著增加。综合对比两表中的列（1）和列
（4）、列（2）和列（5），当模型中加入中介变量后，本部分关键解释变
量的估计系数由 0.082、0.012 分别减少至 0.073、0.010（见表 5-7）和

0.065、0.011（见表5-8）。由此可以看出，在农村社区水资源管理改革对氮、磷面源污染的增加效应中，有一部分是通过农业要素投入的变化实现的，上述影响机制得以验证。

表5-7　灌溉用水量中介效应检验结果

	（1）	（2）	（3）	（4）	（5）
	氮面源污染排放量	磷面源污染排放量	灌溉用水量	氮面源污染排放量	磷面源污染排放量
是否进行水资源管理改革	0.082 *** (2.975)	0.012 *** (5.152)	-0.463 *** (-4.457)	0.073 ** (2.499)	0.010 *** (4.099)
灌溉用水量	—	—	—	-0.029 * (-1.800)	-0.003 * (-1.760)
控制变量	已控制	已控制	已控制	已控制	已控制
常数项	0.561 ** (2.089)	0.074 *** (3.132)	1.466 * (1.742)	0.509 * (1.835)	0.079 *** (3.149)

表5-8　种子用量中介效应检验结果

	（1）	（2）	（3）	（4）	（5）
	氮面源污染排放量	磷面源污染排放量	种子用量	氮面源污染排放量	磷面源污染排放量
是否进行水资源管理改革	0.082 *** (2.975)	0.012 *** (5.152)	0.201 *** (3.012)	0.065 ** (2.488)	0.011 *** (4.893)
种子用量	—	—	—	0.070 ** (2.479)	0.004 * (1.891)
控制变量	已控制	已控制	已控制	已控制	已控制
常数项	0.561 ** (2.089)	0.074 *** (3.132)	5.378 *** (10.561)	0.448 (1.418)	0.076 *** (2.751)

此外，本部分在以上检验结果的基础上，对影响机制进行量化分析，量化公式如下：

$$Z = \frac{ab}{c} \times 100\% \tag{5-6}$$

其中，Z 代表中介变量的影响机制在总效应中的比重，a、b、c 分别对应上述式（5-3）、式（5-4）、式（5-5）中的相关回归系数。

依据上述检验结果与量化公式计算得出，在氮面源污染排放量增加的总效应中，以种植制度为中介变量的影响机制占比为 16.9%；以生产要素投入为中介变量的影响机制的占比为 33.53%，其中，灌溉用水量的中介效应占比为 16.37%，种子用量的中介效应占比为 17.16%。在磷面源污染排放量增加的总效应中，以种植制度为中介变量的影响机制占比为 9%；以生产要素投入为中介变量的影响机制的占比为 18.28%，其中，灌溉用水量的中介效应占比为 11.58%，种子用量的中介效应占比为 6.7%。

综上所述，陆良地区农村社区水资源管理改革对氮面源污染排放量增加效应的 50.43% 可由以上种植制度及生产要素投入机制解释，对磷面源污染排放量增加效应的 27.28% 可由以上种植制度及生产要素投入机制解释。该结论也表明本部分所选取的中介变量具有一定的代表性与解释力。

5.1.5　小结

本节以农村社区水资源管理改革为切入点，以云南省曲靖市陆良县农村社区水资源管理改革试点为研究对象，利用试点村与非试点村的截面数据做对比分析，探讨农村社区水资源管理改革对农田面源污染的效应及其作用机制。主要结论包括以下两个方面：第一，基准回归结果表明，陆良地区的农村社区水资源管理改革试点对当地化肥面源污染有显著的增加效应，即农村社区水资源管理改革使得试点村的氮、磷面源污染排放量显著提升，这一基础结论同时也通过了以氮、磷使用折纯量为结果变量的稳健型检验；第二，作用机制分析结果表明，农业水价综合改革对陆良县试点村氮、磷污染排放量，尤其是氮污染排放量的增加效应是通过影响种植制度和要素投入实现的，具体而言，农村社区水资源管理改革改变了试点村的轮作方式、种子及灌溉水的投入，使试点村轮作季数增加、用种量及灌溉用水量提升，从而导致试点村氮、磷污染排放量的增加。

污染的加剧反映了农业发展与生态环境保护之间的矛盾与冲突（方

琳等，2018)，农村社区水资源管理改革的目的是促进农业节水和农业可持续发展，大量研究表明，节水灌溉对控制面源污染确有积极效果（Schumacker 和 Lomax，2004；Scoones，2009；Schulthess 等，2017）。中国幅员辽阔，地区间的资源禀赋差异极大，因此在资源禀赋相对较差、灌溉条件相对落后的地区进行农村社区水资源管理改革，必须先进行农田水利工程建设。而在这些地区进行的以农田水利工程建设为基础的农村社区水资源管理改革，一方面解放了土地生产力，增加了农民收入，另一方面灌溉便利度地提高了农户灌溉用水量，同时也带来了化肥施用量的增加和氮磷面源污染的加剧。调研数据显示，陆良地区农村社区水资源管理改革试点村马铃薯种植的化肥折纯用量为 41.18 千克/亩，非试点村的化肥折纯用量为 29.88 千克/亩，均低于云南省马铃薯的化肥折纯用量 47.85 千克/亩①，这意味着非试点村的马铃薯生产力还有很大的提升空间，而进行农村社区水资源管理改革的试点村则应当警惕农田面源污染增大的风险。

本部分认为，农村社区水资源管理改革是实现农业现代化的重要途径，也需协调好作物产量与生态环境之间的关系，要根据地区生产发展实际，指导农户正确用水、用肥。针对灌溉条件较为薄弱的地区，应当在进行农业水利工程建设的同时推进农田节水灌溉以及化肥减施、适施等行动，培养农户节水节肥，保护环境的意识，避免重蹈农业生产大水大肥的覆辙。同时，泰国 Latmayom 社区的经验也指出通过建立水上贸易市场有助于河流污染的治理。当然，本书更多讨论了在农业灌溉基础薄弱地区，进行农村社区水资源管理改革对面源污染的影响，其中一些结论可能还会因为地区生产条件的不同而发生变化。农村社区水资源管理改革在灌溉基础条件较好的地区会产生哪些影响，有待于进一步寻找微观证据。

---

① 资料来源：《2019 年农产品成本收益资料汇编》。

5.2　新型肥料生产、销售和使用环节制约因素

为实现农业高质量发展，农业发展方式亟须由过度依赖资源消耗向绿色生态可持续方向转变。2015 年，原农业部提出实现"化肥零增长"的目标，发展绿色、高效、环保、优质的新型肥料成为促进化肥减施增效的有效途径。加快发展新型肥料，成为肥料产业转型升级和推动现代农业发展的重要任务。新型肥料的使用与农业绿色发展紧密相关，是推动农业向绿色、高效、可持续方向转型的关键因素之一，然而，新型肥料发展推广面临重重困境。据 2015 年 7 月《工业和信息化部关于推进化肥行业转型发展的指导意见》，目前新型肥料的施用量占总体化肥施用量的比重仅为10% 左右。那么，哪些因素制约新型肥料的推广和施用呢？本研究利用肥料生产企业、销售商和农户实地调研数据，运用计量经济模型，从新型肥料生产、销售和使用环节，实证分析新型肥料推广难的制约因素，为推广新型肥料，减少化肥施用，促进农民节本增效提供科学依据。

5.2.1　中国化肥生产和施用现状

5.2.1.1　概念界定

（1）肥料。

肥料是提供一种或一种以上植物必需的营养元素，用于改善土壤性质、提高土壤肥力水平的一类物质，是农业生产的物质基础之一。肥料主要包括磷酸铵类肥料、大量元素水溶性肥料、中量元素肥料、生物肥料、有机肥料、多维场能浓缩有机肥等。

（2）化学肥料。

简称化肥，用化学和（或）物理方法制成的含有一种或几种农作物生长需要的营养元素的肥料，也称无机肥料，包括氮肥、磷肥、钾肥、微

肥、复合肥料等。

（3）新型肥料。

指具有一定肥料功能和增产作用，由肥料生产企业研制生产，符合行业或企业标准，含有机、无机、微生物菌剂或兼有上述成分，经物理、化学、生物方法加工处理的新品种肥料。新型肥料可有效改善传统肥料利用率低、过量施用等造成的一系列问题，正确施用新型肥料可提高肥料利用率，达到增效增产、减量降污的目的，是发展高效、绿色、可持续农业的必然要求。本研究中主要涉及的新型肥料类型有复混肥、掺混肥、商品有机肥、生物有机肥、有机无机复混肥、水溶性肥料、微量元素肥料、缓控释肥料以及调研当地测土配方专用肥。

新型肥料与传统化学肥料的区别在于：成分新，新型肥料在氮磷钾配比更加合理的基础上，增加了有机、无机、微生物菌剂或兼有上述成分，以此拓展肥料的功能；形态新，除了固体肥料外，根据不同使用目的，有液体、气体、膏状等形态，以此提高肥料的使用效率。在此基础上，新型肥料的包装更多样，施用方式更灵活，效果更多元。

新型肥料与传统化学肥料之间存在着替代关系，新型肥料的价格与传统化肥的需求量之间成同方向的变动，相应的需求的交叉价格弹性系数为正值。如图5-2所示，当新型肥料价格下降时，消费者自然会在增加新型肥料购买量的同时，减少对新型肥料的替代品传统化肥的购买量。

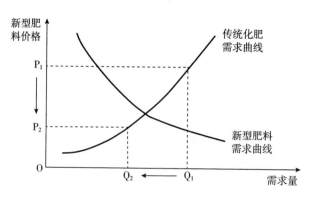

图5-2 替代品之间价格变动示意图

5.2.1.2 化肥生产现状

国家统计局官网公布的数据显示，农用氮磷钾化肥产量自 1998 年开始逐步上升，2015 年产量达到最高值 7431.99 万吨，2016 年和 2017 年农用氮磷钾化肥产量均呈现下降趋势（见图 5-3）。

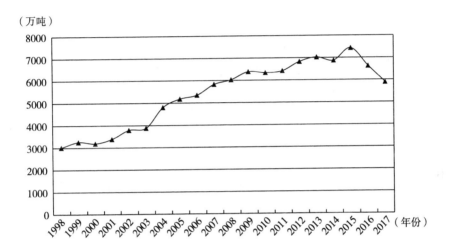

（万吨）

图 5-3　1998~2017 年农用氮磷钾化肥产量情况

资料来源：中华人民共和国国家统计局官网，http://www.stats.gov.cn/。

5.2.1.3 化肥施用现状

（1）化肥施用总量大。

纵向来看，如图 5-4 所示，中国农用化肥施用总量（折纯，下同）从 1978 年的 884 万吨增长到 2015 年的 6022.6 万吨，年均增长率达 5.32%。2016 年，化肥施用量首次呈现负增长，总量为 5984.1 万吨，然而，化肥施用总体情况仍不容乐观。2017 年，我国单位耕地面积的化肥施用量达 434.41 千克/公顷，单位播种面积化肥施用量为 352.27 千克/公顷。其中，相较于单质化肥，农用复合肥的施用量始终呈上升趋势，2000 年以后其增速尤为明显。1980 年农用复合肥折纯用量是 27.2 万吨，2017 年该指标上升为 2220.27 万吨，增长了 81 倍多。

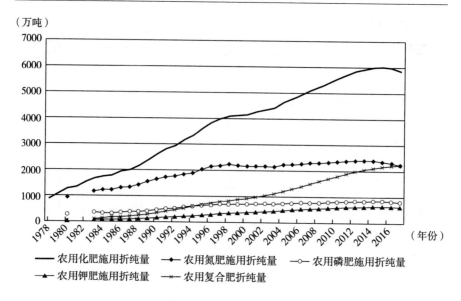

图 5-4　1978~2017 年中国农用化肥施用折纯量

资料来源：中华人民共和国国家统计局官网，http://www.stats.gov.cn/。

横向来看，同世界主要国家地区相比，中国是化肥施用强度最高的国家之一。如表 5-9 所示，2015 年中国大陆的单位耕地面积化肥施用强度为 446.12 千克/公顷，是世界平均化肥施用强度（122.84 千克/公顷）的 3.63 倍，大大超过了发达国家为防止化肥对环境造成危害所设置的 225 千克/公顷的安全上限。

表 5-9　2015 年主要国家单位耕地面积化肥施用强度

单位：千克/公顷

主要国家和地区	氮	磷	钾	合计
中国大陆	228.65	116.17	101.3	446.12
中国台湾	191.91	154.72	145.79	492.42
埃及	358.57	113.68	17.36	489.61
韩国	141.9	89.81	90.13	321.84

续表

主要国家和地区	氮	磷	钾	合计
日本	79.87	76.78	51.51	208.16
泰国	80.74	16.39	26.71	123.84
越南	155.2	76.31	52.01	283.52
菲律宾	52.56	11.22	13.14	76.92
印度	102.51	41.18	14.17	157.86
马来西亚	36.22	62.14	115	213.36
美国	77.46	26.82	29.42	133.7
德国	141.91	23.87	33	198.78
法国	113.44	22.01	24.73	160.18
荷兰	203.11	12.22	33.66	248.99
世界	68.61	30.1	24.13	122.84

资料来源：联合国粮农组织数据库，http：//www.fao.org/faostat/。

（2）化肥施用省际间差异大。

在空间分布方面，各省份施肥量和施肥强度差异较大，施肥强度均偏高。如图5-5所示，河南化肥施用总量高达706.7万吨，山东、河北、湖北、安徽、江苏等用肥大省均超过300万吨，广西、广东、黑龙江、新疆、湖南、四川、内蒙古、陕西、云南、吉林等省份化肥施用量超过200万吨。如图5-6所示，若以播种面积为分母，2017年施肥强度最高的是福建，为750.66千克/公顷，青海最低，为156.67千克/公顷。若不考虑复种情况，以耕地面积为分母的施肥强度则普遍更高，最高的是广东，为993.58千克/公顷，福建为869.92千克/公顷，河南为871.15千克/公顷，最低的是西藏，为123.87千克/公顷。

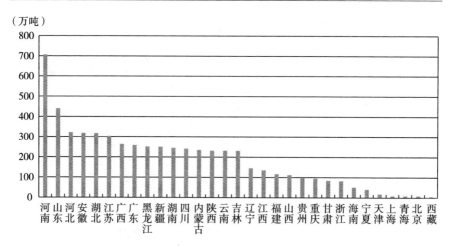

图5-5　2017年各省份化肥施用折纯量

资料来源：中华人民共和国国家统计局官网，http：//www.stats.gov.cn/。

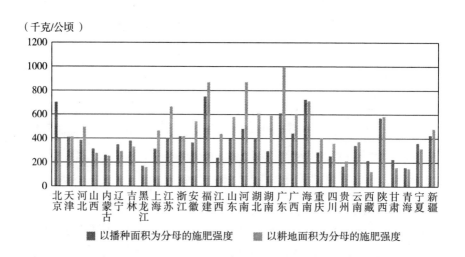

■ 以播种面积为分母的施肥强度　　■ 以耕地面积为分母的施肥强度

图5-6　2017年各省份化肥施用强度

资料来源：中华人民共和国国家统计局官网，http：//www.stats.gov.cn/。

（3）经济作物施肥强度大。

主要农作物化肥用量方面，同粮食作物相比，经济作物施肥强度更大。由表5-10可以看出，相较而言，粮食作物、油料作物化肥施用强度较低，不超过 500 千克/公顷，其中大豆最低，为 127.65 千克/公顷，经济作物施肥强度普遍较高，尤以柑最高，达 1106.85 千克/公顷。主要蔬菜中，设施蔬菜的施肥强度明显高于露地蔬菜，其中最高的是设施黄瓜，达 897.45 千克/公顷。研究表明，全国多个地区、多种主要农作物的化肥施用量已经超过了经济意义上的最优施用量（庄钠，2012；林源和马骥，2013；李子涵，2016，史常亮和朱俊峰，2016），其过量施肥程度达到 50%（张林秀等，2006）。

表 5-10　2017 年主要农作物化肥施用强度

单位：千克/公顷

主要农作物	施肥强度	主要蔬菜		施肥强度
柑	1106.85	西红柿		685.05
甘蔗	906.90		露地西红柿	540.45
苹果	853.50		设施西红柿	828.30
晾晒烟	872.55	黄瓜		723.00
桔	806.10		露地黄瓜	547.35
桑蚕茧	666.30		设施黄瓜	897.45
蔬菜平均	583.35	茄子		666.45
甜菜	571.65		露地茄子	555.15
棉花	531.75		设施茄子	776.85
烤烟	509.10	菜椒		672.75
小麦	415.05		露地菜椒	608.25
长绒棉	394.50		设施菜椒	736.80
玉米	373.20	露地圆白菜		456.90
稻谷	340.20	露地大白菜		469.35
花生	308.55	露地马铃薯		409.50
油菜籽	242.25	露地菜花		668.25
大豆	127.65	露地萝卜		432.75
		露地豆角		431.55

资料来源：《全国农产品成本收益资料汇编 2018》。

5.2.2　新型肥料生产环节分析

目前，化肥的各种优惠政策已经全部取消，包括生产流通环节电费、税费、天然气、运输费用等，化肥市场化趋势逐渐显现。电价方面，自2016年4月20日起，全国范围内取消化肥生产优惠电价政策，化肥生产用电执行相同用电类别的工商业用电价格；税收方面，自2016年7月1日起，化肥增值税过渡期政策到期，各类肥料产品统一征收13%的增值税；用气方面，自2016年11月10日起，全面放开化肥用气价格；运输方面，取消化肥铁路运费优惠，公路加强治理超载力度（杨吉龙，2017）。加之环境保护税开征后，化肥已经负担了安全、能源、环保等所有的市场化成本。新形势下，传统化肥企业面临产业转型升级的挑战和机遇，肥料生产企业着力淘汰落后产能，逐渐增加新型肥料产品的生产量，发展环保、高效、生态、优质的新型肥料乃大势所趋。

5.2.2.1　肥料生产企业调研基本情况

为进一步分析新型肥料生产环节情况，分别于2017年5月、7月和2018年1月、8月，共实地调研了8家新型肥料生产企业，包括山东省6家、江苏省1家、河南省1家。调研的山东肥料企业居多，因为山东的肥企数量和肥料产量均居国内前列，"中国肥料看山东"，山东肥料市场是中国肥料市场的缩影，从最初的尿素到复合肥，到如今的缓控释肥、水溶肥、叶面肥等新型肥料的出现，山东肥料企业改革的步伐走在行业前列，具有代表性。

调研企业类型多样，具有典型性，具体调研企业概况如表5-11所示。调研涉及成立时间较早的大型肥料生产企业，如山东G生物科技集团和山东J公司，其中，G集团原名为山东G化肥有限公司，是集科研、生产、农化服务于一体的全国重点复合肥企业，企业从最初生产复合肥、复混肥肥料品种，演变为如今以生产生物肥为主；山东J公司是一家采用天然植物秸秆，通过工业化的系统操作流程加工生产绿色有机肥的企业。也有尚待发展的小型企业，如山东Z公司成立于2006年，已具有一定生产规模和固定销售市场，江苏 H 公司与山东 S 公司成立于 2014 年，生产规模较小，销售市场有待拓展。此外，山东 W 公司经营范围涵盖化肥、农药等农资产品；山东 C 公司专门致力于生产腐植酸农用品系列；河南 R 集团是集粮食收购、加工、储存、销售于一体的大型生态农业集团，调研时有机肥厂刚刚建好，尚未正式投产。

表 5-11　肥料企业调研概况

序号	企业名称	成立时间	注册资金	主要经营产品	年生产能力
1	山东 G 集团	2002 年	8.6 亿元	复合肥、微生物菌剂、复合微生物肥料、生物有机肥、生物有机无机肥、生物复合肥、生物鳌合肥、土壤调理剂	60 万吨
2	山东 J 公司	2002 年	4.7 亿元	黄腐酸系列肥料、有机肥系列	60 万吨
3	山东 Z 公司	2006 年	200 万元	微生物肥、有机肥、有机无机复混肥、水溶肥、土壤调理剂等新型肥料品种	20 多万吨
4	山东 C 公司	2002 年	4600 万元	腐植酸系列产品	矿源黄腐酸 1 万吨
5	山东 W 公司	2012 年	2000 万元	复合肥料、复混肥料、掺混肥料、缓控释肥料、有机肥料、有机无机复混肥料、叶面肥、冲施肥、生物菌肥、化肥、农药	—
6	江苏 H 公司	2014 年	2060 万元	生物有机肥和生物有机无机三合一配方肥系列	10 万吨
7	山东 S 生物科技有限公司	2014 年	2000 万元	生物有机肥系列	调研时尚未正式投产
8	河南 R 集团	2009 年	3000 万元	有机肥	调研时尚未正式投产

资料来源：根据 2017 年和 2018 年调研资料整理所得。

调研采用半结构访谈的形式，每次访谈时间 1~2 小时。座谈中企业方参与人员有企业总经理、销售经理及其他管理部门负责人。访谈内容涉及肥料企业基本情况、新型肥料推广情况、肥料销售模式、享受优惠政策情况、有机肥招标情况等方面。

5.2.2.2　生产企业推广新型肥料的效果

生产企业在推广新型肥料施用的过程中，均发现新型肥料施用效果良好。由于数据获取受限，此处以山东J公司的试验数据为例，如表5-12所示，其中，试验组施肥方式为新型肥料（黄腐酸）与常规化肥配合施用，对照组为常规化肥，其他田间管理方式保持一致。结果发现，小麦、大蒜、黄瓜、西红柿、尖椒的试验组亩产量均有所增加，同时增加亩均收益，扣除新型肥料增加的成本外，亩纯增收同样比较可观。表明施用新型肥料可以增加农产品产量，改善农产品品质，提高农民收入，并且试验报告显示，施用新型肥料可以调节土壤 pH 值，增加土壤有机质含量，提升耕地质量。

表 5-12　山东 J 公司新型肥料试验数据

作物	分组	亩产量（千克）	亩收益（元）	亩纯增收（元）
小麦	新型肥料与常规化肥配施	640.40	1472.92	149.67
	常规化肥	552.50	1270.75	
大蒜	新型肥料与常规化肥配施	1605.20	6420.80	860.40
	常规化肥	1375.10	5500.40	
黄瓜	新型肥料与常规化肥配施	16664.85	49994.60	4381.70
	常规化肥	15070.95	45212.90	
西红柿	新型肥料与常规化肥配施	8134.80	32539.20	3661.20
	常规化肥	7119.58	28478.00	
尖椒	新型肥料与常规化肥配施	6457.00	16142.50	1367.50
	常规化肥	5750.00	14375.00	

资料来源：根据山东 J 公司提供的 2017 年试验报告资料整理所得。

5.2.2.3　新型肥料生产和推广受阻

（1）生产成本高。

在生产方面，新型肥料生产工序复杂，环保设施增加成本；肥料企业统一被划分为化工类企业，发展受到严重制约；新型肥料品种层出不穷，标准落后不匹配。

同等养分条件下，新型肥料生产工序复杂，以有机肥为例，其生产流程包括原材料运输、发酵、造颗粒等，工序多而杂，增加生产成本。随着化肥行业越来越严峻的节能环保压力，新型肥料生产需要加大技术改造升级力度，加大环保投入力度，环保设施每年运行费用高昂，缺乏政策优惠，加大了企业的综合生产成本，最终导致新型肥料价格较高。

目前，按照国家产业目录，肥料企业统一被划分为化工类企业，使其在发展过程中受到多方面制约。首先，由于化工类企业的污染较严重，多数地方政府要求化工类企业必须进入工业园区，然而有些区县并没有划定工业园区用地，导致肥料企业一并受到排挤，同样新型肥料企业也无法在此建厂，限制了企业规模的扩大。其次，化工企业要求集中连片处置废弃物，但是有机肥通常以农业废弃物、养殖业畜禽粪便、食品加工过程中的有机废弃物等作为原料，这些废弃物更适宜就近处置，如在处理养殖业畜禽粪便时，长距离运输反而增加了其环境风险，同时增加了企业的生产成本。

当前，肥料已不仅仅是单纯的氮磷钾含量的化肥，为适应测土配方施肥技术的精准化要求，逐渐出现了复合肥、复混肥品种，随后肥料新品种层出不穷，肥料市场上出现了以掺混肥、水溶肥、生物有机肥等为代表的其他肥料产品，这个现象的出现也是企业自身产业转型、适应市场发展规律的结果。然而，像 H 公司的有机无机掺混肥、J 公司的黄腐酸肥料等，国家并没有具体的标准及相关管理条例，导致正规厂家的产品"名不正言不顺"，没有"户口"，不仅被农户认可度低，也使假冒伪劣产品容易趁机"钻空子"，市场上鱼龙混杂，农民无力辨别真假。一方面，已有标准制定过细，政府推波助澜，束缚了企业自主创新的双手双脚；另一方面，肥料自身标准和测土配方施肥相矛盾，测土配方施肥技术要求调节和解决作物需肥与土壤供肥之间的矛盾，有针对性地补充作物所需的营养元素，实际中测土配方施肥拘泥于已有的标准，限制企业自主发展。

（2）需求量少。

1）表现。

《化肥供给侧结构性改革调研报告（2017）》显示，80%以上的实地调研企业计划或正在开展新型肥料的研发推广，部分企业已开始批量化、系列化推出新型肥料产品。但是，目前新型肥料在企业的所有肥料产品中占比较低。整体来看，新型肥料在生产企业产品体系中占比均低于50%。其中，企业新产品占比在10%以下的约有35%，企业新产品占比在11%～30%的约有35%。合计起来看，70%的企业的新型肥料占比均低于30%。当前，新型肥料产量占整个肥料产业的比重仅为10%左右（崔学军和陈宏坤，2018）。

2）原因。

新型肥料作为新生事物，尚处于产品市场生命周期的初级阶段，农户不会辨别，不信任新型肥料；政府低价招标有机肥，弊病丛生，扰乱正常市场秩序。

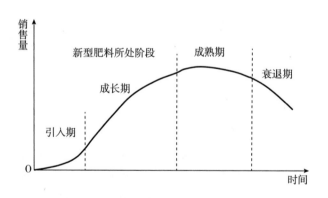

图 5-7　新型肥料产品生命周期图

目前我国新型肥料市场发育依然不完善，存在生产厂商多、流通环节长、营销网络分散、市场监管困难、产品信息不充分等问题。农户专业知识欠缺，自身文化素质水平低，认识和甄别产品信息能力有限，等到作物收获的时候才能有效地判断肥料质量，信息滞后，因此肥料市场普遍存在信息不对称的现象，这也是农资市场的一大"通病"。新型肥料市场上，农户往往对养分含量、效果等品质方面的信息掌握并不充分，与肥料生产者和经销商掌握的信息是不对称的。这种信息不对称的情况将导致新型肥料市场的"劣币驱逐良币"。

政府低价招标有机肥项目更是推波助澜，使成本低、质量差的有机肥进入肥料市场。正规有机肥生产流程包括原材料运输、发酵、造颗粒等，工序繁杂，生产成本较高。而在一些政府部门有机肥招标项目中，中标的有机肥企业有滥竽充数之嫌，往往使用污水处理厂的废水废渣等作为原料，以次充好，降低生产成本，提高中标率，这些有机肥重金属含量较高，导致缺乏竞争力、价格低廉的劣质肥料产品进入市场，扰乱市场秩序。政府免费发放有机肥给农户，识货的大户会把有机肥丢弃在路边或撒在花盆里，宁可自己花钱购买正规厂家生产的价格较高的有机肥。使用有机肥的农户，一方面，无异于饮鸩止渴，对土壤造成二次污染；另一方面，劣质有机肥并未给农户带来应有的效益，导致农户直观地认为有机肥并不是一剂"良药"，大失所望，排斥有机肥，有机肥推广受阻。这样形成恶性循环，严重阻碍有机肥行业的发展，更不利于新型肥料的推广和使用。

5.2.3　新型肥料销售环节分析

传统的肥料销售环节构成是"生产商—代理商—零售商—农民"，也是目前主流的销售模式，销售环节是多数肥料产品从生产到使用的必经之路。营销链条冗余不仅降低了供需信息传递效率，而且依赖于以销定产的经营模式伤害了生产商和农民的利益，层层施压销售任务对产品创新产生了阻力，层层利益捆绑导致赊欠成风，层层加价导致零售价格严重偏离肥料价值，造成市场失灵。这样的弊端在新型肥料市场尤为突出，假冒伪劣产品充斥，新型肥料销售受阻，利润空间缩小，打击销售商的销售积极性。为了深入探讨现象背后的原因，规范新型肥料销售市场，畅通肥料从生产到使用的重要环节，本章将具体对肥料销售环节展开分析。

5.2.3.1 肥料营销模式现状

由于肥料行业的特殊性，互联网营销受到物流、仓储、信息等诸多限制，传统营销模式仍占据主导地位。目前，我国肥料传统营销模式主要是以由县级代理商和下属零售商组成的二级营销模式为主，以乡镇级直营模式、县级直营模式为辅。现对这两类传统营销模式进行分析。

（1）肥料传统二级营销模式。

现阶段我国肥料的主要营销模式为传统二级营销模式，如图5-8所示。肥料生产厂家分派省级销售经理和县级销售业务员拓展肥料产品的县（市）级代理商，该县（市）级代理商进一步拓展辖区内的乡镇级零售商和村级零售商，肥料产品最终通过零售商到达农户手中。

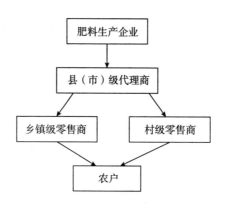

图5-8　肥料传统二级营销模式示意图

这种模式的优势是层层下达，环环紧扣，利于企业形成固定的销售网络。肥料企业可以充分利用代理商和零售商的销售网络，把企业的资金优势、品牌优势、人员优势和销售网络优势等有效地结合起来，厂商共建企业品牌，稳定客户，确保产品销量稳定增长，节省企业推广成本。同时，这种代理制营销模式的问题在于两层加价，终端投入高，尤其是新型肥料由于生产成本高，通过这种模式推广受到价格的严重制约。

在该销售模式下，新型肥料流通环节成本高。表 5-13 统计了调研中主要肥料品种的平均价格，包括出厂价、批发价、零售价。可以看出，除有机肥外，新型肥料的供给成本明显高于传统化肥，尤其是水溶肥，出厂价是传统化肥的 30~50 倍。流通环节，除尿素外，传统化肥和新型肥料的第二层加价显著高于第一层加价，即农户购买的肥料价格远远高于肥料出厂价。另外，新型肥料在流通过程中加价更严重。

表 5-13　调研中主要肥料品种价格情况　　　　单位：元/吨

肥料品种		出厂价	批发价	零售价	第一层加价	第二层加价
传统化肥	复合肥	2652.50	2950.00	3500.00	297.50	550.00
	尿素	1900.00	2020.00	2050.00	120.00	30.00
新型肥料	商品有机肥	1230.00	1700.00	2500.00	470.00	800.00
	生物有机肥	1350.00	1800.00	2750.00	450.00	950.00
	有机无机复混肥	2700.00	3250.00	4000.00	550.00	750.00
	大量元素水溶肥	97000.00	100000.00	110000.00	3000.00	10000.00
	含腐殖酸水溶肥	5000.00	7500.00	11666.67	2500.00	4166.67

资料来源：根据 2017 年和 2018 年调研资料整理所得。

流通环节，新型肥料产品推广服务和消费者赊销行为的存在是加价背后的两个重要原因。与化肥相比，新型肥料使用时间较短，加之农民整体文化素质偏低，对新型肥料接受认可程度较低。生物有机肥的缓效性与市场所需的急效性存在矛盾，肥料经销体系很大一部分费用用于新型肥料推广服务方面，包括测土配方、培训经销商和农户、售后服务等环节。产品宣传推广、施肥技术培训方面，肥料企业会组织针对销售商和农户的培训，代理商、零售商同样会组织对农户的培训，这些带有盈利性质的培训对参与人员来说通常都是免费的，所有费用均由企业负担，有些大型的集中培训费用包括参与人员的食宿费、往返车费和专家的讲课咨询费等。另外，肥料赊销产生的资金周转费用。肥料从厂家到县（市）级代理商手中需要现货现款或预付款，厂家不允许赊账，然而，第二环节、第三环节中出现赊账情况，且农户的赊销行为更为严重，代理商和零售商需要承担不同程度的赊销坏账风险和资金周转费用，"羊毛出在羊身上"，这两个方面的费用最终反映在肥料的高价格上，由终端消费者即农户承担。

（2）肥料直营模式。

1）肥料县级直营模式。

随着信息技术的发展和土地流转规模的扩大，县级直营模式应运而生。如图5-9所示，与传统二级营销模式相比，县级直营模式取消了零售商环节，降低了肥料流通成本，有利于企业品牌的建设，有利于新型肥料的推广；同时，企业能够及时了解市场动态和消费者的需求，有利于企业研发新产品、制定营销政策。但是，此模式对人力资源要求大，销售人员由企业和代理商共同组成，需要大量业务员详细讲解肥料性能，对终端进行一对一服务。

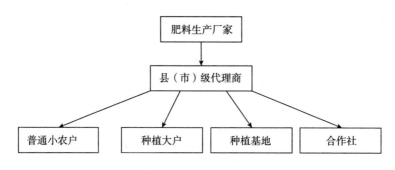

图5-9　肥料县级直营模式示意图

2）肥料乡镇（村）级直营模式。

乡镇（村）级直营模式（见图5-10）是近年来肥料生产企业为了尽快拓展市场，直接面向零售商发货的销售模式。在这种模式下企业自主开发零售门店，需要具备一定的实力和规模，业务人员要直接管理市场、有效控制零售商的价格体系；投入市场人员数量相对较大，会消耗过多的人力成本。另外零售门店的资金实力往往较小，不利于企业的融资发展；零售商品牌意识淡薄，市场不稳定；零售商主要面对散户，容易丢失大户。

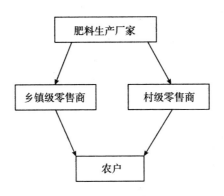

图 5-10 肥料乡镇（村）级直营模式示意图

5.2.3.2 销售环节调研概况

（1）数据来源。

为深入分析肥料销售环节情况，分三次对肥料代理商和零售商进行了问卷调研。2017 年 7 月和 2018 年 8 月，在调研肥料生产企业时，利用山东某企业对河南省零售商进行培训的机会进行问卷发放调研，共发放四次，培训地点分别是在山东生产企业所在地、河南商水县、河南叶县、河南滑县。受企业培训时间限制，此问卷先统一由被调查者自己填写，然后由调研员回收检查，并对问卷填写内容进行修正或补充，因此回收率较低，共发放调查问卷 60 份，内容填写较为完整的共计 41 份，包括县级代理商 10 份，零售商 31 份。2017 年 8 月，在浙江宁波调研水稻农户时，对当地的肥料经销商进行随机抽样调查，并采取面对面访谈的调研形式，共发放调查问卷 11 份，回收有效问卷 11 份，包括县级代理商 2 份，零售商 9 份。最终，河南省和浙江省的经销商问卷总计 52 份，包括县级代理商 12 份，零售商 40 份。调查问卷涉及店主个人与家庭基本情况、销售店基本情况、施肥技术及培训情况、过去一年肥料经营情况等内容。其中，选取新型肥料销售量较多的销售商作为研究对象，样本量 30 个，具体分布如表 5-14 所示。

表5-14　肥料经销商样本分布基本情况　　　　单位：份

地区	县级代理	零售商	总计
河南省	10	18	28
浙江省	1	1	2
总计	11	19	30

资料来源：根据2017年和2018年调研资料整理所得。

（2）受访经销商基本情况。

1）个人基本情况。

受访经销商具有一定的样本代表性。如表5-15所示，在被调查的30个经销商店主中，以男性为主，占总人数的90%。受访经销商平均年龄年龄较大，为46.63岁，大多数受访者年龄集中在40~60岁，总共有19人。经销商个人平均受教育年限为8.9年，最小是6年，最大是15年。90%的店主参加过施肥技术培训。

表5-15　受访经销商个人基本情况　　　　单位：人，%

特征	分类	频数	频率
性别	男	27	90.00
	女	3	10.00
年龄	30岁以下	4	13.33
	30~40岁	4	13.33
	41~50岁	9	30.00
	51~60岁	10	33.33
	60岁以上	3	10.00
受教育年限	9年以下	8	26.67
	9~12年	20	66.67
	12年以上	2	6.67
是否参加过施肥技术培训	参加过	27	90.00
	未参加过	3	10.00

资料来源：根据2017年调研资料整理所得。

2）销售店基本情况。

销售店平均经营年限为 15.5 年；员工数量平均值为 9.17 人，员工数量 5 人以下有 23 家，占 76.67%（见表 5-16）。

表 5-16　受访销售店基本情况　　　单位：个，%

特征	分类	频数	频率
经营年限	10 年以下	9	30.00
	10~20 年	9	30.00
	21~30 年	10	33.33
	30 年以上	2	6.67
员工数量	5 人以下	23	76.67
	5~15 人	2	6.67
	16~30 人	4	13.33
	30 人以上	1	3.33

资料来源：根据 2017 年调研资料整理所得。

3）经销商在肥料经营方面遇到的困难。

赊账行为多成为肥料经销商面临的最大难题。如图 5-11 所示，有 81.58% 的被调查者认为赊账行为较多是化肥经营过程中遇到的困难，其次是经营成本高、利差小，质量低劣、假冒次品多排在第三位，农民不懂肥也是困扰经销商的问题，还有少数经销商遇到资金运转不灵活、不被别人信任等难题。这种现象也验证了前面传统二级经销商面临的肥料价格高的原因分析。肥料经营本身是一个经营成本较高的行业，较多的赊销、市场的混乱、农民的无知成为他们的绊脚石。

5.2.3.3　新型肥料销售情况分析

从表 5-17 中可以看出，新型肥料的年平均销售量为 34.37 吨，传统化肥为 136.64 吨。新型肥料的年平均销售量远远低于传统化肥的销售量，销售市场有待于进一步拓展。

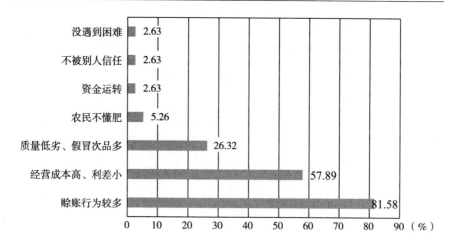

图5-11　经销商在肥料经营方面遇到的困难

资料来源：根据2017年调研资料整理所得。

表5-17　销售商肥料销售情况对比

指标	单位	新型肥料	传统化肥
年平均销售量	吨	34.37	136.64
平均售价	元/千克	2.5	2.67
平均价差	元/千克	0.63	0.32

资料来源：根据2017年调研资料整理所得，其中平均价差＝（售价−进价）/净含量。

新型肥料的平均价差为0.63元/千克，传统化肥的平均价差是0.32元/千克。传统化肥的市场已经趋于饱和，产能过剩，供大于求，利润率降低。新型肥料由于销售环节的推广服务和严重的赊销情况，导致加价更为严重，从而导致新型肥料的价差更大。新型肥料的平均销售价格是2.5元/千克，传统化肥的平均销售价格是2.67元/千克，新型肥料的销售价格低于传统化肥的销售价格。

与传统化肥相比，新型肥料的利润较高，价格较低，但是销售量却不高。通过与肥料经销商的访谈，发现农户对新型肥料认知程度低，环保意识不强，一味追求农产品产量，而传统化肥中的氮磷钾含量会直接地增加农产品产量，加之农户对传统化肥有着丰富的施用经验，致使更多地农户依然选择施用传统化肥。经济作物种植效益较高，因而种植经济作物的农户会选择多施用新型肥料，但是我国的粮食作物种植面积远大于经济作物，种植粮食作物的农户很少施用新型肥料，造成传统化肥销售量远大于新型肥料销售量。因而，新型肥料的销售方向应该逐步向粮食作物种植户倾斜，增加粮食作物新型肥料施用量，以此降低传统化肥的施用量。另外，目前，新型肥料市场存在信息不对称。价格较低的新型肥料销售量更高，价格低的新型肥料往往质量较低。劣质肥料占据上风，将优质肥料挤出市场，劣币驱逐良币，即产生所谓的逆向选择。这会降低消费者对新型肥料市场的预期，造成新型肥料市场萎缩，假冒伪劣产品挤占正规产品消费市场、扰乱正常市场秩序的乱象，阻碍新型肥料市场的健康发展。高质量的新型肥料只能低价卖出，利润空间小，销售商对高质量新型肥料的推动力不足。

此外，销售商接受的培训并没有促进新型肥料的销售量，销售商并未正确地引导农户购买新型肥料，或者并未成功地引导农户购买新型肥料，新型肥料市场有待进一步拓宽。男性店主更具有冒险精神和探索精神，易于接受新事物，往往会增加新型肥料销售量；年龄越大，心态越保守，容易排斥新事物，减少新型肥料销售量；受教育程度越高，对新型肥料认知程度越高，越推荐农户施用新型肥料，因而增加其销售量。销售店方面，经营年限越长、规模越大的销售店，资本雄厚，更能准确把握市场发展趋势，越认可新型肥料，也更易获得农户信任，因此，新型肥料销售量越大。

5.2.4 新型肥料使用环节分析

使用环节是肥料产品在市场流通的最终环节，农户作为农业生产经营的主体，他们的选择和施用行为决定了新型肥料的市场需求。当前农民对于传统化肥已经有足够的认识，对于传统肥料的品种、施肥时间、施肥量等有着比较丰富的经验，但是，理性的农户也逐渐意识到，长期施用传统化肥，造成土壤板结、农产品质量和产量下降，导致收入减少。于是，农户逐渐对新型肥料产生需求。目前，由于新型肥料市场混乱，农户认知辨别能力有限等诸多问题，农户对新型肥料的需求量有限，充分认识新型肥料消费市场现状，拓宽新型肥料销售市场，才能促使肥料产业链循环可持续发展。本章节从使用环节出发，重点对农户新型肥料施用行为进行分析。

5.2.4.1 调研样本区概况

（1）数据来源。

为分析使用环节农户新型肥料施用行为的影响因素，选择对浙江水稻农户的施肥情况进行调研。选择的农作物是水稻，因为水稻是我国三大粮食作物之一，是化肥减施增效任务的重点农作物。浙江作为长江中下游水稻主产区，具有一定的代表性。

本部分数据来源于 2017 年 8 月浙江宁波的实地调研。调查采用随机抽样的调查方法，以奉化区、鄞州区的农户作为基本的调查单元，分别选取了奉化区的西坞街道、江口街道和鄞州区的云龙镇 3 个乡镇，每个乡镇随机抽取 60 户左右的农户进行调查，共获得了 181 个农户样本（见表 5-18）。本次调查最终发放调查问卷 185 份，回收 182 份，回收率为 98.38%，其中有效问卷 181 份，有效回收率为 99.45%，样本量基本满足农户调查需求。

表 5-18 调查样本分布概况 单位：户

县（市）	乡镇	村	有效样本量
奉化区	西坞街道		62
	江口街道		59
鄞州区	云龙镇	陈黄村	20
		甲村村	20
		任新村	20
总计			181

资料来源：根据 2017 年调研资料整理所得。

为保证实地调研数据的可靠性和真实性,所有调查问卷在调查员的协助下完成。当调查小队到达每一个村后,村长按照随机抽到的被调查人名单,把被调查人集中在村委会,调查员通过与调查对象约 1 个小时的面对面访谈收集得到问卷所有信息。需要说明的是,被调查人必须是该农户家庭中的农业劳动决策者,且对自家耕地肥料施用状况十分了解。为进一步确保问卷信息的逻辑性和完整性,所有完成的问卷均进行了调查员自查、小组间互查和负责人复查,即每份问卷至少被三位调查员检查。

本次主要调查了农户在 2016 年作物年度内的各种生产、消费情况。农户调查问卷涵盖了诸多方面的内容:农户个人特征、农户家庭基本情况、农业生产情况、农户施肥技术采用情况、水稻最大地块投入产出情况等。

(2)农户基本概况。

1)农户个人特征。

受访者的个人基本特征如表 5-19 所示。受访者多为男性,占总人数的 98.34%。接受调查的农户年龄偏大,在被调查的 181 户农户中,水稻种植户主平均年龄为 57 岁,其中,30 ~ 40 岁的农户有 6 户,占比为 3.31%,41 ~ 50 岁的农户有 28 户,占比为 15.47%,51 ~ 60 岁的农户有 72 户,占比为 39.78%,61 ~ 70 岁的农户有 64 户,占比为 35.36%,70 岁及以上的农户有 11 户,占比为 6.08%。可以看出,从事水稻种植的农户年龄偏大,调研过程中也发现,青壮年劳动力大多外出打工或从事其他非农行业。同时农户年龄是后期进行模型分析时重点关注的变量。

表 5-19 被调查者个人基本特征分布情况　　　　单位:人,%

受访者特征	类别	人数	所占比例
性别	男	178	98.34
	女	3	1.66
年龄	30~40 岁	6	3.31
	41~50 岁	28	15.47

续表

受访者特征	类别	人数	所占比例
年龄	51~60 岁	72	39.78
	61~70 岁	64	35.36
	70 岁以上	11	6.08
受教育年限	0~2 年	20	11.05
	3~6 年	64	35.36
	7~9 年	53	29.28
	10~12 年	34	18.78
	12 年以上	10	5.52
是否是村干部	是	19	10.50
	不是	162	89.50
是否主要从事农业	是	170	93.92
	不是	11	6.08
过去一年是否参加过施肥技术培训	参加过	103	56.91
	未参加	78	43.09

资料来源：根据 2017 年调研资料整理所得。

受访者的整体受教育程度偏低。农户平均受教育年限为 5.78 年，大部分受访者的受教育年限集中在 3~9 年，说明农业劳动者自身素质有待提高。受访者平均务农年限为 32.97 年，从事多年农业劳动。

此外，受访户中有 19 位是村干部，占比为 10.5%；有 170 位受访户主要从事农业，即过去一年 50%以上时间从事农业，占比为 93.92%；有 103 位农户参加过施肥技术培训，占总数的 56.91%。

2）农户施肥技术信息来源。

在施肥技术信息来源方面如表 5-20 所示，在被调查的 181 户农户中，有 168 户农户选择了自己经验，占总人数的 92.82%，说明大部分农户在施用肥料时主要依靠自身多年的务农经验，依赖于自身多年的施肥习惯，科学性较低。政府农技员和肥料销售店是和农户紧密接触的两大主体，也是农户获取施肥技术信息的主要来源。

<table>
<tr><td colspan="5">表 5-20　农户施肥技术信息来源情况　　　　　单位：人，%</td></tr>
</table>

序号	选项	频数	占回答的比例	占总人数的比例
1	自己经验	168	63.4	92.82
2	政府农技员	38	14.34	20.99
3	肥料销售店	16	6.04	8.84
4	参照说明书	11	4.15	6.08
5	亲戚邻居	10	3.77	5.52
6	生产大户	10	3.77	5.52
12	其他	12	4.53	6.63
	总计	265	100	—

资料来源：根据 2017 年调研资料整理所得。

3）农户在购买肥料过程中遇到的问题。

117 户农户在被询问时，直接认为在购买肥料中没遇到过问题，说明被访农户依赖于多年的施肥经验，并未发现问题。在遇到的问题中，最突出的问题是价格太贵，有 41 人选择此项，占遇到问题总数的 52.56%，在农户看来，肥料整体价格偏高，肥料投入成本较大。接着，有 17 人选择了质量低劣，说明市场上依然存在假冒伪劣产品。此外，还存在想要的化肥缺货、不知道该施什么肥等，以及其他问题（见图 5-12）。

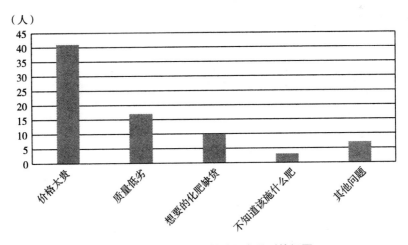

图 5-12　农户购买肥料过程中遇到的问题

资料来源：根据 2017 年调研资料整理所得。

4）农户施用新型肥料概况。

在接受调查的 181 个农户中，仅有 27 位农户施用新型肥料，占总数的 14.92%（见表 5-21）。说明农户新型肥料施用意愿较弱，施用范围较小。

表 5-21　农户施用新型肥料概况　　　　　单位：人，%

指标	类别	人数	所占比例
是否施用新型肥料	是	27	14.92
	否	154	85.08

资料来源：根据 2017 年调研资料整理所得。

5）农户施用新型肥料的效果。

农户施用新型肥料有利于实现化肥减量，促进农民节本增效。如表 5-22 所示，与未施用新型肥料的农户相比，施用新型肥料的农户，其每亩地平均施用氮肥、磷肥、钾肥的折纯量均略低，说明施用新型肥料有利于实现化肥减量；施用新型肥料的农户，肥料投入平均减少 24.5 元/亩，这可能是由于鄞州区部分农户使用的新型肥料得到当地政府的补贴，降低农户整体肥料投入平均成本；施用新型肥料的地块，水稻亩产略高于未施用新型肥料的地块，说明新型肥料可能更有利于改善土壤，提升水稻产量，增加农户收入。

表 5-22　农户施用新型肥料的效果对比

指标	单位	施用新型肥料	未施用新型肥料
氮肥折纯量	千克/亩	18.36	19.46
磷肥折纯量	千克/亩	4.15	4.9
钾肥折纯量	千克/亩	8.28	9.62
氮磷钾折纯总量	千克/亩	30.79	33.98
肥料投入	元/亩	151.18	175.68
水稻亩产	千克/亩	650	613.68

资料来源：根据 2017 年调研资料整理所得。

5.2.4.2　农户新型肥料施用行为影响因素分析

（1）研究假说。

第一，户主个人特征，包括户主的年龄、受教育年限、身份特征、兼业情况和是否参加施肥技术培训。一般来说，施肥决策主要是由户主决定的，因此户主特征是影响是否施用新型肥料的重要因素。户主年龄越大，受传统施肥习惯影响越深，接受新事物能力弱，可能会排斥新型肥料；户主受教育年限越长，自身知识水平越高，科学施肥意识越强，对新型肥料的认知程度越高，越倾向于选择施用新型肥料；户主如果是村干部，对化肥减施增效的政策落实更到位，环保意识强，有可能施用新型肥料；户主如果主要从事农业，会意识到化肥不合理施用对土壤、农产品品质带来的各种危害，更倾向于施用新型肥料，改善土壤和农产品品质，以此保证农业收入；户主如果参加过施肥技术培训，会意识到新型肥料对土壤改良作用，意识到化肥减施增效的重要性，因而会选择施用新型肥料。其中，关键变量是户主是否参加过施肥技术培训。据此，提出假说如下：

假说 1：户主是否参加过施肥技术培训正向影响农户新型肥料施用行为。

第二，新型肥料价格，在其他条件不变的情况下，商品的需求量和价格之间呈反方向变动的关系。所以，新型肥料价格越低，农户的需求量越大，会刺激农户选择施用新型肥料。

第三，相关商品的价格，即化肥价格。化肥作为新型肥料的替代品，在其他条件不变的前提下，当化肥的价格较高时，农户往往就会倾向于选择化肥的替代品，从而选择施用新型肥料。

第四，施肥信息传递，政府农技推广人员和销售商是与农户连接最紧密的两大主体，最直接地为农户传递施肥信息，包括施肥时间、施肥量、施用肥料品种等。政府农技推广人员往往接触最新政策，施肥技术知识水平更新较快，认为会引导农户正确选择和施用新型肥料，如果政府是农户施肥技术信息的主要来源，则农户会选择施用新型肥料。农户的施肥技术信息如果农户经常光顾的销售店离家距离近，则农户接触到新型肥料的机会更大，信息传递更有效率，有助于提高农户对新型肥料的认知程度，从而更有机会选择施用新型肥料。

假说2：政府农技推广人员是否是施肥技术信息主要来源正向影响农户新型肥料施用行为。

假说3：常去的销售店离家距离负向影响农户新型肥料施用行为。

第五，新型肥料补贴，根据农户行为理论，农户进行农业生产时会考虑成本收益，对利润最大化的追求将影响农户生产经营方式的选择，政府提供专门的肥料补贴，能够降低农户的投入成本，增加农户的经济收益，因而农户会选择施用新型肥料。调研中发现鄞州区政府有为农户提供测土配方肥料施用补贴，部分农户施用此类肥料。

假说4：是否获得新型肥料补贴正向影响农户新型肥料施用行为。

第六，地块特征，包括地块面积、地块性质两个方面。耕地是肥料的直接接受体，地块特征是农户肥料投入决策的重要参考指标。调研中主要了解了水稻最大地块特征。但是，地块面积和地块性质对农户新型肥料施用行为的影响不能确定。

表5-23总结了各解释变量与被解释变量之间可能存在的相关关系。

表5-23 解释变量与被解释变量存在的相关关系预期符号

自变量	预期相关关系
户主年龄	−
户主受教育年限	+
户主是否是村干部	+
户主是否主要从事农业	+
户主是否参加过施肥技术培训	+
新型肥料价格	−
化肥价格	+
政府农技员是否是施肥信息主要来源	+
常去的肥料销售店离家距离	−

续表

自变量	预期相关关系
是否获得新型肥料补贴	+
水稻最大地块面积	?
水稻最大地块性质	?

（2）模型设定。

由于农户新型肥料施用行为属于二元选择问题，本部分采用二元 Logit 模型进行分析，建立模型如下：

$$\ln \frac{P_i}{1 - P_i} = Y = \beta_0 + \sum_{i=1}^{n} \beta_i X_i + \gamma \qquad (5-7)$$

其中，Y 是被解释变量，表示农户对新型肥料的施用行为，1 表示施用了新型肥料，0 表示未施用新型肥料。$\frac{P_i}{1-P_i}$ 为施用与不施用新型肥料的概率之比。β_0 为截距项，X_i 是各个解释变量，β_i 为解释变量回归系数，n 为解释变量个数，γ 为随机扰动项，假设与模型中的其他解释变量不相关。

根据研究假设，模型中的自变量包括：户主年龄 X_1；户主受教育年限 X_2；户主身份特征 X_3，1 表示户主是村干部，否则为 0；户主是否主要从事农业 X_4，户主若一年内 50% 以上的时间务农，则为 1，否则为 0；户主是否参加过施肥技术培训 X_5，1 表示参加过，0 表示未参加过；新型肥料价格 X_6，其中，施用新型肥料的农户对应的是农户实际购买新型肥料的价格，未施用新型肥料的农户对应的是新型肥料的平均价格；化肥价格 X_7，即农户已经购买化肥的平均价格。政府农技推广人员是否是施肥技术信息主要来源 X_8，1 表示是，0 表示不是；常去的肥料销售店离家距离 X_9；是否获得肥料补贴 X_{10}，1 表示获得，0 表示未获得；水稻最大地块面积 X_{11}；水稻最大地块性质 X_{12}。变量的描述性统计如表 5-24 所示。

表 5-24　变量的描述性统计

变量	单位或变量解释	观测值	平均值	标准差	最小值	最大值
是否施用新型肥料	是＝1，否＝0	181	0.15	0.36	0.00	1.00
户主年龄	岁	181	57.01	8.53	30.00	79.00
户主受教育年限	年	181	5.78	3.32	0.00	16.00
户主是否是村干部	是＝1，否＝0	181	0.10	0.31	0.00	1.00
户主是否主要从事农业	是＝1，否＝0	181	0.94	0.24	0.00	1.00
户主是否参加过培训	是＝1，否＝0	181	0.57	0.50	0.00	1.00
新型肥料价格	元/千克	181	2.20	0.20	1.48	3.70
化肥价格	元/千克	181	2.47	0.39	0.80	3.67
政府农技人员是否是施肥信息主要来源	是＝1，否＝0	181	0.21	0.41	0.00	1.00
常去的销售店离家距离	米	181	1687.50	1668.23	0.00	12000.00
是否获得新型肥料补贴	是＝1，否＝0	181	0.33	0.47	0.00	1.00
水稻最大地块面积	亩	181	28.74	76.04	1.00	800.00
水稻最大地块性质	承包＝1，租用＝0	181	0.27	0.45	0.00	1.00

资料来源：根据 2017 年调研资料整理所得。

（3）模型结果与分析。

运用 Stata14 统计软件使用 Logit 对模型进行估计，结果如表 5-25 所示，汇报了不同模型各解释变量的系数、稳健标准误和概率比，根据模型的准 R^2、LR 统计量及对应的 p 值，可以看出整个方程所有系数（除常数项外）的联合显著性很高。各自变量间的多重共线性检验结果显示方差膨胀因子均小于 10 且接近于 1，说明变量之间不存在多重共线性。模型准确预测的比率大于 85%，进一步表明回归模型能够较好地说明被解释变量与解释变量之间的关系。根据模型（1）结果，具体分析如下：

表 5-25　农户新型肥料施用行为影响因素实证分析结果

变量名称	模型（1）		模型（2）		模型（3）	
	系数	概率比	系数	概率比	系数	概率比
户主年龄	-0.041 (0.032)	0.960	-0.041 (0.032)	0.960	-0.041 (0.034)	0.959
户主受教育年限	-0.152 (0.107)	0.858	-0.152 (0.107)	0.859	-0.155 (0.110)	0.856
户主是否是村干部	-0.226 (1.502)	0.798	-0.231 (1.439)	0.794	-0.186 (1.447)	0.830
户主是否 主要从事农业	0.926 (1.083)	2.524	0.921 (1.069)	2.511	0.888 (1.080)	2.431
户主是否 参加过培训	1.221** (0.608)	3.390	1.221** (0.610)	3.391	1.228** (0.624)	3.416
新型肥料价格	—	—	-0.030 (1.516)	0.970	0.011 (1.490)	1.012
化肥价格	—	—	—	—	-0.338 (0.670)	0.713
政府农技人员是否是 施肥信息主要来源	1.033* (0.562)	2.810	1.034* (0.575)	2.813	1.008* (0.585)	2.739
常去的销售店 离家距离	-0.0008*** (0.0003)	0.999	-0.0008*** (0.0002)	0.999	-0.0008*** (0.0002)	0.999
是否获得肥料补贴	1.911*** (0.553)	6.760	1.913*** (0.526)	6.773	1.920*** (0.527)	6.820
水稻最大地块面积	0.001 (0.003)	1.000	0.001 (0.003)	1.001	0.001 (0.003)	1.001
水稻最大地块性质	-0.275 (0.749)	0.760	-0.272 (0.725)	0.762	-0.207 (0.737)	0.813
常数项	-0.497 (2.583)	0.608	-0.444 (4.062)	0.642	0.331 (4.655)	1.393
观测值	181		181		181	
Pseudo R^2	0.283		0.283		0.285	
LR chi2（10）	43.20		—		—	
LR chi2（11）	—		43.20		—	

续表

变量名称	模型（1）		模型（2）		模型（3）	
	系数	概率比	系数	概率比	系数	概率比
LR chi2（12）	—		—		43.47	
Prob>chi2	0.000		0.000		0.000	
模型准确预测的比率	88.40%		88.95%		88.95%	

注：*、**和***分别表示在10%、5%和1%统计水平上显著；括号内为稳健标准误。

第一，户主是否参加过施肥技术培训在5%显著水平下为正向，与预期一致。当其他条件不变时，参加培训的户主施用新型肥料的概率比是未参加培训户主的3.39倍。户主参加施肥技术培训更能意识到化肥不合理施用的危害，了解化肥减施增效的重要性，增强自身环境保护意识，才可能选择施用新型肥料。

第二，在信息传递方面，政府农技人员是否是施肥技术信息主要来源在10%的水平下显著为正向，与预期一致。当其他条件不变时，政府农技人员传递施肥信息会使农户施用新型肥料的比率增加181%。常去的肥料销售店离家距离在1%的水平下显著为负向，与预期一致。在给定其他变量的情况下，常去的肥料销售店离家距离越近，施用新型肥料的概率比越高。

第三，是否获得肥料补贴在1%的水平下显著为正，与预期一致。当其他条件不变时，获得补贴的户主施用新型肥料的概率比是未获得补贴户主的6.76倍。

第四，户主年龄、受教育年限及是否是村干部对农户新型肥料施用行为的影响均是负向的且不显著。户主年龄符合预期方向，户主年龄越大，风险规避意识越强，越拒绝施用新型肥料。户主是否主要从事农业的影响是正向的，但不显著。

第五，地块特征方面，水稻最大地块面积和地块性质对农户新型肥料施用行为的影响均不显著。

模型（2）在模型（1）的基础上，加入了新型肥料价格，第三个模型在第二个模型的基础上，加入了化肥价格。值得关注的是，第二个模型中，新型肥料价格对农户新型肥料施用行为的影响是负向的，符合预期方向，但不显著，可能由于水稻作为粮食作物，施用新型肥料的农户样本占比较少，此次调研样本中，施用新型肥料的农户占比不到 15%。

在模型（3）中，新型肥料价格是正向的，化肥价格是负向的，与预期相反，但均不显著。可能的原因有两个方面，一方面，新型肥料为 2.20 元/千克，化肥为 2.47 元/千克（见表 5-24），新型肥料和化肥两者之间的平均价格相差不大，且化肥的价格略高于新型肥料。另一方面，调研中发现，真正施用新型肥料的农户环保意识更强，与单纯的生产成本相比，这些农户会更加注重肥料改良土壤、提高农产品品质等各项功能，认为价高表示质优，从而更倾向于选择价格较高的新型肥料。

由此看来，在参加施肥技术培训、直接获得肥料补贴、销售商信息传递便利的条件下，农户更能增加施用新型肥料的概率。而户主自身年龄、受教育年限、身份特征、是否主要务农及地块特征对农户施用新型肥料行为的影响并不大。

5.2.5　小结

首先，描述分析了中国化肥生产和消费现状。在生产方面，农用氮磷钾化肥产量自 1998 年开始逐步上升，2015 年产量达到最高值 7431.99 万吨，2016 年和 2017 年农用氮磷钾化肥产量均呈现下降趋势。在消费方面，总体表现为化肥施用总量大，省际间施肥情况差异大，经济作物施肥强度更高。目前，我国传统化肥产能过剩突出，随着 2015 年国家启动化肥减施增效行动，全国肥料发展进入了全新阶段。绿色化转型的倒逼，发展高效环保的新型肥料成为化肥行业新的发展方向。实现化肥零增长仅是我国科学施肥的第一步，未来要实现农业提质增效，必须实现肥料产业链的革新。

其次，对新型肥料生产环节进行分析。在化肥供给侧结构改革的背景下，化肥直面市场化，化肥生产企业面临转型升级的挑战和机遇。通过对肥料生产企业的实地调研，发现新型肥料有利于化肥减施增效。但是，新型肥料作为新生事物，尚处于产品市场生命周期的初级阶段，面临供需两难的处境。供给方面，新型肥料的生产成本高；需求方面，农户需求量不足，新型肥料在企业的产品体系中占比不高。

再次，对新型肥料销售环节进行分析。通过对肥料销售商的实地问卷调研，了解新型肥料销售概况，并进行分析。主要结论如下：①肥料经销商整体专业知识水平较低。肥料经销商受教育水平偏低，取得营业执照的成本较低，肥料经营体系中代理商和零售商的准入门槛较低，《关于进一步深化化肥流通体制改革的决定》中个体工商户注册资金要求 3 万元即可。很多肥料经营主体不具备专业的肥料知识，国家也没有相应的认证考核制度，导致经营者不能给农户正确的施用指导。肥料经销商自身欠缺专业技术知识，后期缺乏约束监督机制，主要靠参加生产企业举办的培训班、宣讲会获得施肥技术信息，提升专业技能的途径有限，总之，肥料经销商的整体专业素质亟待提高。②赊账行为成为肥料经销商面临的最大难题。肥料流通环节赊销现象严重，大大增加了流通成本。一方面，使得肥料价格虚高；另一方面，农户赊销产生的资金风险增加了经销商的经营成本，使得肥料经销商利润空间缩小，导致理性的肥料经销商为追求自身利益，售卖劣质肥料。③优质新型肥料目前是"薄利多销"产品。现有市场机制条件下，优质新型肥料属于薄利多销类型的产品，在信息不对称的前提下，销售商为了促进优质新型肥料的销售量，不得不降低肥料价格，压缩利润空间，靠较小的利润打开新型肥料市场，容易导致销售商降低对优质新型肥料的销售积极性。④销售商参加施肥技术培训并未促进新型肥料的销售。销售商并未正确地引导农户购买新型肥料，或者并未成功地引导农户购买新型肥料，新型肥料市场有待进一步拓宽。综上所述，新型肥料市场的良性发展，需要提高肥料经销商整体知识水平，缓解经销商赊销压力，适当增加新型肥料利润空间，优化对肥料销售商的培训，逐步引导新型肥料市场步入正轨。

最后，对新型肥料使用环节展开分析。通过对农户的实地问卷调研，了解农户新型肥料施用行为及施用效果，利用 Logit 模型分析农户新型肥料施用行为的影响因素。主要结论如下：①农户新型肥料施用范围小。尽管新型肥料有利于实现化肥减量，改善土壤，提升农产品产量，增加农户收入，但是目前农户对新型肥料的施用意愿较弱，施用范围较小，新型肥料市场有待于进一步拓展，应当尽快引导农户意识到新型肥料的好处，提高农户对新型肥料的辨别能力，利用经济手段促进农户施用新型肥料。②有效的信息传递能够引导农户施用新型肥料。参加施肥技术培训和询问肥料销售店是农户获得施肥技术信息的主要渠道。户主参加施肥技术培训更能意识到化肥不合理施用的危害，了解化肥减施增效的重要性，增强自身环境保护意识，才可能选择施用新型肥料。政府农技推广人员和销售商是与农户连接最紧密的两大主体，最直接地为农户传递施肥信息，包括施肥时间、施肥量、施用肥料品种等，政府农技推广人员往往能接触最新政策，施肥技术知识水平更新较快，会引导农户正确施用新型肥料，如果农户经常光顾的销售店离家距离近，则农户接触到新型肥料的机会更大，信息传递更有效率，有助于提高农户对新型肥料的认知程度，从而更有机会选择施用新型肥料。③新型肥料补贴促进农户施用新型肥料。政府提供专门的肥料补贴，能够降低农户的投入成本，增加农户的经济收益，因而农户会选择施用新型肥料。综上所述，加强对农户信息引导，使农户充分认识到新型肥料的好处，同时，增加新型肥料补贴，将激励农户购买、施用新型肥料，进而有助于扩大新型肥料使用范围。

第6章 主要结论及对策建议

6.1 主 要 结 论

6.1.1 气候变化影响的结论

6.1.1.1 我国气候变化和旱涝灾害之间存在关联关系

在时间变化上，2001~2020年，中国旱灾受灾率和成灾率整体呈现下降趋势，旱灾的发生与高年均气温和低年均降水量之间存在关联关系；中国洪涝灾受灾率和成灾率具有显著的先上升后下降的周期性特征，洪涝灾的发生与高年均气温和高年均降水量相关。在空间变化上，2001~2020年，我国八大地区旱灾和洪涝灾的严重程度存在差异，并且旱灾和洪涝灾的严重程度与当地年均气温和年均降水量之间存在关联。云南省旱灾受灾率、成灾率具有显著的先上升后下降的周期性特征，当地旱灾的高受灾率和高成灾率与当地高年均气温和低年均降水量有关；当地洪涝灾的受灾率和成灾率呈现波动下降的趋势，洪涝灾的高受灾率和高成灾率与当地高年均气温和高年均降水量有关。

6.1.1.2 粮食总产量的增加主要依靠单产水平的提高

长期来看，粮食总产和单产都增加，但短期内有不同程度的波动，另外，粮食播种面积和播种比重都呈下降趋势，因此粮食总产的保证只能依赖于单产水平的提高，在粮食播种面积增长难以为继的情况下，保证粮食总产增加则主要依靠粮食单产水平的提高，而气候变化的不确定性将给粮食单产的提高带来威胁。在我国气温升高，降水年际波动大、区域差异显著的情况下，为了确保粮食安全，保证粮食生产的可持续性，就要提高气候变化的适应能力，首先要厘清气候变化对粮食生产的影响方向和程度，根据具体的影响方向提出适宜的应对措施。

6.1.1.3 整体来看，年平均气温升高，年总降水增加对粮食单产有负面影响

气温和降水对粮食单产的产出弹性均为负，年总降水量每增加100毫米时，粮食单产将减少0.07%，年平均气温升高1℃时，粮食单产将减少0.1%。年平均气温1℃的变化也是一个较长的时间过程，因此，气温、降水的负面影响是比较小的，但再小的影响也不能被忽略，而要及时采取适当的适应措施，防止发生更大的损失。

6.1.1.4 气温和降水与粮食单产之间呈倒"U"形关系，且气温和降水之间相互影响

年总降水量超过1476毫米，年平均气温高于12℃，都可能对粮食单产有负面影响。在我国，年总降水量除南方个别地区外，均少于1476毫米，所以，单从年总降水量来说，年总降水量的增加对我国绝大多数地区（尤其是北方）粮食单产有促进作用，但这忽略了年内季节分布不均带来的影响，这是本书研究的一个不足之处，需要改进。由于北方地区基本上在12℃以下，南方地区均高于该值，所以对北方地区来说，气温升高有利于单产的提高，而对南方地区可能是负面影响。

6.1.1.5 气温和降水的影响具有区域性差异性

降水量对南方和北方地区粮食单产影响的半弹性系数分别为-0.022、0.273，其他要素不变的情况下，降水量的增加对北方地区粮食生产有利，

而且对南方地区有负面影响。气温对北方和南方地区粮食单产影响的半弹性系数分别为 0.006、-0.003，在其他因素不变的情况下，年平均气温升高对北方地区有利，而对南方地区有负面影响。

对区域进行细分，降水量对华北、东北、西北和西南地区粮食单产的半弹性系数分别为 0.239、0.371、0.331 和 0.152，其中，对东北地区的正面影响最大；而对华中、华东和华南地区则有负面影响，半弹性系数分别为-0.031、-0.031 和-0.011。气温升高对华北和华中地区的粮食单产有负面影响，半弹性系数分别为-0.005 和-0.015；而对华北、西北、华东、华南和西南地区的粮食生产有利，半弹性系数分别为 0.004、0.023、0.002、0.021 和 0.021。可以看出，在其他要素水平既定的情况下，气温升高对华中地区的不利影响最大，而对西北地区最有利。

可见，气候变化对不同地区的影响不同，利弊皆有，要能正确辨别机遇与威胁，积极适应，利用机遇，规避负面影响。

6.1.2 绿色低碳发展影响的结论

6.1.2.1 农田水利改革对农业碳足迹的影响

（1）陆良农田水利改革提升了种植业亩均碳足迹。

农户行为理论、农户模型分析结果，农田水利提升农户收入预期，进而促进种植投入；统计分析表明，改革区亩均碳足迹均值大于非改革区；最小二乘法和倾向得分匹配法进行计量分析进一步论证农田水利改革对亩均碳足迹具有促进作用。

（2）陆良农田水利改革降低了种植业产均碳足迹。

统计分析表明，改革区产均碳足迹均值小于非改革区；最小二乘法和倾向得分匹配法进行计量分析进一步论证农田水利改革对亩均碳足迹具有抑制作用。

（3）陆良农田水利改革政策通过配备田间水利工程、激发农户种植积极性从而增多农业碳足迹。

对调研地碳足迹进行描述性分析、计量分析均表明，改革区亩均碳足迹量高于非改革区。通过路径分析模型挖掘其影响机制，农田水利改革通过提升田间水利工程的配备率、激发农户种植积极性两条路径增加亩均碳足迹。一方面，新增灌溉设施直接增加能源消耗；另一方面，农田水利改革提升农户收入预期，提升种植积极性，劳动时间向种植业偏移，进而导致农资投入增加。未来，在耕地面积不变的情况下，农田水利改革政策大规模实施会增加农业碳足迹总量。

（4）陆良农田水利改革政策显著的产出效应降低农业产均碳足迹，提升农业碳效率。

调研数据描述性分析、计量分析均表明，农田水利改革区耕地产均碳足迹低于非改革区。数据统计结果显示改革区平均产均碳足迹约为非改革区的 55%，意味着在限制碳排放总量的条件下，改革区粮食产量约是非改革区的 2 倍。农田水利改革通过提升田间水利工程的配备率、激发农户种植积极性、提升作物产量三条路径影响产均碳足迹。由于农田水利改革提升产量效果显著，路径分析总效应为负。说明，农田水利改革有效提升农业碳效率。农田水利改革是一项既能保障粮食安全又利于农业减排的政策。如果设定目标粮食产量，普及推广农田水利改革大约可以减少一半农业碳足迹。

（5）种植季节、作物种类、土地质量、种植规模、农户特质对农业碳足迹有一定的影响。

计量分析发现，旱季种植碳足迹大于雨季种植碳足迹，种植马铃薯碳足迹大于玉米碳足迹，地块质量好种植碳足迹大于质量差地块碳足迹，种植规模越大碳足迹越小，户主种年轻越大种植碳足迹越小。

6.1.2.2　灌溉管理改革对农业水资源和能源利用效率的影响

（1）马铃薯种植户的水资源和能源利用效率均有较大提升空间。

在总体样本中，农户的生产技术效率为 0.648，这意味着在技术未达到充分有效水平，在保证产量的前提下，农业生产还有 35.2% 的提升空间。农户水资源利用效率值处于较低的水平，仅有 0.279，说明在农业灌溉中很大一部分的灌溉用水浪费在灌区、田间中，浪费现象严重，存在较大的提升空间。相较于生产技术效率，能源利用效率仅为0.26。这意味着在保持产量和其他投入要素不变的条件下，还能够节约74%左右的能源投入量。换言之，当前马铃薯生产中超过一半的水资源和能源投入是无效率的，减少水资源和能源的投入量并不会对马铃薯产量造成负面影响。无论从水资源利用效率还是能源利用效率方面，都表明马铃薯生产中存在远高于粮食作物的减量潜力，在农作物种植中需要着重加强对其生产要素投入管理。因此，马铃薯生产的水资源和能源投入的减量增效势在必行。

（2）灌溉管理的私人承包模式更具有效率优势。

第一，在私人承包模式下的农户，相较于多元管护模式，具有更高的水资源利用效率。第二，在私人承包模式下的农户，除了具有较高的水资源利用效率外，还具有更高的能源利用效率。第三，在农户家庭特征中，家庭总收入和种植规模对水资源利用效率和能源利用都具有显著的正向影响，农户种植规模的扩张提升了能源利用效率的规模效应。第四，在不同灌溉管护模式中农户，还通过较高的节水技术采纳程度，间接提升了水资源利用效率和能源利用效率，灌溉设施维护程度的中介效应并不显著。

6.1.3 节水效率

6.1.3.1 "一提一补"水价改革的节水效率

（1）"一提一补"水价改革对于华北平原"节水稳收"有良好的政策效果。

实证结果表明，"一提一补"水价制度的实施可以显著减少约20%的小麦灌溉用水，但是对玉米和棉花用水量的影响并不显著；"一提一补"水价改革的实施对于玉米和棉花产量的影响并不显著，但是对于小麦产量有4%的显著负面影响，而小麦用水量在其中起到完全中介作用，但是科技进步带动产量的提升能够抵消政策对于小麦产量的负面影响；同时，"一提一补"水价制度的实施并不会减少农户收入。

（2）"一提一补"水价改革在推广过程中仍存在一些问题。

第一，试点村的现行水价依旧维持10多年前刚改革时的水价，如果去除通货膨胀因素，水价实质上是逐年降低的，换句话说，较之提价前的水价，水价确实是提升了，但是较之农户日益提升的收入水平，水价实际上是逐年降低的，若继续维持在这个水平，"一提一补"的政策效果将日益减弱。第二，缺乏完善的计量设施，由于灌溉用水量难以计量，农户使用地下水只需要缴纳机井耗电的电费，然而单纯的电价不足以衡量水资源的真实价值，从而不能真正地对农户地下水超采行为形成约束，同时从推广层面讲，在其他不同水源的地区（比如有些地区的主要水源来自浅层地下水和地表水），如果缺乏完善的用水计量设施，"一提一补"制度很难得到推广。第三，"一提一补"补贴金额远低于种粮直补、农机补贴等其他农业补贴，导致农户的参与激励降低，影响了该制度的可持续性。

实证结果证明了"一提一补"的实施极大提高了农户的节水积极性，节水效果明显，与此同时，还证明了节水和保粮增收不能同时实现是一个悖论。

6.1.3.2 水资源管理模式对农户生产的影响

本书利用云南省陆良县农田水利综合改革调研问卷数据，探讨了渠灌区农田水利改革对农户生产的影响和水资源利用效率的作用机制，在此基础上进一步探索了改革形成的两种具体模式即"多元合作""私人承包"对农户水资源利用效率影响差异的机制作用路径。得到以下研究结论：第一，农田水利改革区相较于非改革区，具有显著更高的农户水资源利用效率、更多的耗水型经济作物的种植规模和更高的农业收入。第二，多元治理模式相较于私人承包治理模式，农户水资源利用效率相对更优、耗水型经济作物的种植规模更少、农业收入更低。第三，社区水资源管理改革通过促进农户节水技术的采纳、设施维护质量的提升间接促进了农户水资源利用效率的提升。第四，"多元合作"模式与"私人承包"模式在产权制度、水价制度、灌溉制度、管护制度等方面存在着内在治理逻辑差异，这些差异导致两种治理模式在节水技术的选择和供水能力存在不同，并使"多元合作"治理模式表现出了更高的水资源利用效率。

6.1.4　绿色发展

6.1.4.1　水资源管理模式对水污染治理的影响

第一，基准回归结果表明，陆良地区的农村水资源管理改革试点对当地化肥面源污染有显著的增加效应，即农村水资源管理改革使得试点村的氮、磷面源污染排放量显著提升，这一基础结论同时也通过了以氮、磷使用折纯量为结果变量的稳健型检验。

第二，作用机制分析结果表明，农业水价综合改革对陆良县试点村氮、磷污染排放量，尤其是氮污染排放量的增加效应是通过影响种植制度和要素投入实现的，具体而言，农村水资源管理改革改变了试点村的轮作方式、种子及灌溉水的投入，使试点村轮作季数增加、用种量及灌溉用水量提升，从而导致试点村氮、磷污染排放量的增加。

6.1.4.2　新型肥料生产、销售和使用的制约因素

第一，生产环节，新型肥料作为新生事物，尚处于产品市场生命周期的初级阶段，面临供需两难的处境。生产方面，新型肥料的生产成本高；需求方面，农户需求量不足，新型肥料在企业的产品体系中占比不高。究其原因，生产方面，新型肥料生产工序复杂，环保设施增加成本；企业性质划分不当，发展受到严重制约；新型肥料品种层出不穷，标准落后不匹配。需求方面，农户不会辨别，不信任新型肥料；政府低价招标有机肥，弊病丛生，扰乱正常市场秩序。

第二，销售环节，传统的肥料销售模式是"生产企业—代理商—零售商—农户"，通过对肥料销售商的问卷调查，发现肥料经销商整体专业知识水平较低，经营门槛低；农户赊账行为多，增加经销商融资成本，新型肥料产品推广服务成本高。进一步对新型肥料销售量影响因素进行分析，发现销售商依靠降低价格、缩小利润空间拓展新型肥料消费市场，销售商销售推广优质新型肥料意愿不高。

第三，使用环节，农户对新型肥料的施用意愿较弱，施用范围较小，新型肥料市场有待于进一步拓展；利用 Logit 模型分析农户新型肥料施用

行为的影响因素，发现参加施肥技术培训、政府农技人员提供施肥技术、肥料销售店离家距离近和是否获得肥料补贴等因素均显著正向影响农户新型肥料施用行为。新型肥料价格和化肥价格对农户新型肥料施用行为的影响不显著。

6.2 对策建议

6.2.1 农田水利管理

6.2.1.1 确立责权明晰的产权制度

科学界定农田水利设施工程产权，分类实施工程管护，按照"谁投资、谁所有、谁使用"的原则，确定其所有权和经营使用权。对集中成片且受益农户较多的小型水利设施，可采用用水合作组织形式，产权归属用水合作组织，由农户合作经营、按股分红、按劳分配。采取签订承包合同或是发放使用证和股权证的形式，明确农田水利设施的权、责、利，形成健全的运行及管护制度体系，通过"放开所有权、搞活经营权、强化管理权、明确收益权"，有效解决水利设施在以往经营、服务和管理方面的问题。

6.2.1.2 明确农田水利设施管护主体

小型农田水利设施主体管理分散是水利设施面临的关键问题，为改变水利设施有人用无人管的局面，应在推进水利设施的产权制度改革基础上，明确水利设施管理主体及其责任。以"谁投资、谁拥有、谁受益、谁负责"的原则明确水利设施的受益主体和管护主体，压实管护责任，做到管护有人员、有资金、有制度、有监督，实现设施管用、群众满意、长期受益，确保水利设施的维护质量。

6.2.1.3　设立合理的灌溉水价激励机制

水资源作为不可缺少的自然资源，是经济发展的重要战略资源，农业无偿用水的现状急需改变，推行水价制度的改革势在必行。价格作为配置资源最有效的手段，可以很大程度上解决我国目前面临的水资源短缺与浪费并存的现象。应在完善供水计量设施的基础上，健全农业水价形成机制，分级制定农业水价，探索实行分类水价，逐步推行分档水价。根据区域的供水成本和农户的价格接受程度，共同决定水费的价格，发挥价格对于灌溉水资源合理利用的调节作用在不牺牲农民的利益的前提下，促进灌溉水资源的节约。同时，要建立农业用水精准补贴和节水奖励机制，多渠道筹集精准补贴和节水奖励资金，建立与节水成效、调价幅度、财力状况相匹配的农业用水精准补贴机制，以及易于操作、用户普遍接受的节水奖励机制。

6.2.1.4　制定精细化的灌溉制度

依据"总量控制、定额管理"的实施目标，同时结合地区农作物需水情况和灌溉水储量，建立统一管控、适时灌溉的管理制度，在合理利用水资源、科学放水的基础上，充分发挥灌溉效益。灌溉精细化管理可实行管水员责任制，由村集体经济组织统一协调，依据标准合理供水，管水员负责具体的灌溉事务，杜绝"一户一灌"和"人情关系水"，实现农村基层水利精细化管理。

6.2.1.5　推进灌溉水资源和水污染协同治理

小型农田水利管理改革是实现农业现代化的重要途径，也需协调好作物产量与生态环境之间的关系，要根据地区生产发展实际，指导农户正确用水、用肥。针对灌溉条件较为薄弱的地区，应当在进行农业水利工程建设的同时推进农田节水灌溉以及化肥减施、适施等行动，培养农户节水节肥，保护环境的意识，避免重蹈农业生产大水大肥的覆辙。

6.2.1.6　提高农户节水和环保意识

农户作为农业生产投入的决定者，其对于农业用水和化肥、农药投入的意识会直接影响到水资源、能源利用效率。长期的农业无偿用水和化肥、农药的增产作用根深蒂固,极大地影响了农户的节水和环保意识的提高。在理性经济人的假设下,水资源作为公共资源,在没有合理定价的情况下,农户从自身的利益出发会过多的占用水资源,尽管对于产量的提高效果十分微弱和低效,但还是会尽可能多的占用灌溉水资源,越来越粗放的灌溉方式,不仅加剧了水资源的浪费,还会造成土壤的板结和肥力流失。再加上化肥、农药等能源的投入有助于粮食产量的提高,这种意识根深蒂固,随着家庭总收入的提高,人们在此的投入也越来越多。加强科学的宣传引导,提升农户的节水意识,让农户充分意识到水资源的紧缺性,向农户宣传化肥、农药过量施用可能带来的环境问题和对粮食产量的负面影响,从源头控制能源污染,提高农业能源利用效率。

6.2.2　农业生产

6.2.2.1　因地制宜推广节水灌溉技术

以推广节水灌溉技术来提高水资源利用效率,是应对农户传统的大水漫灌方式的有效措施,有利于缓解我国目前农业生产中严峻的水资源短缺状况。节水灌溉技术种类繁多,不同技术适用的范围有限。因此,节水灌溉技术的选择应根据当地实际情况,通过对不同灌溉技术适应性的分析,结合地区实地种植经验,考虑节水的社会效益和经济效益,因地制宜科学的选择。在节水灌溉技术推广过程中,政府或村集体经济组织应占据主导地位,综合考虑地区的气候、环境和农业种植状况,建立完善的节水灌溉技术推广体系。

6.2.2.2　加大投入,提高农业机械化程度

农用机械的投入使用大大提高了农业生产效率,模型结果显示,机械动力对粮食产出弹性为正。机械动力对粮食单产的贡献可能在于它的高效性能实现抢种抢收,在气候变化情况下趋利避害,避免损失。为了使机械化在提高粮食单产上发挥更大的作用,未来还要加大农业机械科研投入力度,实现农用机械的精准化与标准化,因地施肥、施药,改变种植的盲目性,实现高效、精准农业,提高产量。

6.2.2.3 培育、引进新品种，提高作物自身的气候变化适应能力

种子是作物生长的基础，它的特征决定了作物在生长周期里对外界环境的适应能力与生长表现。气温升高、降水减少的趋势给粮食单产带来负面影响，为了减少这种变化带来的影响，需要从最基础的种子着手，加大科研投入，培育出能够适应陕西省气候变化的作物新品种。

6.2.2.4 调整种植结构和种植制度，积极适应气候变化

种植制度是一个地区在一定时期形成的一整套种植方式，是农业生产活动对自然条件适应的结果。在气候变化背景下，水、热、气、土等发生变化，原来的种植结构和种植制度要进行相应的调整。例如，气温升高，种植、收获时间会改变，一个地区特定作物的熟制会改变，最适应种植的作物类型会改变。由前文可知，陕西省各气候要素已经发生了改变，种植结构和制度也要进行相应的调整。一方面，农户是种植行为主体，要根据气候变化的方向，进行自我调整，积极适应与应对；另一方面，政府要根据学者的研究成果运用经济手段（补贴、价格保护等）对种植结构进行宏观指导，合理调整种植时间与种植方式，减缓气候变化的不利影响。

6.2.2.5 推行生态农业，减缓气候变化的影响

农业既是碳汇也是碳源，尤其是在农业现代化进程中，农药、机械、化肥等发挥了重要的作用，但同时也增加了农业的碳排量。应对气候变化不仅要采取各种措施去适应，还要尽可能去减缓。因此，农业要走绿色生态的道路，效率与环境并重，减少农业的碳排放量。

6.2.3 节能减碳

6.2.3.1 持续推进农田水利改革，保障粮食产量，提升农业碳效率

我国目前还处于农田水利改革试点阶段。首先，应当总结试点区改革经验，逐步推广应用到水文条件、产业条件适宜的地区。通过扩大农田水利改革范围来保障更大区域的作物产出，从而提升碳效率，最终达到减排降碳的目的。其次，需要保障农田水利改革政策的灵活性。给基层组织赋能，因地制宜灵活调整落实农田水利改革政策，并且不断推进灌溉科技创

新水平，综合提高农田水利设施的配备率，推动农田水利的高效、低耗、环保、可持续发展。

6.2.3.2　加强农村低碳生产的宣传工作并且设置低碳生产奖励机制

一方面，提高农民的环保意识，增强农户环保责任感，从农业经营主体的思想意识上推进我国农业低碳化。另一方面，激发农户低碳生产自觉性和积极性，激励农户采用低碳生产行为。

6.2.3.3　加强对农户科学种植的培训以及低碳技术的推广，增强农业碳效率

一方面，加强种植碳足迹监测，有效识别由于灌溉条件改善而盲目增加农用物资投入的情况。可以举办针对性的培训，使农户意识到问题的存在。另一方面，推进农业技术变革，特别是落实测土配方施肥技术、水肥一体化技术，根据土壤肥力状况和作物需求，合理施入有机肥、化肥等，提高土壤肥力，从而增加作物产量切实提升化肥碳效率。

6.2.3.4　推进农业适度规模经营，实现规模效应，提升碳效率

现代化的发展不断推进农业发展模式的革新，传统的小农经济早已经不适用于现代农业的可持续发展和粮食安全的需要。越来越多的水资源、能源、劳动力需求使得农业的发展受到的限制越来越大，农业自身需求量的扩大，非农产业的挤压，迫使农业的规模化发展，成为我国农业发展的必然趋势。农业的适度规模化可以将更多的农业资源整合在一起，耕地规模的扩大可以使农业机械投入代替越来越少的农业劳动力，同时可以将更多的能源要素整合在一起，更加合理的分配到农业生产中，其中水资源和能源作为农业中投入量较多的生产要素必然会得到提高。同时，规模化生产的农户通常具有更高的学习能力，方便对农户进行专业的农业培训，提升农户的科学技术知识，在保证粮食产量的前提下，通过规模效应，提升碳效率以及水资源和能源的利用效率。比如，引导和鼓励农业龙头企业、农民专业合作社、专业农户参与规模化经营；鼓励有条件有基础的村集体经济组织组建服务队伍开展规模化经营；扶持农户参与连片种植并达到面积标准的规模化经营等。从发达国家农业规模经营经验来看，把握好适度

原则是重点。农业现代化并非简单等同于土地经营规模的扩大，农业规模经营应该同发展实际相适应。

6.2.4 绿色发展

新型肥料的使用是农业绿色发展的重要组成部分，对于提高肥料利用效率、保护生态环境、促进农业可持续发展具有重要意义。为规范新型肥料市场秩序，促进新型肥料市场良性健康发展，在遵循市场规律的前提下，采取措施使新型肥料市场早日步入正轨，推动农业向更加绿色、高效、可持续的方向发展。

在现有市场机制条件下，如图 6-1 所示，发挥经济激励作用，利用信息引导作用，增加新型肥料供需。经济激励方面：①生产环节补贴，对生产企业在新型肥料生产环节进行补贴，可以考虑在电费、环保设备、税收等方面实行优惠政策，以此降低优质新型肥料生产成本。②使用环节补贴，对使用新型肥料的农户进行肥料专项补贴，以此激励农户施用新型肥料。在此基础上，会降低销售商新型肥料进货成本，适当提高优质新型肥料销售价格，增大利润空间。信息引导方面：重视对销售商与农户的施肥技术培训，完善培训内容，使销售商和农户了解化肥减施增效的政策背景，提高环保意识，提高经销商和农户对新型肥料的接受度和认知程度，引导其销售和施用新型肥料，逐步用新型肥料替代化肥。

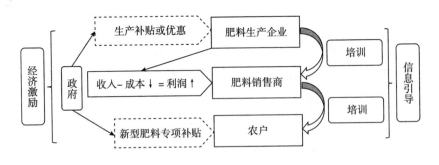

图 6-1 新型肥料发展对策建议思维导图

6.2.4.1 新型肥料生产环节

（1）降低新型肥料生产成本。

在政府方面，应不断完善肥料相关法律法规，规范有机肥政府招标项目，为鼓励企业创新营造宽松的政策环境。首先，政府应加快出台《肥料管理条例》等相关法律法规，尽快建立肥料产品准入和退出机制，进一步明确和简化相关管理部门的职责，规范生产主体的行为。具体地，明确新型肥料的概念界定、种类、质量、使用规范及标准，使新型肥料有章可循、有法可依。其次，规范有机肥政府招标项目，招标应以"质量"为标准，坚决抵制恶意低价中标行为，严格规范有机肥市场。同时，政策要鼓励创新，适应不断变化的市场需求，政策标准应适应肥料产业新业态，在新型肥料层出不穷的情况下，为新型肥料和化肥解绑，不要拴住企业创新的双手双脚，各项优惠、补贴可以考虑向新型肥料倾斜，如电费、税费、运费优惠及环保设备补贴等，适度降低企业生产和流通成本，为企业创新打开绿色通道，激励企业在实现盈利目标的同时，更好地承担改良土壤、保护生态环境、推动农业可持续发展的社会责任。

在企业方面，应提升新型肥料科技研发能力，提高综合竞争力。企业应注重与地方政府、高校等科研机构强强联合，做到产学研相结合，优势互补，争取在关键技术和装备上有所突破，研发高效、环保型肥料，降低新型肥料生产成本，推动肥料产业不断发展。

（2）加强新型肥料宣传推广。

在政府方面，积极发挥基层农技推广部门的作用。加大新型肥料宣传推广力度，对农民加大新型肥料知识培训力度，建立新型肥料示范基地，使农户认识到新型肥料的好处，正确引导农户辨别、购买和施用新型肥料，调动农户施用新型肥料的积极性，让真正优质的新型肥料产品走进千家万户。

在企业方面，从生产型企业向生产服务型企业转变，靠优化农化服务拉动肥料市场营销。企业应加大新型肥料的宣传力度，鼓励知肥、懂肥的技术人才到基层为农户提供施肥技术指导，为农户提供专业化、个性化、全程式的施肥方案，提供肥料产品套餐式配送，引导农户逐步转变传统施肥观念，改变传统施肥策略，进而拓宽企业销路。

6.2.4.2　新型肥料销售环节

（1）提高肥料经销商市场准入门槛。

政府部门应加强肥料销售环节的管理，适当提高化肥销售商经营准入门槛，建立经销商资格认定制度，严厉打击无照经营。农资经营者是农户获取施肥信息的重要来源，其自身应该具备过硬的肥料专业知识，可以尝试通过举办农资经销商培训班、增加考核机制发放农资营业执照。同时，加大对农资经销商的检查和惩罚力度。

（2）努力缓解肥料销售环节赊销压力。

针对农资销售环节赊销压力大的现状，建议一方面拓宽经销商融资渠道，给予经销商贷款利息优惠等政策，鼓励经销商通过正规信贷渠道获得贷款；另一方面从生产源头保证肥料质量，增强农户对肥料的信心，有效减少赊账行为。

（3）优化对肥料经销商的培训。

肥料经销商应作为"乡村振兴"战略中"人才振兴"的重要部分，强化农资经销商在农技推广体系中的服务作用，优化对肥料经销商的培训。培训内容应包括肥料施用技术、肥料新品种、相关政策法规等多方面内容，增强农资经销商的环保意识，充分发挥自身的信息传递作用，更精准、更科学地为农户传递施肥信息。

6.2.4.3　新型肥料使用环节

（1）重视对农户的信息传递。

重视销售商和农技推广部门对农户的信息传递作用，丰富培训内容，增强农户环境保护意识，努力提高农户对新型肥料的接受度和认知度。

（2）提供新型肥料专项补贴。

为降低农户施用新型肥料的成本，初期阶段，可以提供新型肥料专项补贴，利用经济手段激励农户施用新型肥料，逐步引导农户接受新型肥料，扩大新型肥料使用范围。

参考文献

［1］Abdoulaye. Efficiency of Nonpoint Source Pollution Instruments: An Experimental Study ［J］. Environmental & Resource Economics, 2005 (30): 393-422.

［2］Abler D. Why Do Farmers in China Use so Much Fertilizer? ［C］. Chinese Economists Society 2015 Annual Conference, Chongqing, China, 2015.

［3］Agarwal, A, Delos Angeles, M. S. , Bhatia, R. et al. , Integrated Water Resources Management" Global Water Partnership/Technical Advisory Committee Papers. No. 4. Global Water Partnership, Stockholm ［R］. Water Resources (GWP/TAC) Background, 2000.

［4］Aidam P W. The Impact of Water-pricing Policy on the Demand for Water Resources by Farmers in Ghana ［J］. Agricultural Water Management, 2015 (158): 10-16.

［5］Ajani E N, Mgbenka R N, Okeke M N. Use of Indigenous Knowledge as a Strategy for Climate Change Adaptation among Farmers in Sub-Saharan Africa ［J］. Implications for Policy, 2013 (02): 178-185.

［6］Avraham Ebenstein, Zhang J. , Margaret S. McMillan, Kevin Chen. Chemical fertilizer and migration in China ［Z］. National Bureau of Economic Research, working paper 17245, Cambridge, Massachusetts, USA, 2011.

［7］Allison E H, Horemans B. Putting the Principles of the Sustainable

Livelihoods Approach into Fisheries Development Policy and Practice [J]. Mar Policy, 2006, 30 (6): 757-66.

[8] Aregay F A, Zhao M. Impact of Irrigation on Fertilizer Use Decision of Farmers in China: A Case Study in Weihe River Basin [J]. Journal of Sustainable Development, 2014, 5 (04): 1913-9071.

[9] Asfawa A, Admassieb A. The Role of Education on the Adoption of Chemical Fertilizer under Different Socioeconomic Environments in Ethiopia [J]. Agricultural Economics, 2004, 30 (03): 215-228.

[10] Ashley C. , & Carney, D. Sustainable Livelihoods: Lessons from Early Experience. London: Dept [J]. For International Development, 1999 (02): 157-166.

[11] Audsley E, Stacey K F, Parsons D J. Estimation of the Greenhouse Gas Emissions from Agricultural Pesticide Manufacture and Use [J]. 2009.

[12] Bazilian M, Rogner H, Howells M, Hermann S, Arent D, Gielen D, Steduto P, Mueller A, Komor P, Tol R S J, Yumkella K K. Considering the Energy, Water and Food Nexus: Towards an Integrated Modelling Approach [J]. Energy Policy, 2011, 39 (12): 7896-7906.

[13] Bebbington A. Capitals and Capabilities: A Framework for Analyzing Peasant Viability, Rural Livelihoods and Poverty [J]. World Development, 1999, 27 (12): 2021-2044.

[14] Becker G S. A Theory of the Allocation of Time [J]. The Economic Journal, 1965, 75 (299): 493-517.

[15] Benbi D K. Carbon Footprint and Agricultural Sustainability Nexus in an Intensively Cultivated Region of Indo-Gangetic Plains [J]. Science of The Total Environment, 2018 (644): 611-623.

[16] Bentler P M, Bonett D G. Significance Tests and Goodness of Fit in the Analysis of Covariance Structures [J]. Psychological Bulletin, 1980, 88 (03): 588.

［17］ Berbel J, Gómez-Limón J A. The Impact of Water-pricing Policy in Spain: An Analysis of Three Irrigated Areas ［J］. Agricultural Water Management, 2000, 43 (02): 219-238.

［18］ Biggs E M, Bruce E, Boruff B, Duncan J M A, Horsley J, Pauli N, Mcneill K, Neef A, Van Ogtrop F, Curnow J, Haworth B, Duce S, Imanari Y. Sustainable Development and the Water-energy-food Nexus: A Perspective on Livelihoods ［J］. Environmental Science & Policy, 2015 (54): 389-397.

［19］ Benedetti I, Branca G, Zucaro R. Evaluating Input Use Efficiency in Agriculture through a Stochastic Frontier Production: An Application on a Case Study in Apulia (Italy) ［J］. Journal of Cleaner Production, 2019 (236): 117609.

［20］ Beaman L, Karlan D, Thuysbaert B. , Udry C. Profitability of Fertilizer: Experimental Evidence from Female Rice Farmers in Mali, 2013 (103): 381-386.

［21］ Campbell J P. Modeling the Performance Prediction Problem in Industrial and Organizational Psychology ［J］. 1990.

［22］ Cao J M, Wang J X. Development of Groundwater Resources and Farmers' Response on Privatizing Tubewells: Empirical Research in the Rural Areas of Hebei Province ［J］. Journal of Natural Resources, 2008.

［23］ Carney D. Sustainable Livelihoods Approaches: Progress and Possibilities for Change ［R］. London: DFID, 2002.

［24］ Carney D. Sustainable Rural Livelihoods: What Contribution Can We Make? ［R］. London: Dept. for International Development, 1998.

［25］ Carruthers ID, Stoner R. Economic Aspects and Policy Issues in Groundwater Development ［R］. World Bank Staff working paper, 1981.

［26］ Chang Y, Li G, Yao Y, Zhang L, Yu C. Quantifying the Water-Energy-Food Nexus: Current Status and Trends ［J］. Energies, 2016, 9

(02): 65.

[27] Chen G Q, Zhang B. Greenhouse Gas Emissions in China 2007: Inventory and Input-output Analysis [J]. Energy Policy, 2010 (38): 6180-6193.

[28] Chen J, Abou - Elwafa S F, Huang M. Dynamic Changes in the Fossil Energy Use Efficiency in Crop Production: A Case Study from Hunan Province of China [J]. Journal of Cleaner Production, 2022 (371): 133627.

[29] Chen J, Huang Y, Tang Y. Quantifying Economically and Ecologically Optimum Nitrogen Rates for Rice Production in South - eastern China [J]. Agriculture Ecosystems and Environment, 2011 (142): 195-204.

[30] Chen S, Wang Y, Zhu T. Exploring China's Farmer-Level Water-Saving Mechanisms: Analysis of an Experiment Conducted in Taocheng District, Hebei Province [J]. Water, 2014, 6 (03): 547-563.

[31] Christopher Timmins. Endogenous Land Use and the Ricardian Valuation of Climate Change [J]. Environmental & Resource Economics, 2005, 33 (01): 25-31.

[32] Cline W R. Global Warming and Agriculture: Impact Estimates by Country [J]. 2007.

[33] Coase R H. The Problem of Social Cost [M]//In: Classic Papers in Natural Resource Economics. Springer, 1960.

[34] Coase R. The Nature of the Firm [J]. Economica, 1937, 4 (16): 386-405.

[35] Colin Polsky. Putting Space and Time in Ricardian Climate Change Impact Studies: Agriculture in the U. S. [J]. Great Plains, Annals of the Association of American Geographers, 2004, 94 (03): 1969-1992.

[36] Costa J D S, Ellson R W, Martin RC. Public Capital, Regional Output, and Development: Some Empirical Evidence [J]. Journal of Regional Science, 1987, 27 (03): 419-437.

[37] De Brauw, A. Rozelle S. Migration and Household Investment in Rural China [J]. China Economic Review, 2008, 19 (02): 320-335.

[38] DFID-Department for International Development. Sustainable Livelihoods Guidance Sheets (Sections 1&2) [EB/OL]. http://www.ennonline.net/resources/667, 1999.

[39] Dinar A, Subramanian A. Water Pricing Experiences: An International Perspective [M]. World Bank, 1997.

[40] Dubey A, R Lal. Carbon Footprint and Sustainability of Agricultural Production Systems in Punjab, India, and Ohio. USA: Journal of crop improvement, 2009, 23 (04): 332-350.

[41] Duiker W J, Popkin S L. The Rational Peasant: The Political Economy of Rural Society in Vietnam [J]. The Journal of Asian Studies, 1980, 41 (04): 889-891.

[42] Eisenhardt K M. Building Theories from Case Study Research [J]. Academy of management review, 1989, 14 (04): 532-550.

[43] Ellahi M, Mahboob H. Overtime Growth in Crop and Livestock Productivity in Pakistan's Provincial Context [J]. Global Journal of Science Frontier Research, 2013, 13 (10): 157-165.

[44] Ellis, F. Household Strategies and Rural Livelihood Diversification [R]. Journal of Development Studies, 1998, 35 (01): 1-38.

[45] Ellis, F. Rural Livelihoods and Diversity in Developing Countries [M]. Oxford: Oxford University Press, 2000.

[46] Endo A, Tsurita I, Burnett K, Orencio P M. A Review of the Current State of Research on the Water, Energy, and Food Nexus [J]. Journal of Hydrology: Regional Studies, 2017 (11): 20-30.

[47] Fakhraei S H, Narayanan R, Hughes T C. Price Rigidity and Quantity Rationing Rules Under Stochastic Water Supply [J]. Water Resources Research, 1984, 20 (06): 664-670.

［48］ FAO（Food and Agriculture Organization），2022. Land Statistics and Indicators Global ［EB/OL］. Regional and Country Trends，2000-2020. https：// www. fao. org/food - agriculturestatistics/data - release/data - release - detail/en/ c/1599856/.

［49］ F B，J T，B H，S K，G D，P K. An Adaptive Framework to Differentiate Receiving Water Quality Impacts on a Multi-scale Level ［J］. Water Science and Technology：A Journal of the International Association on Water Pollution Research，2013，67（02）：132-140.

［50］ Fleischer A.，Lichtman I.，Mendelsohn R.，et al. Climate Change，Irrigation，and Israeli Agriculture：Will Warming Be Harmful？ ［J］. Ecological Economics，2008，65（03）：508-515.

［51］ Forster S，Kuhlmann B，Lindenschmidt K，et al. Assessing Flood Risk for a Rural Detention Area ［J］. Nat Hazards Earth Syst Sci，2008，8（02）：311-322.

［52］ Frank A. Ward J. Philip King. Economic Incentives for Agriculture Can Promote Water Conservation ［A］. Proceedings of the New Mexico State University Water Conservation Conference，1997.

［53］ Gbetibouo G. A.，Hassan R. M.. Measuring the Economic Impact of Climate Change on Major South African Field Crops：A Ricardian Approach ［J］. Global and Planetary Change，2005（47）：143-152.

［54］ Ge M，Yu K，Ding A，Liu G. Input-Output Efficiency of Water-Energy-Food and Its Driving Forces：Spatial-Temporal Heterogeneity of Yangtze River Economic Belt，China ［J］. International Journal of Environmental Research and Public Health，2022，19（03）：1340.

［55］ Ghosh N. Reducing Dependence on Chemical Fertilizers and Its Financial，Implications for Farmers in India ［J］. Ecological Economics，2004，49（02）：149-162.

［56］ Ghosh S，Kolady D E，Das U，Gorain S，Srivastava SK，Mondal

B. Spatio-temporal Variations in Effects of Participatory Irrigation Management (PIM) Reform in India: A panel data analysis [J]. Agricultural Water Management, 2019 (222): 48-61.

[57] Grothmann T, Patt A. Adaptive Capacity and Human Cognition: The Process of Individual Adaptation to Climate Change [J]. Global Environmental Change, 2005 (15): 199-213.

[58] Gu B, Ge Y, Chang S X, Luo W. and Chang J. Nitrate in Groundwater of China: Sources and Driving Forces [J]. Global Environmental Change, 2013 (23): 1112-1121.

[59] Hansen BE. Sample Splitting and Threshold Estimation [J]. Econometrica, 2000, 68 (03): 575-603.

[60] Heidari M D, Mobli H, Omid M, Rafiee S, Jamali Marbini V, Elshout P M F, Van Zelm R, Huijbregts M A J. Spatial and Technological Variability in the Carbon Footprint of Durum Wheat Production in Iran [J]. The International Journal of Life Cycle Assessment, 2017, 22 (12): 1893-1900.

[61] Heisey P W, Norton G. W. Fertilizers and Other Farm Chemical [J]. Handbook of Agricultural Economics, 2007 (03): 2741-2777.

[62] Hong C, J A Burney et al. Global and Regional Drivers of Land-use Emissions in 1961-2017 [J]. Nature, 2021, 589 (7843): 554-561.

[63] Hoon, P, Singh, N, & Wanmali, S. Sustainable Livelihoods: Concepts, Principles and Approaches to Indicator Development. Presented at the Sustainable Livelihood Indicators Workshop, Social Development and Poverty Eradication Division [M]. New York: UNDP, 1997.

[64] Huang J K, Wang X H, Rozelle Scott. Subsidies and Distortions in China's Agriculture: Evidence from Producer-level Data [J]. Australian Journal of Agricultural and Resource Economics, 2011 (55): 53-71.

[65] Hu L T, Bentler P M. Cutoff Criteria for Fit Indexes in Covariance Structure Analysis: Conventional Criteria Versus New Alternatives [J]. Struc-

tural Equation Modeling: A Multidisciplinary Journal, 1999, 6（01）: 1-55.

［66］Hu R, Yang Z, Kelly P, and Huang J. Agricultural Extension System Reform and Agent Time Allocation in China ［J］. China Economic Review, 2009（20）: 303-315.

［67］Improved Irrigation and Groundwater Management: A Case Study from Iran ［J］. Agricultural Water Management, 2017（108）: 52-60.

［68］ISO. Environmental Management-life Cycle Assessment: Principles and Framework（iso 14 040）［R］. Geneva: International Organization for Standardization, 2006.

［69］Jeon J. The Strengths and Limitations of the Statistical Modeling of Complex Social Phenomenon: Focusing on SEM, Path Analysis, or Multiple Regression Models ［J］. International Journal of Economics and Management Engineering, 2015, 9（05）: 1634-1642.

［70］Jia, X, Huang, J K, Xiang, C, & Powlson, D. Reducing Excessive Nitrogen Use in Chinese Wheat Production through Knowledge Training: What Are the Implications for the Public Extension System? ［J］. Agroecology and Sustainable Food Systems, 2015, 39（02）: 189-208.

［71］Jin S Q, Zhou F. Zero Growth of Chemical Fertilizer and Pesticide Use: China's Objectives, Progress and Challenges ［J］. Journal of Resources and Ecology, 2018: 9（01）: 50-58.

［72］Johnson N, Revenga C, Echeverria J. Managing Water for People and Nature ［J］. Science, 2001, 292（5519）: 1071-1080.

［73］Ju, X T, G X Xing, X P Chen, S L Zhang, L J Zhang, X J Liu et al. Reducing Environmental Risk by Improving N Management in Intensive Chinese Agricultural Systems ［J］. Proc. Natl. Acad. Sci. USA. 2009（106）: 3041-3046.

［74］Kabubo-Mariara, J. Karanja F. K.. The Economic Impact of Climate Change on Kenyan Crop Agriculture: A Ricardian Approach ［J］. Global and Planetary Change, 2007 (57): 319-330.

[75] Kardoni F, Ahmadi M J, Bakhshi M R. Energy Efficiency Analysis and Modeling the Relationship between Energy Inputs and Wheat Yield in Iran [J]. International journal of agricultural management and development, 2015, 5 (04): 321-330.

[76] Karimi P, Qureshi A S, Bahramloo R, Molden D. Reducing Carbon Emissions through [R]. 2012.

[77] Keskinen M, Guillaume J, Kattelus M, Porkka M, Räsänen T, Varis O. The Water-Energy-Food Nexus and the Transboundary Context: Insights from Large Asian Rivers [J]. Water, 2016, 8 (05): 193.

[78] Keskinen M, Someth P, Salmivaara A, Kummu M, 2015. Water-Energy-Food Nexus in a Transboundary River Basin: The Case of Tonle Sap Lake, Mekong River Basin [J]. Water, 2015, 7 (10): 5416-5436.

[79] Khor L Y, Zeller M. Inaccurate Fertilizer Content and Its Effect on the Estimate of Production Functions [J]. China Economic Review, 2014 (30): 123-132.

[80] Kim H Y. Marginal Cost and Second-best Pricing for Water Services [J]. Review of Industrial Organization, 1995, 10 (03): 323-338.

[81] Kollmuss A, Agyeman J, 2002. Mind the Gap: Why Do People Act Environmentally and What Are the Barriers to Pro-environmental Behavior? [J]. Environmental Education Research, 2002, 8 (03): 239-260.

[82] Kosemani B S, Bamgboye A I. Energy Input-output Analysis of Rice Production in Nigeria [J]. Energy, 2020 (207): 118258.

[83] Kurukulasuriya, P, Mendelsohn, R. A Regional Analysis of the Impact of Climate Change on African Agriculture [R]. Mimeo. School of Forestry and Environmental Studies, Yale University, 2006.

[84] K. Assets. Activities and Rural Income Generation: Evidence from a Multicountry Analysis [J]. World Development, 2009, 37 (09): 1435-1452.

［85］ Lamb. Russell L. Fertilizer Use. Risk. and Off-Farm Labor Markets in the Semi-Arid Tropics of India ［J］. American Journal of Agricultural Economics. 2003, 85 （02）: 359-371.

［86］ Lam W F. Governing Irrigation Systems in Nepal: Institutions, Infrastructure, and Collective Action ［M］. Institute for Contemporary Studies, 1998.

［87］ Lam W Y, Sim S, Kulak M, Zelm R, Schipper A M, Huijbregts M A. Drivers of Variability in Greenhouse Gas Footprints of Crop Production ［J］. Journal of Cleaner Production, 2021 （315）: 128121.

［88］ Lenzen M. Errors in Conventional and Input-Output-based Life-Cycle Inventories ［J］. Journal of industrial ecology, 2000, 4 （04）: 127-148.

［89］ Liang S, Qu S, Zhao Q, Zhang X, Daigger G T, Newell J P, Miller S A, Johnson J X, Love N G, Zhang L, Yang Z, Xu M. Quantifying the Urban Food-Energy-Water Nexus: The Case of the Detroit Metropolitan Area ［J］. Environmental Science & Technology, 2019, 53 （02）: 779-788.

［90］ Li G, Huang D, Li Y. China's Input-Output Efficiency of Water-Energy-Food Nexus Based on the Data Envelopment Analysis （DEA） Model ［J］. Sustainability, 2016, 8 （09）: 927.

［91］ Li M, Fu Q, Singh V P, Liu D, Li T. Stochastic Multi-objective Modeling for Optimization of Water-food-energy Nexus of Irrigated Agriculture ［J］. Advances in Water Resources, 2019 （127）: 209-224.

［92］ Liu Hui, Li Xiubin, Guenther Fischer et al. Study on the Impacts of Climate Change on China's Agriculture ［J］. Climate Change, 2004 （65）: 125-148.

［93］ Liu Y, Li Y. Revitalize the World's Countryside ［J］. Nature News, 2017, 548 （7667）: 275.

［94］ Li Y, Chiu Y, Wang L, Liu Y, Chiu C. A Comparative Study of Different Energy Efficiency of OECD and Non-OECD Countries. Tropical Conservation Science, 2019 (12): 324256128.

[95] Li J, Feng S, Luo T, Guan Z, 2020. What Drives the Adoption of Sustainable Production Technology? Evidence from the Large Scale Farming Sector in East China [J]. Journal of Cleaner Production, 2020 (257): 120611.

[96] Luan H. , Qiu H G. Fertilizer Overuse in China: Emprical Evidence from Farmers in for Provinces [J]. Agricultural Science & Technology, 2013, 14 (01): 193-196.

[97] Lynde C, Richmond J. The Role of Public Capital in Production [J]. The Review of Economics and Statistics, 1992, 74 (01): 37-44.

[98] Mahmoud AbuZeid. Water Pricing in Irrigated Agriculture [J]. International Journal of Water Resources Development, 2001, 17 (04): 527-538.

[99] Mamatzakis E C. Public Infrastructure and Productivity Growth in Greek Agriculture [J]. Agricultural Economics, 2003, 29 (02): 169-180.

[100] Mamitimin Y, Feike T, Seifert I, et al. Irrigation in the Tarim Basin, China: farmers' Response to Changes in Water Pricing Practices [J]. Environmental Earth Sciences, 2015, 73 (02): 559-569.

[101] Mann P C. Reform in Costing and Pricing Water [J]. Journal of the American Water Works Association, 1987, 78 (03): 43-45.

[102] Meinzendick R S, Rosegrant M W. Managing Water Supply and Demand in Southern Africa [J]. 1997.

[103] Mendelsohn R. , and A. Dinar. Climate Change, Agriculture, and Developing Countries: Does Adaptation Matter? [R]. World Bank Research Observer, 1999, 14 (02): 277-93.

[104] Mendelsohn R. , W. D. Nordhaus, and D. Shaw, The Impact of Global Warming on Agriculture: A ricardian model [J]. The American Economic Review, 1994: 84 (04): 753-771.

[105] Mercer K. L. , Perales H. R. et al. Climate Change and the Trans-

genic Adaptation Strategy: Smallholder Livelihoods, Climate Justice, and Maize Landraces in Mexico [J]. Global Environmental Change, 2012 (22): 495–504.

[106] Mahmood N, Arshad M, Küchele H, Ullah A, Müller K. Economic Efficiency of Rainfed Wheat Farmers under Changing Climate: Evidence from Pakistan. Environmental Science and Pollution Research, 2020, 27 (27): 34453–34467.

[107] McDonald R P, Ho M H R. Principles and Practice in Reporting Structural Equation Analyses [J]. Psychological Methods, 2002, 7 (01): 64.

[108] Mendelsohn R, Basist A, Kurukulasuriya P, Dinar A. Climate and Rural Income. Mimeo [R]. School of Forestry and Environmental Studies, Yale University, 2003.

[109] Mendelsohn R, Dinar A, Dalfelt A. Climate Change Impacts on African Agriculture [EB/OL]. http://www.ceepa.co.za/Climate _ Change/pdf/ (5–22–01) afrbckgrnd–impact. pdf, 2000.

[110] Moghaddasi R, Bakhshi A, Kakhki MD. Analyzing the Effects of Water and Agriculture Policy Strategies: An Iranian Experience [J]. American Journal of Agricultural and Biological Sciences, 2009, 4 (03): 206–214.

[111] Moncur J E T. Urban Water Pricing and Drought Management [J]. Water Resources Research, 1987, 23 (03): 393–398.

[112] Moore M R, Gollehon N R, Carey M B. Multicrop Production Decisions in Western Irrigated Agriculture: The Role of Water Price [J]. American Journal of Agricultural Economics, 1994, 76 (04): 859–874.

[113] Murphy K R, Cleveland J N. Performance Appraisal: An Organizational Perspective [M]. Allyn & Bacon, 1991.

[114] Nadiri M I, Mamuneas T P. The Effects of Public Infrastructure and R&D Capital on the Cost Structure and Performance of U. S. Manufacturing Industries [J]. The Review of Economics and Statistics, 1994, 76 (01):

22-37.

[115] Naidu R, kookana R S, Baskaran S. Pesticide Dynamics in the Tropical Soil-plant Ecosystem: Potential Impacts on Soil and Crop Quality [C]//In: Seeking Agricultural Produce Free of Pesticide Residuces. Yogyakarta, Indonesia. ACIAR Proceedings Series, 1998 (85): 171-183.

[116] Nir Becker, Doron Lavee. The Effect and Reform of Water Pricing: The Israeli Experience [J]. International Journal of Water Resources Development, 2002, 18 (02): 353-366.

[117] Nihei T. Changes in the Energy Efficiency of Regional Crop Production in Japan [J]. Geographical review of Japan, 2001, 74 (01): 47-61.

[118] Ostrom E. Governing the Commons: The Evolution of Institutions for Collective Action [M]. New York, NY: Cambridge University Press, 1990.

[119] Olesen J. E. , Europ. J. et al. Impacts and Adaptation of European Crop Production Systems to Climate Change [J]. Agronomy, 2011 (34): 96-112.

[120] Omidi-Arjenaki O, Ebrahimi R, Ghanbarian D. Analysis of Energy Input and Output for Honey Production in Iran (2012-2013) [J]. Renewable and Sustainable Energy Reviews, 2016 (59): 952-957.

[121] Onofri A, Fulginiti L E. Public Inputs and Dynamic Producer Behavior: Endogenous Growth in U. S. Agriculture [J]. Journal of Productivity Analysis, 2008, 30 (01): 13-28.

[122] Oulmane A, Chebil A, Frija A, Benmehaia AM. Water-Saving Technologies and Total Factor Productivity Growth in Small Horticultural Farms in Algeria [J]. Agricultural Research, 2020 (02): 1-7.

[123] Paswel P. Marenya, Christopher B. Barrett. Soil Quality and Fertilizer Use Rates among Smallholder Farmers in Western Kenya [J]. Agricultural Economics. 2009, 40 (05) 561-572.

[124] Pathak H, N Jain et al. Carbon Footprints of Indian Food Items

[J]. Agriculture, Ecosystems&Environment, 2010, 139 (01): 66-73.

[125] Paulson, N. D. , & Babcock, B. A. Readdressing the Fertilizer Problem [J]. Journal of Agricultural and Resource Economics, 2010, 35 (03): 368-384.

[126] Perry C J. Charging for Irrigation Water: The Issues and Options, with a Case Study from Iran [C]. International Water Management Institute, 2001.

[127] Perry C. Water at Any Price? Issues and Options in Charging for Irrigation Water [J]. Irrigation & Drainage, 2001, 50 (01): 1-7.

[128] Piao S, Fang J, Ciais P et al. The Carbon Balance of Terrestrial Ecosystems in China [J]. Nature, 2009, 458 (7241): 1009-1013.

[129] Pishgar-Komleh S H, Akram A, Keyhani A et al. Variability in the Carbon Footprint of Open-field Tomato Production in Iran-A Case Study of Alborz and East-Azerbaijan Provinces [J]. Journal of Cleaner Production, 2017 (142): 1510-1517.

[130] Pandey D, Agrawal M, Pandey J S. Carbon Footprint: Current Methods of Estimation [J]. Environmental Monitoring and Assessment, 2011 (178): 135-160.

[131] Popkin S L, Popkin S L. The Rational Peasant: The Political Economy of Rural Society in Vietnam [M]. Univ of California Press, 1979.

[132] Rajsic, P, Weersink, A, & Gandorfer, M. Risk and Nitrogen Application Levels [J]. Canadian Journal of Agricultural Economics/Revue Canadienne D' agroeconomie, 2009, 57 (02): 223-239.

[133] Rakotoarisoa MA. The Impact of Agricultural Policy Distortions on the Productivity Gap: Evidence from Rice Production [J]. Food Policy, 2011, 36 (02): 147-157.

[134] Rakotovao N H, T M Razafimbelo et al. Carbon Footprint of Smallholder Farms in Central Madagascar: The Integration of Agroecoloical Practices

[J]. Journal of Cleaner Production, 2017 (140): 1165-1175.

[135] Raveesh G. , Goyal R. , Tyagi S. K. . Advances in Atmospheric Water Generation Technologies [J]. Energy Conversion and Management, 2021, 15 (05): 239-243.

[136] Rajsic P, & Weersink A. Do Farmers Waste Fertilizer? A Comparison of Ex Post Optimal Nitrogen Rates and Ex Ante Recommendations by Model, Site and Year [J]. Agricultural Systems, 2008, 97 (1-2): 56-67.

[137] Rodríguez M M, Fernández F J S, Correa JAA, Ferrer EM, Ferrero NR. Evaluation of Irrigation Projects and Water Resource Management: A Methodological Proposal [J]. Sustainable Development, 2010, 10 (02): 90-102.

[138] Rosenbaum P R, Rubin D B. The Central Role of the Propensity Score in Observational Studies for Causal Effects [J]. Biometrika, 1983, 70 (01): 41-55.

[139] Salas S M A, Wilson P N. A Farmer-Centered Analysis of Irrigation Management Transfer in Mexico [J]. Irrigation and Drainage Systems, 2004, 18 (01): 146-165.

[140] Sanghi A, Mendelsohn R. The Impacts of Global Warming on Farmers in Brazil and India [J]. Global Environmental Change, 2008 (18): 655-665.

[141] Schaible G D. Water Conservation Policy Analysis: An Interregional, Multi-Output, Primal-Dual Optimization Approach [J]. American Journal of Agricultural Economics, 1997, 79 (01): 163-177.

[142] Schmidhuber J, Tubiello F. Global Food Security under Climate Change [J]. PNAS, 2007, 104 (50): 19703-19708.

[143] Schuck E C, Frasier W M, Webb R S, Ellingson L, Umberger WJ. Adoption of More Technically Efficient Irrigation Systems as a Drought Response [J]. International Journal of Water Resources Development, 2005,

21 (04): 651-662.

[144] Schulthess, Urs, Ahmed, Uddin Z, McDonald, Andrew J, Krupnik, Timothy J. Sustainable Crop Intensification through Surface Water Irrigation in Bangladesh? A Geospatial Assessment of Landscape-scale Production Potential [J]. Land Use Policy, 2017 (60): 206-222.

[145] Schultz, Theodore W. Transforming Traditional Agriculture [M]. London: Yale University Press, 1964.

[146] Schumacker R E, Lomax R G. A Beginner's Guide to Structural Equation Modeling [M]. Psychology Press, 2004.

[147] Scoones, I. Livelihoods Perspectives and Rural Development [J]. Journal of Peasant Studies, 2009, 36 (01): 171-196.

[148] Scoones I. Sustainable Livelihood: A Framework for Analysis [R]. IDS Working Paper 72. Brighton: IDS, 1998.

[149] Sheriff, G. Efficient Waste? Why Farmers Over-apply Nutrients and the Implications for Policy Design [J]. Applied Economic Perspectives and Policy, 2005, 27 (04): 542-557.

[150] Shiklomanov I. A. Appraisal and Assessment of World Water Resources [J]. Water International, 2000, 25 (01): 11-32.

[151] Singer S F. Human Contributions to Climate Change Remains Questionable [R]. EOS, Trans AGU, April 20, 1999.

[152] Saleth R M. Water Resources and Economic Development [M] // Water Resources and Economic Development. Edward Elgar Pub, 2002.

[153] Schreiner B, Baleta H. Broadening the Lens: A Regional Perspective on Water, Food and Energy Integration in SADC. Aquatic Procedia, 2015 (05): 90-103.

[154] Smit B, Cai Yunlong. Climate Change and Agriculture in China [J]. Global Environmental Change, 1996, 6 (03): 205-214.

[155] Suh S, S Nakamura. Five Years in the Area of Input-output and

Hybrid LCA [J]. The International Journal of Life Cycle Assessment, 2007, 12 (06): 351-352.

[156] Sun, B. , Zhang, L. , Yang, L. , Zhang, F. , Norse, D. , & Zhu, Z. Agricultural Non-point Source Pollution in China: Causes and Mitigation Measures [J]. Ambio, 2012, 41 (04): 370-379.

[157] Tanaka T. , Camerer C F, Nguyen Q. Risk and Time Preferences: Linking Experimental and Household Survey Data from Vietnam [J]. American Economic Review, 2010 (100): 557-571.

[158] Teruel R G, Kuroda Y. Public Infrastructure and Productivity Growth in Philippine Agriculture, 1974-2000 [J]. Journal of Asian Economics, 2005, 16 (03): 555-576.

[159] Thapa B, Scott C, Wester P, Varady R. Towards Characterizing the Adaptive Capacity of Farmer Managed Irrigation Systems: Learnings from Nepal [J]. Current Opinion in Environmental Sustainability, 2016 (21): 37-44.

[160] Tristram O West, Gregg Marland. A Synthesis of Carbon Sequestration, Carbon Emissions, and Net Carbon Flux in Agriculture: Comparing Tillage Practices in the United States [J]. Agriculture. Ecosystems & Environment, 2002, 91 (1-3): 217-232.

[161] Tsur Y, Dinar A, Doukkali RM, Roe T. Irrigation Water Pricing: Policy Implications Based on International Comparison [J]. Environment and Development Economics, 2004, 9 (06): 735-755.

[162] Tsur Y, Dinar A. Efficiency and Equity Considerations in Pricing and Allocating Irrigation Water [R]. Policy Research Working Paper, the World Bank Agriculture and Natural Resources Department, Agriculture Policies Division, 1995.

[163] Tufgar R. , et al. Water Rate Structure for Demand Management in the Region Municipality of Waterloo [J]. Water Works Association, 1990, 18

(03): 475-484.

[164] Uysal ÖK, Atis E. Assessing the Performance of Participatory Irrigation Management Over Time: A Case Study from Turkey [J]. Agricultural Water Management, 2010, 97 (07): 1017-1025.

[165] Varela-Ortega C, Sumpsi J M, Garrido A, et al. Water Pricing Policies, Public Decision Making and Farmers' Response: Implications for Water Policy [J]. Agricultural Economics, 1998, 19 (1-2): 193-202.

[166] Villamayor-Tomas S. Disturbance Features, Coordination and Cooperation: An Institutional Economics Analysis of Adaptations in the Spanish Irrigation Sector [J]. Journal of Institutional Economics, 2018, 14 (03): 501.

[167] Wang G, Chen J, Wu F, Li Z. An Integrated Analysis of Agricultural Water-use Efficiency: A Case Study in the Heihe River Basin in Northwest China [J]. Physics and Chemistry of the Earth, Parts A/B/C, 2015 (89-90): 3-9.

[168] Wang Jinxia, Mendelsohn R., Dinar A., Huang Jikun, Scott Rozelle, Zhang Lijuan. The Impact of Climate Change on China's Agriculture [J]. Agricultural Economics, 2009, 40 (03): 323-337.

[169] Wang J, Zhang L, Huang J. How Could We Realize a Win-win Strategy on Irrigation Price Policy? Evaluation of a Pilot Reform Project in Hebei Province, China [J]. Journal of Hydrology, 2016, 539 (539): 379-391.

[170] Wiedmann T, Minx J. A Definition of "Carbon Footprint" [J]. Ecological Economics Research Trends, 2008 (01): 1-11.

[171] Williamson J M. The Role of Information and Prices in the Nitrogen Fertilizer Management Decision: New Evidence from the Agricultural Resource Management Survey [J]. Journal of Agricultural and Resource Economics, 2011 (36): 552-572.

[172] Wu Y R. Chemical Fertilizer Use Efficiency and Its Determinants in

China's Farming Sector [J]. China Agricultural Economic Review, 2011, 3 (02): 117-130.

[173] Xin L, Li X, Tan M. Temporal and Regional Variations of China's Fertilizer Consumption by Crops during 1998-2008 [J]. Journal of Geographical Sciences, 2012 (22): 643-652.

[174] Yan M, Cheng K, Luo T et al. Carbon Footprint of Grain Crop Production in China-Based on Farm Survey Data [J]. Journal of Cleaner Production, 2015 (104): 130-138.

[175] Yan X, Jin J Y, Liang M Z. Grain Crop Fertilization Status and Factors Influencing Farmers' Decision Making on Fertilizer Use: China Case Study [J]. Agricultural Science & Technology, 2016, 17 (10): 2394-2398+2440.

[176] Yuan S, Peng S. Input-output Energy Analysis of Rice Production in Different Crop Management Practices in Central China [J]. Energy, 2017 (141): 1124-1132.

[177] Yao Z, Zang W, Wang X, Lu M, Chadwick D, Zhang Z, Chen X. Carbon Footprint of Maize Production in Tropical/subtropical Region: A Case Study of Southwest China. Environmental Science and Pollution Research, 2021, 28 (22): 28680-28691.

[178] Zhang D, Shen J, Zhang F et al. Carbon Footprint of Grain Production in China [J]. Scientific Reports, 2017, 7 (01): 180-191.

[179] Zhang F. Measurement of Efficiency of Agricultural Input and Output in Guizhou by Data Envelopment Analysis (DEA) method [R]. 2016.

[180] Zhang W, He X, Zhang Z, Gong S, Zhang Q, Zhang W, Liu D, Zou C, Chen X, 2018. Carbon Footprint Assessment for Irrigated and Rainfed Maize (Zea mays L.) Production on the Loess Plateau of China. Biosystems Engineering: 167: 75-86.

[181] Zhang X, Fan S. Public Investment and Regional Inequality in Ru-

ral China [J]. Agricultural Economics, 2004, 30 (02): 89-100.

[182] Zhao F. J., Ma Y., Zhu Y. G., Tang Z., McGrath S. P. Soil Contamination in China: Current Status and Mitigation Strategies [J]. Environmental Science & Technology, 2015 (49): 750-759.

[183] Zhou X, Li Y E, Li K et al. Greenhouse Gas Emissions from Agricultural Irrigation in China [J]. Mitigation and Adaptation Strategies for Global Change, 2015, 20 (02): 295-315.

[184] 安永军. 农村公共品供给中的"市场包干制": 运作模式与实践逻辑 [J]. 中国农村经济, 2020 (01): 36-47.

[185] 白由路. 我国肥料产业面临的挑战与发展机遇 [J]. 植物营养与肥料学报, 2017 (01): 1-8.

[186] 包刚, 覃志豪, 周义等. 气候变化对中国农业生产影响的模拟评价进展 [J]. 中国农学通报, 2012 (02): 303-307.

[187] 毕博, 陈丹, 邓鹏, 张娣, 诸莉燕, 张鹏. 区域水资源-能源-粮食系统耦合协调演化特征研究. 中国农村水利水电, 2018 (02): 72-77.

[188] 卞有生. 建设农业生态工程 治理与控制湖泊面源污染 [J]. 中国工程科学, 2001 (05): 17-21.

[189] 卜刚. 水利基础设施对农业经济发展的重要作用探究——评《虚拟水战略与中国农业水资源配置研究》[J]. 人民长江, 2021, 52 (04): 233.

[190] 蔡保忠, 曾福生. 农业基础设施的粮食增产效应评估——基于农业基础设施的类型比较视角 [J]. 农村经济, 2018 (12): 24-30.

[191] 蔡基宏. 基于农户模型的农民耕作行为分析 [M]. 福州: 福建师范大学, 2005.

[192] 蔡起华. 社会信任、关系网络与农户参与小型农田水利设施供给研究 [D]. 杨凌: 西北农林科技大学, 2017.

[193] 蔡荣. 管护效果及投资意愿: 小型农田水利设施合作供给困境分析 [J]. 南京农业大学学报 (社会科学版), 2015, 15 (04): 78-

86+134.

[194] 蔡荣，汪紫钰，刘婷．节水灌溉技术采用及其增产效应评估——以延津县 318 户胡萝卜种植户为例［J］．中国农业大学学报，2018，23（12）：166-175.

[195] 蔡威熙．农业水价综合改革效应研究［D］．泰安：山东农业大学，2021.

[196] 蔡威熙，周玉玺，胡继连．农业水价改革的利益相容政策研究——基于山东省的案例分析［J］．农业经济问题，2020（10）：32-39.

[197] 曹暕，孙顶强，谭向勇．农户奶牛生产技术效率及影响因素分析［J］．中国农村经济，2005（10）：44-50.

[198] 曹建民，王金霞．井灌区农村地下水水位变动：历史趋势及其影响因素研究［J］．农业技术经济，2009（04）：92-98.

[199] 曹建廷．气候变化对水资源管理的影响与适应性对策［J］．中国水利，2010（01）：7-11.

[200] 曹淑艳，谢高地．中国产业部门碳足迹流追踪分析．资源科学，2010，32（11）：2046-2052.

[201] 柴盈，曾云敏．应对劳动力转移冲击的"小农水"适应性治理研究——基于广东的调查［J］．公共管理学报，2020，17（02）：152-163+176.

[202] 常宝军．"一提一补"调控机制及其应用研究［J］．中国水利，2008（B08）：44-45.

[203] 常宝军，刘毓香．"一提一补"制度节水效果研究［J］．中国水利，2010（07）：41-44.

[204] 常明，陈思博，马冰然，刘莹．粮食水资源利用效率及影响因素分析：基于中国省际面板数据的实证研究［J］．生态与农村环境学报，2020，36（02）：145-151.

[205] 常明，王西琴，张馨月．农田水利管护模式对农户灌溉效率的影响［J］．华中农业大学学报（社会科学版），2022（02）：24-35.

［206］常明，王西琴，张馨月．乡村公共事务有效治理的实践逻辑——以纸屯村灌溉系统多元合作治理为例［J］．农村经济，2022（02）：91-99.

［207］陈军飞，晏霄云．我国农业区水资源-能源-粮食系统协调适配与农业产出——基于人力资本门槛效应的实证［J］．科技管理研究，2020，40（05）：215-223.

［208］陈克强．北方地区大面积作物生产对地下水的影响——以洛惠渠灌区为例［D］．西安：西安理工大学，2005.

［209］陈黎，仇蕾．基于农户行为的农业面源污染防控实证研究——以化肥施用行为为例［J］．江西农业学报，2017（03）：135-138，143.

［210］陈钦萍，郑晶．兼业经营对农户农地利用碳排放行为的影响研究——基于福建省257户农户数据［J］．河北农业大学学报（社会科学版），2021，23（01）：30-36.

［211］陈儒，姜志德．中国低碳农业发展绩效与政策评价［J］．华南农业大学学报（社会科学版），2017，16（05）：28-40

［212］陈舜，逯非，王效科．中国氮磷钾肥制造温室气体排放系数的估算［J］．生态学报，2015，35（19）：6371-6383.

［213］陈香云．农村劳动力转移对种植业农地利用碳排放的影响研究［D］．武汉：华中农业大学，2022.

［214］陈宇斌，王森．农业综合开发投资的农业碳减排效果评估——基于高标准基本农田建设政策的事件分析［J］．农业技术经济，2023（6）：67-80.

［215］陈忠立．对传统化肥企业进行转型升级的探讨分析——以贵州赤天化股份有限公司为例［J］．商场现代化，2017（19）：79-80.

［216］程序．中国农业有机废弃物利用中的创新和存在的问题（英文）［J］．农业工程学报，2002（05）：1-6.

［217］崔巧娟．未来气候变化对中国玉米生产的影响评估［D］．北

京：中国农业大学，2005.

[218] 崔新蕾，蔡银莺，张安录. 农户减少化肥农药施用量的生产意愿及影响因素 [J]. 农村经济，2011（11）：97-100.

[219] 崔学军，陈宏坤. 化肥供给侧结构性改革调研报告（2017年）[M]. 北京：化学工业出版社，2018.

[220] 道格拉斯·C. 诺斯. 制度、制度变迁与经济绩效 [M]. 上海：上海三联书店，1994.

[221] 邓鹏，陈菁，陈丹，施红怡，毕博，刘志，尹越，操信春. 区域水-能源-粮食耦合协调演化特征研究——以江苏省为例 [J]. 水资源与水工程学报，2017，28（06）：232-238.

[222] 邸少华，谢立勇，宁大可等. 气候变化对西北地区水资源的影响及对策 [J]. 安徽农业科学，2011，39（27）：16819-16821.

[223] 丁文魁，李兴宇，杨晓玲，马中华，李岩瑛. 气象干旱变化特征及其对粮食产量的影响——以甘肃武威市为例 [J]. 干旱区研究，2022，39（02）：656-664.

[224] 丁一汇，任国玉，石广玉等. 气候变化国家评估报告（Ⅰ）：中国气候变化的历史和未来趋势 [J]. 气候变化研究进展，2006，2（01）：3-8.

[225] 董凤丽. 上海市农业面源污染控制的滨岸缓冲带体系初步研究 [D]. 上海：上海师范大学，2004.

[226] 董文军，张俊，唐傲，刘猷红，徐英哲，王文龙，王玉杰. 黑龙江省2010-2019年水稻生产碳中和概况及低碳稻作技术对策分析 [J]. 黑龙江农业科学，2021（12）：84-90

[227] 董小菁，纪月清，钟甫宁. 农业水价政策对农户种植结构的影响——以新疆地区为例 [J]. 中国农村观察，2020（03）：130-144.

[228] 董莹，穆月英. 我国粮食生产效率变化及其影响因素——基于能源视角的分析 [J]. 西北农林科技大学学报（社会科学版），2014，14（06）：103-111.

［229］董舟，田千喜．农资市场的逆向选择与我国农产品安全——以农药市场为例［J］．安徽农业科学，2010，38（19）：10330-10331，10467.

［230］杜江，罗珺．我国农业面源污染的经济成因透析［J］．中国农业资源与区划，2013，34（04）：22-27+42.

［231］杜威漩．小型农田水利设施治理结构：豫省例证［J］．改革，2015（08）．

［232］杜文献．气候变化对农业影响的研究进展——基于李嘉图模型的视角［J］．经济问题探索，2011（01）：154-159.

［233］方琳，吴凤平，王新华，余燕团．基于共同前沿SBM模型的农业用水效率测度及改善潜力［J］．长江流域资源与环境，2018，27（10）：2293-2304.

［234］房茜，吴文祥，周扬．气候变化对农作物产量影响的研究方法综述［J］．江苏农业科学，2012，40（04）：12-16.

［235］冯广志，谷丽雅．印度和其他国家用水户参与灌溉管理的经验及其启示．中国农村水利水电，2000（04）：23-26.

［236］冯晓龙，刘明月，霍学喜．水资源约束下专业化农户气候变化适应性行为实证研究——以陕西省663个苹果种植户为例［J］．农业技术经济，2016（09）：18-27.

［237］冯颖，姚顺波，郭亚军．基于面板数据的有效灌溉对中国粮食单产的影响［J］．资源科学，2012，34（09）：1734-1740.

［238］冯志文，康跃虎，万书勤，刘士平．控失肥作为基肥对滴灌施肥马铃薯生长和品质的影响［J］．灌溉排水学报，2018，37（01）：54-62.

［239］付永．城乡二元结构转换中的我国农村面源污染问题研究［D］．武汉：华中师范大学，2008.

［240］傅春，胡振鹏．水资源价值及其定量分析［J］．资源科学，1998（06）：1-7.

［241］高鸿业．西方经济学（微观部分）第五版［M］．北京：中国人民大学出版社，2011．

［242］高怀友，赵玉杰，郑向群，张壬午．西部地区农业面源污染现状与对策研究［J］．中国生态农业学报，2003（03）：190-192．

［243］高霁，杨红龙，陶生才，等．未来情景下东北地区极端气候事件的模拟分析［J］．中国农学通报，2012，28（14）：295-300．

［244］高晶晶，彭超，史清华．中国化肥高用量与小农户的施肥行为研究——基于1995～2016年全国农村固定观察点数据的发现［J］．管理世界，2019，35（10）：120-132．

［245］葛继红，周曙东．农业面源污染的经济影响因素分析——基于1978～2009年的江苏省数据［J］．中国农村经济，2011（05）：72-81．

［246］葛继红，周曙东．要素市场扭曲是否激发了农业面源污染——以化肥为例［J］．农业经济问题，2012（03）：92-98，112．

［247］龚琦，王雅鹏．我国农用化肥施用的影响因素——基于省际面板数据的实证分析［J］．生态经济，2011（02）：33-38，43．

［248］龚志强，王晓娟，支蓉等．中国近58年温度极端事件的区域特征及其与气候突变的联系［J］．物理学报，2009，58（6）：4342-4353．

［249］巩前文．农用化肥使用效率与农户施肥行为研究［D］．武汉：华中农业大学，2007．

［250］巩前文，张俊飚，李瑾．农户施肥量决策的影响因素实证分析——基于湖北省调查数据的分析［J］．农业经济问题，2008（10）：63-68．

［251］顾阿伦，姜冬梅，张月．能源-水关系研究现状及对我国的启示［J］．生态经济，2016，32（07）：20-23．

［252］《关于加大力度推进农业水价综合改革工作的通知》（发改价格〔2018〕916号）．

［253］郭慧光，闫自申．滇池富营养化及面源控制问题思考［J］．环境科学研究，1999（05）：48-49+64．

[254] 郭明顺, 谢立勇, 曹敏建等. 气候变化对农业生产和农村发展的影响和对策 [J]. 农业经济, 2008 (10): 8-10.

[255] 郭善民. 灌溉管理制度改革问题研究——以皂河灌区为例 [D]. 南京: 南京农业大学, 2004.

[256] 郭善民, 王荣. 农业水价政策作用的效果分析 [J]. 农业经济问题, 2004 (07): 41-44.

[257] 郭唐兵, 叶文辉. 我国农田水利与农业增长关系的实证研究 [J]. 华东经济管理, 2012, 26 (12): 84-88.

[258] 郭秀亮. 化肥制造企业服务化转型的思路探讨 [J]. 纳税, 2017 (30): 87+89.

[259] 郭燕枝, 王小虎, 孙君茂. 华北平原地下水漏斗区马铃薯替代小麦种植及由此节省的水资源量估算 [J]. 中国农业科技导报, 2014 (6): 159-163.

[260] 郭珍. 农地流转、集体行动与村庄小型农田水利设施供给——基于湖南省团结村的个案研究 [J]. 农业经济问题, 2015, 36 (08): 21-27+110.

[261] 韩青, 袁学国. 参与式灌溉管理对农户用水行为的影响 [J]. 中国人口·资源与环境, 2011, 21 (04): 126-131.

[262] 韩文龙, 刘灿. 共有产权的起源、分布与效率问题——一个基于经济学文献的分析 [J]. 云南财经大学学报, 2013, 29 (01): 15-23.

[263] 何春花. 河南省粮食生产影响因素的量化分析与对策 [D]. 河南: 河南农业大学, 2009.

[264] 何浩然, 张林秀, 李强. 农民施肥行为及农业面源污染研究 [J]. 农业技术经济, 2006 (06): 2-10.

[265] 何剑, 于广浩. 投入产出视角下的干旱区水资源利用效率与价格波动效应分析——以新疆为例 [J]. 中国农村水利水电, 2022 (04): 50-56.

[266] 何亮，刘维，张艳红，韩丽娟，曹云．2021 年夏季气象条件对农业生产的影响 [J]．中国农业气象，2021，42（11）：975-978.

[267] 贺志武，胡伦，陆迁．农户风险偏好、风险认知对节水灌溉技术采用意愿的影响 [J]．资源科学，2018，40（04）：797-808.

[268] 侯萌瑶，张丽，王知文，杨殿林，王丽丽，修伟明，赵建宁．中国主要农作物化肥用量估算 [J]．农业资源与环境学报，2017，34（04）：360-367.

[269] 侯麟科，仇焕广，黄季焜，等．气候变化下农业适应行为的现状、研究进展及我国的对策 [C]．2010 年全国中青年农业经济学者年会论文集，2010：915-922.

[270] 侯玲玲，孙倩，穆月英．农业补贴政策对农业面源污染的影响分析——从化肥需求的视角 [J]．中国农业大学学报，2012（04）：173-178.

[271] 胡昌暖．资源价格研究 [M]．北京：中国物价出版社，1993.

[272] 胡川，韦院英，胡威．农业政策、技术创新与农业碳排放的关系研究 [J]．农业经济问题，2018（09）：66-75

[273] 胡德胜，许胜晴．能-水关联及我国能源和水资源政策法律的完善 [J]．西安交通大学学报（社会科学版），2015，35（04）：115-119.

[274] 胡浩，杨泳冰．要素替代视角下农户化肥施用研究——基于全国农村固定观察点农户数据 [J]．农业技术经济，2015（03）：84-91.

[275] 胡继连，苏百义，周玉玺．小型农田水利产权制度改革问题研究 [A]//山东农业大学学报；社会农田水利管护模式对农户灌溉用水效率的影响研究——以河北省井灌区为例，2000，2（03）：38-41.

[276] 胡伦，陆迁．干旱风险冲击下节水灌溉技术采用的减贫效应——以甘肃省张掖市为例 [J]．资源科学，2018，40（02）：417-426.

[277] 胡振通，王亚华．华北地下水超采综合治理效果评估——以冬小麦春灌节水政策为例 [J]．干旱区资源与环境，2019，33（05）：101-106.

［278］黄季焜，胡瑞法，智华勇．基层农业技术推广体系30年发展与改革：政策评估和建议［J］.农业技术经济，2009（01）：4-11.

［279］黄杰．总量控制与"一提一补"调控机制的比较［J］.河北水利，2008（01）：46-47.

［280］黄腾，赵佳佳，魏娟，刘天军．节水灌溉技术认知、采用强度与收入效应——基于甘肃省微观农户数据的实证分析［J］.资源科学，2018，40（02）：347-358.

［281］黄伟华，祁春节，聂飞．财政支农、技术溢出与农业碳排放［J］.软科学，2023，37（02）：93-102.

［282］黄文芳．农业化肥污染的政策成因及对策分析［J］.生态环境学报，2011（01）：193-198.

［283］黄喜峰，吴博华，崔鹏，陈新宇，权全．渭河流域550a旱涝演变驱动力分析［J］.人民黄河，2020，42（S2）：1-4+8.

［284］黄永新．西部农村社区公共产品的农民自主治理［D］.北京：中央民族大学，2011.

［285］黄祖辉，胡豹，黄莉莉．谁是农业结构调整的主体？——农户行为及决策分析［M］.北京：中国农业出版社，2004.

［286］黄祖辉，米松华．农业碳足迹研究——以浙江省为例［J］.农业经济问题，2011，32（11）：40-47.

［287］吉炳轩．全国人民代表大会常务委员会执法检查组关于检查《中华人民共和国水法》实施情况的报告——2016年8月29日在第十二届全国人民代表大会常务委员会第二十二次会议上［C］.2016：872-877.

［288］吉登艳．新一轮集体林权制度改革对农户林地利用行为及收入的影响研究［D］.南京：南京农业大学，2015.

［289］计军平，马晓明．碳足迹的概念和核算方法研究进展［J］.生态经济，2011（04）：76-80.

［290］纪月清，张惠，陆五一，刘华．差异化、信息不完全与农户化肥过量施用［J］.农业技术经济，2016（02）：14-22.

［291］贾陈忠，乔扬源．基于等标污染负荷法的山西省农业面源污染特征研究［J］．中国农业资源与区划，2021，42（03）：141-149.

［292］贾金生，刘昌明．华北平原地下水动态及其对不同开采量响应的计算——以河北省栾城县为例［J］．地理学报，2002，57（2）：201-209.

［293］贾蕊，陆迁．不同灌溉技术条件下信贷约束对农户生产效率的影响——以甘肃张掖为例［J］．资源科学，2017，39（04）：756-765.

［294］贾绍凤，康德勇．提高水价对水资源需求的影响分析——以华北地区为例［J］．水科学进展，2000，11（01）：49-53.

［295］江煜，王学峰．干旱区灌溉水价与农户采用节水灌溉技术之间的博弈分析［J］．石河子大学学报（自然科学版），2008，26（03）：362-365.

［296］姜东晖，胡继连，武华光．农业灌溉管理制度变革研究——对山东省 SIDD 试点的实证考察及理论分析［J］．农业经济问题，2007（09）：44-50+111.

［297］姜文来．水利绿色发展［M］．北京：中国水利水电出版社，2016.

［298］姜文来．水资源价值论［M］．北京：科学出版社，1998.

［299］姜文来．我国农业水价改革总体评价与展望［J］．水利发展研究，2011，11（07）：47-51.

［300］姜文来，雷波．农业水价节水效应及其政策建议［J］．水利发展研究，2010，10（12）：12-15.

［301］姜翔程，解小爽，孙杰．农业水价综合改革的利益相关者分析［J］．水利经济，2020，38（01）：49-53+67+87.

［302］姜昕，赵珏航，韩樱，罗添元．企业提供农业咨询服务的负外部性分析——以化肥为例［J］．山西农业大学学报（社会科学版），2017，16（09）：28-35.

［303］杰弗里·M.伍德里奇．计量经济学导论［M］．费剑平，译，

北京：中国人民大学出版社，2010.

[304] 今年用水不再愁——云南陆良县中坝村农业水价综合改革带来新变化 [N]. 中国水利报，2018.

[305] 金璟，张涛. 云南马铃薯产业区域竞争力比较分析 [J]. 云南农业大学学报（社会科学版），2022，16（01）：98-107.

[306] 金书秦，林煜，牛坤玉. 以低碳带动农业绿色转型：中国农业碳排放特征及其减排路径 [J]. 改革，2021（05）：29-37.

[307] 金书秦，张惠，付饶，刘静. 化肥零增长行动实施状况中期评估 [J]. 环境保护，2019，47（02）：39-43.

[308] 金书秦，张惠，吴娜伟. 2016 年化肥、农药零增长行动实施结果评估 [J]. 环境保护，2018，46（01）：45-49.

[309] 金雪，韩晓燕，吕杰. 节水灌溉产量贡献及要素利用效率研究 [J]. 农业技术经济，2017（05）：37-45.

[310] 靳建辉，刘秀铭，赵国永等. 全球气候变化大趋势与次级波动 [J]. 亚热带资源与环境学报，2012，7（01）：40-46.

[311] 靳孟贵，刘延锋，董新光，周金龙. 节水灌溉与农业面源污染控制研究——以新疆焉耆盆地为例 [J]. 地质科技情报，2002（01）：51-54.

[312] 居辉，许吟隆，熊伟，等. 气候变化对我国农业的影响 [J]. 环境保护，2007（11）：71-73.

[313] 巨晓棠，谷保静. 我国农田氮肥施用现状、问题及趋势 [J]. 植物营养与肥料学报，2014，20（04）：783-795.

[314] 康绍忠. 水安全与粮食安全 [J]. 中国生态农业学报，2014，22（08）：880-885.

[315] 赖斯芸，杜鹏飞，陈吉宁. 基于单元分析的非点源污染调查评估方法 [J]. 清华大学学报（自然科学版），2004（09）：1184-1187.

[316] 兰婷. 乡村振兴背景下农业面源污染多主体合作治理模式研究 [J]. 农村经济，2019（01）：8-14.

[317] 雷波，杨爽，高占义，等．农业水价改革对农民灌溉决策行为的影响分析 [J]．中国农村水利水电，2008（05）：108-110．

[318] 黎孔清，马豆豆．生态脆弱区农户化肥减量投入行为及决策机制研究——以山西省 4 县 421 户农户为例 [J]．南京农业大学学报（社会科学版），2018，18（05）：138-145+159-160．

[319] 李斌，李小云，左停．农村发展中的生计途径研究与实践 [J]．农业技术经济，2004（04）：10-16．

[320] 李成宇，张士强．中国省际水-能源-粮食耦合协调度及影响因素研究 [J]．中国人口·资源与环境，2020，30（01）：120-128．

[321] 李锋．我国小麦生产主要能耗投入品相关温室气体排放研究 [J]．农业环境科学学报，2014，33（05）：1041-1049．

[322] 李桂君，黄道涵，李玉龙．水-能源-粮食关联关系：区域可持续发展研究的新视角 [J]．中央财经大学学报，2016（12）：76-90．

[323] 李桂君，黄道涵，李玉龙．中国不同地区水—能源—粮食投入产出效率评价研究 [J]．经济社会体制比较，2017（03）：138-148．

[324] 李海鹏，罗丽，张雄，张俊飚．中国农业能源效率动态演变及其影响因素 [J]．中国人口·资源与环境，2020，30（12）：105-115．

[325] 李海霞，任大廷，冉瑞平．农户的化肥使用行为研究——以四川省为例 [J]．四川农业大学学报，2008（03）：297-300．

[326] 李洁．长三角地区农田化肥投入快速增长的经济学诱因分析 [J]．生态与农村环境学报，2008（02）：52-56．

[327] 李金昌．环境价值越来越大 [J]．国际技术经济研究学报，1994（02）：29-35．

[328] 李金昌．论环境价值的概念计量及应用 [J]．国际技术经济研究学报，1995（04）：12-17．

[329] 李金昌．试论自然资源的价值问题 [J]．资源与环境，1989（00）：11-15．

[330] 李金昌．我国资源问题及其对策 [J]．管理世界，1990

（06）：46-53.

　　［331］李金昌. 自然资源价值理论和定价方法的研究［J］. 中国人口·资源与环境，1991（01）：29-33.

　　［332］李晶瑜. 中国粮食生产的化肥利用效率及决定因素研究［D］. 合肥：合肥工业大学，2012.

　　［333］李景华. 资源产品价格应包括资源使用费［J］. 价格理论与实践，1990（10）：28-29.

　　［334］李明娟. 陕西未来极端气候事件变化情景分析［D］. 兰州：兰州大学，2008.

　　［335］李娜，韩维峥，沈梦楠，于树利. 基于输出系数模型的水库汇水区农业面源污染负荷估算［J］. 农业工程学报，2016，32（08）：224-230.

　　［336］李奇峰，陈阜等. 东北地区粮食生产动态变化及影响因素研究［J］. 农业现代化研究，2005，26（05）：340-343.

　　［337］李世祥，成金华，吴巧生. 中国水资源利用效率区域差异分析［J］. 中国人口·资源与环境，2008（03）：215-220.

　　［338］李思勉，何蒲明. 我国粮食绿色生产效率及影响因素研究——基于粮食功能区的比较分析［J］. 生态经济，2020，36（09）：116-120.

　　［339］李希辰，鲁传一. 我国农业部门适应气候变化的措施、障碍与对策分析，农业现代化研究，2011，32（03）：324-327.

　　［340］李学灵. 浅谈珠江流域面污染问题［J］. 人民珠江，1985（02）：36-38+35.

　　［341］李豫新，汤莉. 棉花膜下滴灌生产的技术经济效益评价［J］. 农业技术经济，2001（05）：38-41.

　　［342］李志敏，廖虎昌. 中国31省市2010年水资源投入产出分析［J］. 资源科学，2012，34（12）：2274-2281.

　　［343］李志朋. 农户农药化肥使用行为及其影响因素研究［D］. 南

昌：江西农业大学，2016.

［344］李子涵．我国粮食生产中的化肥过量施用研究［J］．安徽农业科学，2016（16）：245-247.

［345］李子奈，潘文卿．计量经济学（第三版）［M］．北京：高等教育出版社，2010.

［346］连煜阳，刘静，金书秦等．化肥过度施用的原因分析——基于销售商视角［J］．中国工程科学，2018，20（05）：112-119.

［347］梁志会，张露，张俊飚．土地转入、地块规模与化肥减量——基于湖北省水稻主产区的实证分析［J］．中国农村观察，2020（05）：73-92.

［348］廖西元，王磊，王志刚，阮刘青，胡慧英，方福平，陈庆根．稻农采用节水技术影响因素的实证分析——自然因素和经济因素效应及其交互影响的估测［J］．中国农村经济，2006（12）：13-19.

［349］廖永松．灌溉水价改革对灌溉用水、粮食生产和农民收入的影响分析［J］．中国农村经济，2009（01）：39-48.

［350］廖宗文，宋波，王德汉，刘可星．控释肥与农业面源污染的源头治理［A］//中国科学技术协会、吉林省人民政府．新世纪 新机遇 新挑战——知识创新和高新技术产业发展（下册）［C］．中国科学技术协会、吉林省人民政府：中国科学技术协会学会学术部，2001：1.

［351］林而达，许吟隆，蒋金荷，等．气候变化国家评估报告（二）：气候变化的影响与适应［J］．气候变化研究进展，2006，2（02）：51-56.

［352］林而达，杨修．气候变化对农业的影响评价及适应对策［C］．气候变化与生态环境研讨会论文集，2003：72-78.

［353］林芳荣．面源污染的研究方法及其实际应用［J］．水资源保护，1985（01）：28-33.

［354］林秀梅，石森昌．我国粮食生产投入要素效益比价分析［J］．数量经济技术经济研究，2003（04）：134-137.

[355] 林源，马骥. 农户粮食生产中化肥施用的经济水平测算——以华北平原小麦种植户为例 [J]. 农业技术经济，2013（01）：25-31.

[356] 林之光. 全球气候变冷还是变暖？——访中国气象科学研究院研究员林（邓爱华）[J]. 科技潮，2010（02）：30-33.

[357] 林志慧，刘宪锋，陈瑛，傅伯杰. 水—粮食—能源纽带关系研究进展与展望 [J]. 地理学报，2021，76（07）：1591-1604.

[358] 林志玲. 农业的弱质性及保护对策 [J]. 法制与社会，2009（02）：287-286.

[359] 刘斌涛，陶和平，孔博，何兵. 云南省水资源时空分布格局及综合评价 [J]. 自然资源学报，2014，29（03）：454-465.

[360] 刘楚杰，李晓云，江文曲. 粮食主产区粮食生产与农业水资源压力脱钩关系研究 [J]. 农业资源与环境学报，2023，40（02）：479-489.

[361] 刘聪. 中国农业化肥面源污染的成因及负外部性研究 [D]. 杭州：浙江大学，2018.

[362] 刘德伟，李强，宋孝航. 中国粮食生产化肥施用效率分析——基于随机前沿生产函数 [J]. 资源开发与市场，2017（04）：401-407.

[363] 刘红梅，王克强，黄智俊. 影响中国农户采用节水灌溉技术行为的因素分析 [J]. 中国农村经济，2008（04）：44-54.

[364] 刘华，黄俊，吕开宇，王琳. 现实与理性的冲突：农民真的过量施用农业化学品了吗？——基于文献的视角 [J]. 新疆大学学报（哲学·人文社会科学版），2015（06）：35-41.

[365] 刘欢，贾仰文，牛存稳. 区域水-能源资源的空间分布特征及匹配格局分析 [J]. 水电能源科学，2017，35（06）：127-131.

[366] 刘辉. 制度规则影响小型农田水利治理绩效的实证分析——基于湖南省192个小型农田水利设施的调查 [J]. 农业技术经济，2014（12）：110-117.

［367］刘杰，许小峰，罗慧．气象条件影响我国农业经济产出的计量经济分析［J］．气象，2010（10）：46-51.

［368］刘静，Meinzen-Dick R，钱克明，张陆彪，蒋黎．中国中部用水者协会对农户生产的影响［J］．经济学（季刊），2008（02）：465-480.

［369］刘静．农村小型灌溉管理体制改革研究［M］．北京：中国农业科学技术出版社，2012.

［370］刘静，陆秋臻，罗良国．"一提一补"水价改革节水效果研究［J］．农业技术经济，2018（04）：126-135.

［371］刘敏．农田水利工程管理体制改革的社区实践及其困境——基于产权社会学的视角［J］．农业经济问题，2015（04）：78-86.

［372］刘明达，蒙吉军，刘碧寒．国内外碳排放核算方法研究进展［J］．热带地理，2014（02）：248-258.

［373］刘润堂，许建中，冯绍元，王素芬，姚春梅．农业面源污染对湖泊水质影响的初步分析［J］．中国水利，2002（06）：54-56+5.

［374］刘淑春，闫津臣，张思雪，林汉川．企业管理数字化变革能提升投入产出效率吗［J］．管理世界，2021，37（05）：170-190.

［375］刘铁军．产权理论与小型农田水利设施治理模式研究［J］．节水灌溉，2007（03）：50-53.

［376］刘文祥．人工湿地在农业面源污染控制中的应用研究［J］．环境科学研究，1997（04）：18-22.

［377］刘晓敏，王慧军，李运朝．太行山前平原区农户采用小麦玉米农艺节水技术意愿影响因素的实证分析［J］．中国生态农业学报，2010，18（05）：1099-1105.

［378］刘彦随，刘玉，郭丽英．气候变化对中国农业生产的影响及应对策略［J］．中国生态农业学报，2010，18（04）：905-910.

［379］刘英基．粮食生产的能源投入及技术变动趋势［J］．华南农业大学学报（社会科学版），2015，14（03）：104-113.

［380］刘英基．有偏技术进步、替代弹性与粮食生产要素组合变动 ［J］．软科学，2017，31（04）：27-30.

［381］刘莹，黄季焜，王金霞．水价政策对灌溉用水及种植收入的影响 ［J］．经济学（季刊），2015，14（04）：1375-1392.

［382］刘颖杰．气候变化对中国粮食产量的区域影响研究——以玉米为例 ［D］．北京：首都师范大学，2008.

［383］刘渝．农户科学施肥影响因素的实证分析——以湖北江汉平原为例 ［J］．科技与管理，2011（02）：48-50.

［384］龙玉琴，王成，邓春，王钟书，刘素花，陈思．地下水漏斗区不同类型农户耕地休耕意愿及其影响因素——基于邢台市 598 户农户调查 ［J］．资源科学，2017，39（10）：1834-1843.

［385］龙云，任力．农地流转对碳排放的影响：基于田野的实证调查 ［J］．东南学术，2016（5）：140-147.

［386］龙子泉，徐一鸣，周玉琴，范如国．社会资本视角下小型农田水利设施管护效果——湖北省当阳市两个农民用水户协会案例研究 ［J］．中国农村观察，2018（02）：16-29.

［387］龙子泉，张媛媛，周玉琴，范如国．产权改革、社会资本与小型农田水利设施管护效果——基于交易费用的中介效应分析 ［J］．湖南农业大学学报（社会科学版），2019，20（04）：1-9.

［388］陆秋臻，刘静．提补水价对华北地下水超采区农户生计的影响研究 ［J］．中国农村水利水电，2017（03）：208-212.

［389］陆秋臻，刘静，李婕．"一提一补"水价改革对作物单产的影响分析——基于中介效应分析法和倍差法的实证研究 ［J］．中国农业资源与区划，2019，40（10）：5-14.

［390］栾江，仇焕广，井月，廖绍攀，韩炜．我国化肥施用量持续增长的原因分解及趋势预测 ［J］．自然资源学报，2013（11）：1869-1878.

［391］栾江，李婷婷，马凯．劳动力转移对中国农业化肥面源污染

的影响研究［J］. 世界农业，2016（02）：63-69，199.

［392］罗必良，温思美. 山地资源与环境保护的产权经济学分析［J］. 中国农村观察，1996（03）：13-17+23.

［393］罗斐. 全球变暖，真的就是世界末日吗？［J］. 中国国家地理，2010（594）：91.

［394］罗岚，许贝贝，张祥薇，赵婉萌，李桦. 农田水利设施管护绩效及其驱动机制研究——以陕西省大荔县为例［J］. 世界农业，2020（05）：119-127.

［395］罗立卓. 河北省生物肥料推广模式及农户行为选择研究［D］. 保定：河北农业大学，2015.

［396］罗斯炫，何可，张俊飚. 增产加剧污染？——基于粮食主产区政策的经验研究［J］. 中国农村经济，2020（01）：108-131.

［397］吕婧妤. 基于耦合模型的渠井结合灌区水-粮食-能源纽带关系研究［D］. 杨凌：西北农林科技大学，2022.

［398］马骥. 哪些因素影响农户的施肥决策？［N］. 农资导报，2007-05（A11）.

［399］马骥. 农户粮食作物化肥施用量及其影响因素分析——以华北平原为例［J］. 农业技术经济，2006（06）：36-42.

［400］马骥. 农户施肥决策的影响因素［N］. 中国县域经济报，2007-04-16（011）.

［401］马靖靖，张军，周冬梅，党锐，孙丽蓉，倪帆，辛永君. 青海省水资源—能源—粮食系统耦合协调演化特征研究［J］. 国土与自然资源研究，2022（02）：37-43.

［402］马立珊，汪祖强，张水铭，马杏法，张桂英. 苏南太湖水系农业面源污染及其控制对策研究［J］. 环境科学学报，1997（01）：40-48.

［403］马培衢，刘伟章. 集体行动逻辑与灌区农户灌溉行为分析——基于中国漳河灌区微观数据的研究［J］. 财经研究，2006，32

(12)：4-15.

[404] 马世铭．气候变暖影响我国种植业生产能力 [EB/OL]．ht-tp：//qhs. ndrc. gov. cn/syqhbh/t20090804_294788. htm，2009.

[405] 马小勇．中国农户的风险规避行为分析——以陕西为例 [J]．中国软科学，2006（02）：22-30.

[406] 毛春梅．农业水价改革与节水效果的关系分析 [J]．中国农村水利水电，2005（04）：2-4.

[407] 茆智．水稻节水灌溉及其对环境的影响 [J]．中国工程科学，2002（07）：8-16.

[408] 孟德锋，张兵，刘文俊．参与式灌溉管理对农业生产和收入的影响——基于淮河流域的实证研究 [J]．经济学（季刊），2011，10（03）：1061-1086.

[409] 孟立慧．我国粮食生产重心转移趋势及优化研究 [J]．中国农业资源与区划，2018，39（08）：23-29.

[410] 莫测辉，吴启堂，李桂荣，陈智营．关于我国 21 世纪农业清洁生产的思考 [J]．中国人口·资源与环境，2000（01）：47-50+107.

[411] 莫绍周．复合人工湿地在农业面源污染治理中的应用研究．[D]．昆明：昆明理工大学，2005.

[412] 丑洁明，封国林，董文杰．气候变化影响下我国农业经济评价问题探讨 [J]．气候与环境研究，2004，9（2）：362-368.

[413] 丑洁明，叶笃正．构建一个经济——气候新模型评价气候变化对粮食产量的影响 [J]．气候与环境研究，2006，11（3）：347-353.

[414] 缪荣蓉，王生元，张银贵，黄玉富．推广病虫总体综防模式减轻农业面源污染 [J]．当代生态农业，1999（Z2）：58-60.

[415] 南京市江宁区人民政府．关于印发《南京市江宁区 2018 年度农业水价综合改革实施计划》的通知 [EB/OL]．http：//www. jiangning. gov. cn/jnqrmzf/201810/t20181022_587845. html.

[416] 牛坤玉，吴健．农业灌溉水价对农户用水量影响的经济分析

［J］. 中国人口·资源与环境, 2010, 20 (9): 59-64.

［417］农业农村部. 云南陆良展现"爨乡农业新画卷"［EB/OL］. 云南网, http://www.moa.gov.cn/xw/qg/202003/t20200306_6338295.html.

［418］潘乐. 水稻灌区节水防污型农田水利系统减轻农业面源水污染研究［D］. 武汉: 武汉大学, 2012.

［419］裴源生, 方玲, 罗琳. 黄河流域农业需水价格弹性研究［J］. 资源科学, 2003, 25 (06): 25-30.

［420］彭代彦, 文乐. 农村劳动力老龄化、女性化降低了粮食生产效率吗——基于随机前沿的南北方比较分析［J］. 农业技术经济, 2016 (02): 32-44.

［421］彭世彰, 豆沿斌, 徐俊增等. 气候变化背景下的我国农业水资源与粮食生产安全［C］. 中国农业 17 水与国家粮食安全高级论坛, 2009: 68-77.

［422］彭新育, 王力. 农业水资源的空间配置研究［J］. 自然资源学报, 1998 (03): 222-228.

［423］蒲志仲. 自然资源价值浅探［J］. 价格理论与实践, 1993 (04): 6-11.

［424］普书贞, 吴文良, 张新民, 郭岩彬. 我国有机农产品市场失灵原因分析［J］. 农业经济, 2010 (12): 88-90.

［425］齐振宏, 李雅坤, 周慧. 基于转基因技术视角的低碳农业发展研究［C］. 第六届全国循环经济与生态工业学术研讨会, 中国·山西, 2011: 44-53.

［426］仇焕广, 栾昊, 李瑾, 汪阳洁. 风险规避对农户化肥过量施用行为的影响［J］. 中国农村经济, 2014 (03): 85-96.

［427］乔世珊. 加强我国地下水超采区治理的对策和建议［J］. 中国水利, 2008 (23): 37-39.

［428］秦大河, 陈振林, 罗勇等. 气候变化科学的最新认知［J］. 气候变化研究进展, 2007, 3 (02): 63-73.

［429］秦国庆．农户分化、制度变迁与基层农田灌溉系统治理绩效［D］．咸阳：西北农林科技大学，2022.

［430］秦国庆，杜宝瑞，贾小虎，马恒运．工程确权能否推动小型农田水利设施的善治——基于河南省调查数据的多期双重差分检验［J］．中国农村经济，2021（02）：59-81.

［431］秦鹏程，姚凤梅，曹秀霞等．利用作物模型研究气候变化对农业影响的发展过程［J］．中国农业气象，2011，32（2）：240-245.

［432］秦腾，佟金萍．长江经济带水-能源-粮食耦合效率的时空演化及影响因素［J］．资源科学，2021，43（10）：2068-2080.

［433］秦长海．水资源定价理论与方法研究［D］．北京：中国水利水电科学研究院，2013.

［434］秦钟，章家恩，李逸勉，吴睿珊．中国南方籼稻生产区的化肥利用效率及脱钩研究［J］．农业现代化研究，2013（05）：602-607.

［435］瞿凡，林曦和，Enerelt B．气候变化对中国农业影响的一般均衡分析［R］．马尼拉：亚洲发展银行，2009：1-12.

［436］瞿霜菊，黄辉，曹正浩．云南省滇中引水工程规划研究［J］．人民长江，2013，44（10）：80-83.

［437］全为民，严力蛟．农业面源污染对水体富营养化的影响及其防治措施［J］．生态学报，2002（03）：291-299.

［438］人民网—人民日报．告别粮票二十年，粮食实现十连增［EB/OL］．2013-12-24. http：//paper. people. com. cn/rmrb/html/2013-12/24/nw. D110000renmrb_20131224_1-01. htm.

［439］任国玉，封国林，严中伟．中国极端气候变化观测研究回顾与展望［J］．气候与环境研究，2010，15（04）：337-353.

［440］任国玉，郭军，徐铭志等．近50年中国地面气候变化基本特征［J］．气象学报，2005，63（06）：942-956.

［441］茹敬贤．农户施肥行为及影响因素分析［D］．杭州：浙江大学，2008.

［442］山仑，吴普特，康绍忠，冯浩，张岁岐．黄淮海地区农业节水对策及实施半旱地农业可行性研究［J］．中国工程科学，2011，13（04）：37-42.

［443］沈大军，梁瑞驹，王浩，等．水资源价值［J］．水利学报，1998（05）：54-59.

［444］史常亮，李赟，朱俊峰．劳动力转移、化肥过度使用与面源污染［J］．中国农业大学学报，2016，21（05）：169-180.

［445］史常亮，朱俊峰．我国粮食生产中化肥投入的经济评价和分析［J］．干旱区资源与环境，2016（09）：57-63.

［446］史常亮，朱俊峰，栾江．农户化肥施用技术效率及其影响因素分析——基于4省水稻种植户的调查数据［J］．农林经济管理学报，2015（03）：234-242.

［447］史常亮，朱俊峰，栾江．我国小麦化肥投入效率及其影响因素分析——基于全国15个小麦主产省的实证［J］．农业技术经济，2015（11）：69-78.

［448］史琛，金涛，李在军，李欣．我国粳稻生态效率的演变与区域差异研究［J］．中国农业资源与区划，2022，43（05）：93-101.

［449］斯韦托扎尔·平乔维奇，Pejovict，蒋琳琦．产权经济学［M］．北京：经济科学出版社，1999.

［450］宋洪远，吴仲斌．盈利能力、社会资源介入与产权制度改革——基于小型农田水利设施建设与管理问题的研究［J］．中国农村经济，2009（03）：4-13.

［451］宋晶，朱玉春．管护模式、关系网络对小农水管护效果影响分析［J］．中国农村水利水电，2018（02）：159-163+167.

［452］宋宇．土地流转背景下农户生态施肥行为动因及影响因素分析——基于南水北调沿线农户实地调查［J］．当代经济管理，2016（07）：39-45.

［453］苏洋，马惠兰，颜璐．新疆农地利用碳排放时空差异及驱动

机理研究［J］. 干旱区地理，2013，36（06）：1162-1169.

［454］孙爱军，方先明. 中国省际水资源利用效率的空间分布格局及决定因素［J］. 中国人口·资源与环境，2010，20（05）：139-145.

［455］孙才志，阎晓东. 中国水资源-能源-粮食耦合系统安全评价及空间关联分析［J］. 水资源保护，2018，34（05）：1-8.

［456］孙芳. 农业适应气候变化能力研究——种植结构与技术方向［D］. 北京：中国农业科学院，2008.

［457］孙梅英，张宝全，常宝军. 桃城区"一提一补"节水激励机制及其应用［J］. 水利经济，2009，27（04）：40-43.

［458］孙世坤，王玉宝，吴普特，赵西宁. 小麦生产水足迹区域差异及归因分析［J］. 农业工程学报，2015，31（13）：142-148.

［459］拓守廷，刘志飞. 始新世—渐新世界线的全球气候事件：从"温室"到"冰室"［J］. 地球科学进展，2003，18（05）：691-696.

［460］唐建，Vila Jose. 粮食生产技术效率及影响因素研究——来自1990—2013年中国31个省份面板数据［J］. 农业技术经济，2016（09）：72-83.

［461］唐国平，李秀彬，Guenther Fischer 等. 气候变化对中国农业生产的影响［J］. 地理学报，2000，55（02）：129-138.

［462］唐晶，刘成，冯中朝. 生产技术效率与化肥施用效率的耦合协调关系研究——以15个油菜生产省（市）为例［J］. 中国农业资源与区划，2023，44（07）：82-96.

［463］陶生才，许吟隆 等. 农业对气候变化的脆弱性［J］. 气候变化研究进展，2011，7（02）：143-148.

［464］田贵良，顾少卫，韦丁，帅梦蝶. 农业水价综合改革对水权交易价格形成的影响研究［J］. 价格理论与实践，2017（02）：66-69.

［465］田涛，陈秀峰. 气候变化对我国农业环境的影响及对策［J］. 农业环境与发展，2010，27（04）：23-25.

［466］田云，尹忞昊. 中国农业碳排放再测算：基本现状、动态演

进及空间溢出效应 [J]. 中国农村经济, 2022 (03): 104-127.

[467] 田云, 张俊飚, 丰军辉, 等. 中国种植业碳排放与其产业发展关系的研究 [J]. 长江流域资源与环境, 2014, 23 (06): 781-791.

[468] 田云, 张俊飚, 何可, 丰军辉. 农户农业低碳生产行为及其影响因素分析——以化肥施用和农药使用为例 [J]. 中国农村观察, 2015 (04): 61-70.

[469] 佟金萍, 马剑锋, 王圣, 秦腾, 王倩. 长江流域农业用水效率研究: 基于超效率 DEA 和 Tobit 模型 [J]. 长江流域资源与环境, 2015, 24 (04): 603-608.

[470] 童彦, 潘玉君, 华红莲. 云南省粮食产量影响因素的实证研究 [J]. 资源开发与市场, 2007, 27 (04): 594-597.

[471] 万玉文, 茆智. 节水防污型农田水利系统构建及其效果分析 [J]. 农业工程学报, 2015, 31 (03): 137-145.

[472] 汪阳洁, 姜志德, 王晓兵. 退耕还林 (草) 补贴对农户种植业生产行为的影响 [J]. 中国农村经济, 2012 (11): 56-68+77.

[473] 汪洋副总理在全国农田水利改革现场会上的讲话. 2016, 云南曲靖.

[474] 王博. 制度能力、合作水平与农田灌溉系统治理研究 [D]. 杨凌: 西北农林科技大学, 2020.

[475] 王灿. 基于动态 CGE 模型的中国气候政策模拟与分析 [D]. 北京: 清华大学, 2003.

[476] 王灿, 陈吉宁, 邹骥. 可计算一般均衡模型理论及其在气候变化研究中的应用 [J]. 上海环境科学, 2003, 22 (03): 206-212+222.

[477] 王春乙. 重大农业气象灾害研究进展 [M]. 北京: 气象出版社, 2007.

[478] 王芳, 郑晓书, 杨宇. 小型农田水利设施管护的现实路径构建——基于成都市金堂县的全域调查 [J]. 农村经济, 2021 (05): 99-108.

［479］王馥棠．近十年来我国气候变暖影响研究的若干进展［J］．应用气象学报，2002（06）：755-766．

［480］王贵玲，蔺文静，陈浩．农业节水缓解地下水位下降效应的模拟［J］．水利学报，2005，36（03）：286-290．

［481］王贵玲，刘志明，高业新，等．石羊河流域地下水资源及其保护战略对策研究［J］．干旱区资源与环境，2007，21（04）：48-51．

［482］王浩，阮本清，沈大军．面向可持续发展的水价理论与实践［M］．北京：科学出版社，2003

［483］王浩，汪林，杨贵羽，贾玲，姚懿真，张瑀桐．我国农业水资源形势与高效利用战略举措［J］．中国工程科学，2018，20（05）：9-15．

［484］王辉娣，周思思，张靖和．中国苹果种植区的化肥投入技术效率与减施潜力测算［J］．东岳论丛，2023，44（01）：73-80．

［485］王金霞．地下水灌溉系统产权制度创新、效率及政策［D］．北京：中国农业科学院，2000．

［486］王金霞，黄季焜，Rozelle S．地下水灌溉系统产权制度的创新与理论解释——小型水利工程的实证研究［J］．经济研究，2000（04）：66-74+79．

［487］王金霞，黄季焜，Rozelle S．激励机制、农民参与和节水效应：黄河流域灌区水管理制度改革的实证研究［J］．中国软科学，2004（11）：8-14．

［488］王金霞，黄季焜，张丽娟，等．北方地区农民对水资源短缺的反应［J］．水利经济，2008，26（05）：1-3．

［489］王金霞，邢相军，张丽娟，刘亚克．灌溉管理方式的转变及其对作物用水影响的实证［J］．地理研究，2011，30（09）：1683-1692．

［490］王金霞，张丽娟．地下水灌溉服务市场对农业用水生产率的影响［J］．水利水电科技进展，2009，29（02）：19-22．

［491］王军，张玲，李思靓．衡水市桃城区"一提一补"水管理政

策可持续评价探讨 [J]. 河北农业科学, 2016, 20 (04).

[492] 王克, 刘芳名, 尹明健, 刘俊伶. 1.5℃温升目标下中国碳排放路径研究 [J]. 气候变化研究进展, 2021, 17 (01): 7-17.

[493] 王雷, 赵秀生, 何建坤. 农民用水户协会的实践及问题分析 [J]. 农业技术经济, 2005 (01): 36-39.

[494] 王柳, 张秋玲, 张跃峰, 魏秀菊, 赵爱琴, 张学军. 我国农田水利工程建设抵御水旱灾害效果评估 [J]. 灌溉排水学报, 2021, 40 (11): 129-136.

[495] 王梅先. 湖北省水稻碳排放效率及其影响因素分析 [D]. 武汉: 华中农业大学, 2022.

[496] 王三秀. 国外可持续生计观念的演进、理论逻辑及其启示 [J]. 毛泽东邓小平理论研究, 2010 (09): 79-84+86.

[497] 王珊珊, 张广胜. 非农就业对农户碳排放行为的影响研究——来自辽宁省辽中县的证据 [J]. 资源科学, 2013, 35 (09): 1855-1862.

[498] 王绍武, 龚道溢. 对气候变暖问题争议的分析 [J]. 地理研究, 2001, 20 (02): 153-160.

[499] 王绍武, 罗勇, 赵宗慈等. 全球气候变暖原因的争议 [J]. 气候变化研究进展, 2011, 7 (02): 79-84.

[500] 王士权. 中国肉羊产业市场绩效研究 [D]. 北京: 中国农业大学, 2017.

[501] 王淑香. 气候变化对河南粮食安全影响及防御策略分析 [C]. 第27届中国气象学会年会论文集, 2010: 1-6.

[502] 王树鹏, 张云峰, 李中华. 云南省节约用水现状及发展对策探析 [J]. 中国农村水利水电, 2012 (05): 15-17.

[503] 王帅, 赵荣钦, 杨青林, 肖连刚, 杨文娟, 余娇, 朱瑞明, 揣小伟, 焦士兴. 碳排放约束下的农业生产效率及其空间格局——基于河南省65个村庄的调查 [J]. 自然资源学报, 2020, 35 (09): 2092-2104.

［504］王晓君，石敏俊，王磊．干旱缺水地区缓解水危机的途径：水资源需求管理的政策效应［J］．自然资源学报，2013（07）：1117-1129.

［505］王昕，陆迁．产权安排与农户投资意愿：三种小型水利设施管护方式的比较分析［J］．农林经济管理学报，2015a，14（03）：259-266.

［506］王昕，陆迁．农村小型水利设施管护方式与农户满意度——基于泾惠渠灌区811户农户数据的实证分析［J］．南京农业大学学报（社会科学版），2015b，15（01）：51-60+124-125.

［507］王昕，陆迁．水资源稀缺性感知影响农户地下水利用效率的路径分析——基于华北井灌区1168份调查数据的实证［J］．资源科学，2019，41（01）：87-97.

［508］王昕，陆迁，吕奇昂．水资源稀缺性感知对农户灌溉适应性行为选择的影响分析——基于华北井灌区的调查数据［J］．干旱区资源与环境，2019，33（12）：159-164.

［509］王欣．小型农田水利设施需求及其影响因素研究——以辽宁省海城市为例［J］．水利技术监督，2018（05）：75-78.

［510］王欣星．黑龙江省农业劳动力老龄化对农业碳排放的影响研究［D］．佳木斯：黑龙江八一农垦大学，2021.

［511］王学渊．基于前沿面理论的农业水资源生产配置效率研究［D］．杭州：浙江大学，2008.

［512］王亚华．中国用水户协会改革：政策执行视角的审视［J］．管理世界，2013（06）：61-71.

［513］王亚华，舒全峰．公共事物治理的集体行动研究评述与展望［J］．中国人口·资源与环境，2021，31（04）：118-13.

［514］王亚华，舒全峰，吴佳喆．水权市场研究述评与中国特色水权市场研究展望［J］．中国人口·资源与环境，2017，27（06）：87-100.

［515］王亚华，陶椰，康静宁．中国农村灌溉治理影响因素［J］．资源科学，2019，41（10）：1769-1779.

［516］王岩，刘畅，李云开，顾涛，苏艳平．种植密度对滴灌马铃薯生长、产量的影响［J］．排灌机械工程学报，2020，38（01）：90-94.

［517］王雁峰，张卫峰，张福锁．中国肥料管理制度的现状及展望［J］．现代化工，2011.

［518］王耀琴．小城镇水环境污染综合防治路线的探讨［D］．成都：西南交通大学，2004.

［519］王莺，赵文，张强．中国北方地区农业干旱脆弱性评价［J］．中国沙漠，2019，39（04）：149-158.

［520］王颖．传统肥料企业如何实现配方升级？［J］．营销界（农资与市场），2017（12）：103-104.

［521］王雨茜，杨肖丽，任立良，张梦如．长江上游气温、降水和干旱的变化趋势研究［J］．人民长江，2017，48（20）：39-44.

［522］王玉斌，蒋俊朋．我国粮食产量波动及地区差异比较［J］．农业技术经济，2007（06）：23-28.

［523］王媛，方修琦，徐锬等．气候变化背景下"气候产量"计算方法的探讨［J］．自然资源学报，2004，19（4）：531-536.

［524］王转林，王金霞，陈煌．"八五"时期以来中国北方灌溉投资的变化趋势及村庄新增灌溉投资的影响因素［J］．中国农村经济，2021（08）：103-124.

［525］卫捷，马柱国．Palmer干旱指数、地表湿润指数与降水距平的比较［J］．地理学报，2003，58（Z1）：117-124.

［526］卫伟．水土资源保持的科学与政策：全球视野及其应用——第66届美国水土保持学会国际学术年会述评［J］．生态学报，2011，31（15）：4485-4488.

［527］魏莉丽．农户采纳化肥减施增效技术的意愿及行为研究［D］．郑州：河南农业大学，2018.

［528］魏梦升，颜廷武，罗斯炫．规模经营与技术进步对农业绿色低碳发展的影响——基于设立粮食主产区的准自然实验［J］．中国农村经

济，2023（02）：41-65.

［529］温忠麟，侯杰泰，马什赫伯特．结构方程模型检验：拟合指数与卡方准则［J］．心理学报，2004（02）：186-194.

［530］文军，骆东奇，罗献宝，唐代剑，陈珊萍．千岛湖区域农业面源污染及其控制对策［J］．水土保持学报，2004（03）：126-129.

［531］翁贞林．农户理论与应用研究进展与述评［J］．农业经济问题，2008（08）：93-100.

［532］吴敌，明洋．略论农业的弱质性［J］．农村经济，2004（11）：74-76.

［533］吴德平．引入社会资本解决农田水利"最后一公里"问题的恨虎坝探索［J］．中国水利，2016（01）：4-7.

［534］吴丽丽，罗怀良．国内农业生产对气候变化的脆弱性与适应对策研究进展［J］．亚热带水土保持，2010，22（01）：2-4.

［535］吴明隆．结构方程模型：Amos 实务进阶［D］．重庆：重庆大学出版社，2013.

［536］吴普特，赵西宁．气候变化对中国农业用水和粮食生产的影响［J］．农业工程学报，2010，26（2）：1-6.

［537］吴启堂，高婷．减少农业对水体污染的对策与措施［J］．生态科学，2003（04）：371-376.

［538］吴清华，冯中朝，何红英．农村基础设施对农业生产率的影响：基于要素投入的视角［J］．系统工程理论与实践，2015，35（12）：3164-3170.

［539］吴清华，周晓时，冯中朝．基础设施降低了农业生产成本吗？——基于分位数回归方法［J］．华中农业大学学报（社会科学版），2014（05）：53-59.

［540］吴雪明，张文方，彭星芸，陈秋萍．我国农村水利建设与管护问题调研报告［J］．中国农村水利水电，2012（11）：160-163.

［541］武朝宝，任罡，李金玉．马铃薯需水量与灌溉制度试验研究

[J]. 灌溉排水学报，2009，28（03）：93-95.

[542] 武淑霞．我国农村畜禽养殖业氮磷排放变化特征及其对农业面源污染的影响［D］．北京：中国农业科学院，2005.

[543] 武新娟，金光辉，唐贵，隋冬华，张静华，吴雨蹊，宋鹏慧，张鹍．不同施肥类型对马铃薯生长发育及产量效益的影响［J］．中国马铃薯，2020，34（03）：158-163.

[544] 习近平总书记在中央财经领导小组第五次会议上的讲话．全国节约用水办公室［EB/OL］．http：//qgjsb．mwr．gov．cn/zwxw/dfdt/201811/t2018 1129_1056291．html.

[545] 夏四友，赵媛，许昕，文琦，宋永永，崔盼盼．1997—2016年中国农业碳排放率的时空动态与驱动因素［J］．生态学报，2019，39（21）：7854-7865.

[546] 夏军，Thomas Tanner，任国玉等．气候变化对中国水资源影响的适应性评估与管理框架［J］．气候变化研究进展，2008，4（4）：215-219.

[547] 夏莲，石晓平，冯淑怡，曲福田．农业产业化背景下农户水资源利用效率影响因素分析——基于甘肃省民乐县的实证分析［J］．中国人口·资源与环境，2013，23（12）：111-118.

[548] 夏文雪，张兵，何明霞，崔旭．水足迹视角下京津冀县域粮食作物水土资源匹配格局［J］．中国农业资源与区划，2022，43（09）：22-33.

[549] 夏星辉，吴琼，牟新利等．全球气候变化对地表水环境质量影响研究进展［J］．水科学进展，2012，23（01）：124-133.

[550] 鲜天真，任和平，杨玉文等．气候变化对北方主要农作物生产的影响及对策［J］．现代农业科技，2011（19）：314-324.

[551] 肖风劲，张海东，王春乙，等．气候变化对我国农业的可能影响及适应性对策［J］．自然灾害学报，2006（S1）：327-331.

[552] 肖建军，崔荣宗，魏建林，王贵智，张素芳．山东省粮食主

产区农户施肥行为调查分析——以德州市平原县为例 [J]. 山东农业科学, 2014 (12): 84-87+95.

[553] 肖新成, 谢德体. 农户对过量施肥危害认知与规避意愿的实证分析——以涪陵榨菜种植为例 [J]. 西南大学学报 (自然科学版), 2016 (07): 138-148.

[554] 肖阳. 农业绿色发展背景下我国化肥减量增效研究 [D]. 北京: 中国农业科学院, 2018.

[555] 谢立勇, 郭明顺, 等. 东北地区农业应对气候变化的策略与措施分析 [J]. 气候变化研究进展, 2009, 5 (03): 174-178.

[556] 谢柳青, 李桂元, 余健来. 南方灌区灌溉水利用系数确定方法研究 [J]. 武汉大学学报 (工学版), 2001 (02): 17-19.

[557] 辛毅. 农业生产成本与农村基础设施建设相关性的理论与实证分析 [J]. 价格理论与实践, 2006 (07): 46-47.

[558] 熊伟, 居辉, 许吟隆, 等. 两种气候变化情景下中国未来的粮食供给 [J]. 气象, 2006, 32 (11): 26-41.

[559] 熊英, 吴健. 化肥零增长: 回顾与启示 [J]. 环境保护, 2017, 45 (18): 57-60.

[560] 熊昭昭, 王书月, 童雨, 程丽华, 徐新华. 江西省农业面源污染时空特征及污染风险分析 [J]. 农业环境科学学报, 2018, 37 (12): 2821-2828.

[561] 徐成波, 王薇, 温立萍. 小型农田水利工程运行管护中的主要问题和建议 [J]. 中国水利, 2011 (07): 23-25.

[562] 徐春春. 稻农化肥施用的心态与行为研究 [D]. 扬州: 扬州大学, 2008.

[563] 徐涛. 节水灌溉技术补贴政策研究: 全成本收益与农户偏好 [D]. 杨凌: 西北农林科技大学, 2018.

[564] 徐涛, 姚柳杨, 乔丹, 陆迁, 颜俨, 赵敏娟. 节水灌溉技术社会生态效益评估——以石羊河下游民勤县为例 [J]. 资源科学, 2016,

38（10）：1925-1934.

［565］徐湘博，李畅，郭建兵．土地转入规模、土地经营规模与全生命周期作物种植碳排放——基于中国农村发展调查的证据．中国农村经济，2022，455（11）：40-58.

［566］徐依婷，穆月英，张哲晰．中国粮食生产用水效率的影响因素及空间溢出效应［J］．华中农业大学学报（社会科学版），2022（04）：76-89.

［567］徐振剑，华珞，蔡典雄，高月亮，耿琪鹏，何婷婷．农田水肥关系研究现状［J］．首都师范大学学报（自然科学版），2007（01）：83-88.

［568］许朗，刘金金．农户节水灌溉技术选择行为的影响因素分析——基于山东省蒙阴县的调查数据［J］．中国农村观察，2013（06）：45-51+93.

［569］许小峰，王守荣，任国玉．气候变化应对战略研究［M］．北京：气象出版社，2006.

［570］许月卿．京津以南河北平原地下水位下降驱动因子的定量评估［J］．地理科学进展，2003，22（05）：490-498.

［571］薛彩霞，黄玉祥，韩文霆．政府补贴、采用效果对农户节水灌溉技术持续采用行为的影响研究［J］．资源科学，2018，40（07）：1418-1428.

［572］闫俊，江俊杰．长江三角洲近51年极端气候事件变化及其原因分析［J］．广东气象，2012，34（05）：29-34.

［573］闫丽娟．灌区地下水资源管理制度理论及实践研究［D］．北京：中国水利水电科学研究院，2013.

［574］严中伟，杨赤．近几十年中国极端气候变化格局［J］．气候与环境研究，2000，5（03）：267-272.

［575］颜振元．试论水资源的劳动消耗［J］．水利经济，1988（04）.

［576］颜璐．农户施肥行为及影响因素的理论分析与实证研究［D］.

乌鲁木齐：新疆农业大学，2013.

［577］杨春玲，周肖肖．农民农业收入影响因素的实证分析［J］．财经论丛，2010（02）：13-18.

［578］杨红龙．利用 PRECIS 进行中国极端气候事件变化的情景分析［D］．甘肃：兰州大学，2010.

［579］杨吉龙．2017 年，化肥"直面"市场化［J］．农村·农业·农民（B 版），2017（01）：39-40.

［580］杨解君．实现碳中和的多元化路径［J］．南京工业大学学报（社会科学版），2021，20（02）：14-25+111.

［581］杨林章，王德建，夏立忠．太湖地区农业面源污染特征及控制途径［J］．中国水利，2004（20）：29-30+5.

［582］杨柳，朱玉春，任洋．社会信任、组织支持对农户参与小农水管护绩效的影响［J］．资源科学，2018，40（06）：1230-1245.

［583］杨萍．近四十年中国极端温度和极端降水事件的群发性研究［D］．甘肃：兰州大学，2009.

［584］杨鑫，穆月英．灌溉水压力、供给弹性与粮食生产结构——基于变系数 Nerlove 模型［J］．自然资源学报，2020，35（03）：728-742.

［585］杨永辉，郝小华，曹建生，等．太行山山前平原区地下水下降与降水、作物的关系［J］．生态学杂志，2001，20（06）：4-7.

［586］杨增旭，韩洪云．化肥施用技术效率及影响因素——基于小麦和玉米的实证分析［J］．中国农业大学学报，2011（01）：140-147.

［587］姚凤梅．气候变化对我国粮食产量的影响评价［D］．北京：中国科学院研究生院，2005.

［588］叶彩玲，霍治国，丁胜利，等．农作物病虫害气象环境成因研究进展［J］．自然灾害学报，2005，14（01）：90-97.

［589］叶明华，庹国柱．要素投入、气候变化与粮食生产——基于双函数模型［J］．农业技术经济，2015（11）：4-13.

［590］易福金，肖蓉，王金霞．计量水价、定额管理还是按亩收

费？——海河流域农业用水政策探究［J］.中国农村观察，2019（01）：33-50.

［591］殷永元，王桂新.全球气候变化评估方法及其应用［M］.北京：高等教育出版社，2004.

［592］尹晓宇.河南省种植大户化肥施用行为及影响因素研究［D］.哈尔滨：东北林业大学，2016.

［593］尹岩，郗凤明，邴龙飞，王娇月，李杰颖，杜立宇，刘丽.我国设施农业碳排放核算及碳减排路径［J］.应用生态学报，2021，32（11）：3856-3864.

［594］应对气候变化司［EB/OL］.http：//qhs. ndrc. gov. cn/default. htm.

［595］应对气候变化"溯源"中国篇［EB/OL］.http：//www. di-tan360. com/qihou/qihou_china. aspx？SpecialsID=1138.

［596］于法稳，屈忠义，冯兆忠.灌溉水价对农户行为的影响分析——以内蒙古河套灌区为例［J］.中国农村观察，2005（01）：40-44.

［597］于宏源，李坤海.中亚"水—能源—粮食"安全纽带：困境、治理及中国参与［J］.俄罗斯东欧中亚研究，2021（01）：84-105.

［598］于婷婷.外出务工对农户家庭化肥投入决策影响分析［D］.南京：南京农业大学，2013.

［599］于伟咏，漆雁斌，何悦，邓鑫.水稻灌溉用水效率和要素禀赋对化肥面源污染的影响——基于分位数回归的分析［J］.农业环境科学学报，2017，36（07）：1274-1284.

［600］于伟咏，漆雁斌，余华.农资补贴对化肥面源污染效应的实证研究——基于省级面板数据［J］.农村经济，2017（02）：89-94.

［601］余根坚，郭静，王鹏，侯淑媛.灌区农业水价综合改革管理信息系统研发与应用——以德令哈市怀头他拉水库灌区为例［J］.中国农村水利水电，2019（12）：16-19+24.

［602］袁静.气候变化对小麦生产的影响及适应措施分析［D］.北

京：中国农业科学院，2008.

［603］云南省人民政府．高原特色产业助推乡村振兴［N/OL］．云南日报，http：//www．yn．gov．cn/ztgg/jjdytpgjz/xwjj/202012/t20201206_214080.html.

［604］曾福生，李飞．农业基础设施对粮食生产的成本节约效应估算——基于似无相关回归方法［J］．中国农村经济，2015（06）：4-12+22.

［605］曾鸣，谢淑娟．我国农业生态环境恶化的制度成因探析［J］．广东社会科学，2007（04）：59-64.

［606］曾庆芬．农业的弱质性与弱势性辨析［J］．云南社会科学，2007（06）：94-97.

［607］曾文革，张婷等．气候变化与我国农业政策法律体系的完善［J］．山东科技大学学报（社会科学版），2010，12（02）：44-63.

［608］翟治芬．应对气候变化的农业节水技术评价研究［D］．北京：中国农业科学院，2012.

［609］詹贻琛，吴岚，王艺璇．中美均面临水、能源、粮食三者冲突［J］．中国经济报告，2014（01）：109-111.

［610］张宝文．积极发展生态农业 努力防治面源污染［J］．中国农业信息快讯，2001（07）：3-5.

［611］张灿强．全产业链视角下推动化肥投入零增长路径［J］．化肥工业，2016，43（05）：1-3+26.

［612］张丹．中国粮食作物碳足迹及减排对策分析［D］．北京：中国农业大学，2017.

［613］张丹，张卫峰．低碳农业与农作物碳足迹核算研究述评［J］．资源科学，2016，38（07）：1395-1405.

［614］张冬峰，石英．区域气候模式 RegCM3 对华北地区未来气候变化的数值模拟［J］．地球物理学报，2012，55（9）：2854-2866.

［615］张锋．中国化肥投入的面源污染问题研究［D］．南京：南京

农业大学，2011.

［616］张福锁．测土配方实施多年化肥用量为啥还增［J］.农家顾问，2012（05）：4-6.

［617］张戈跃．试论我国农业水权转让制度的构建［J］.中国农业资源与区划，2015，36（03）：98-102.

［618］张光辉，费宇红，严明疆，等．灌溉农田节水增产对地下水开采量影响研究［J］.水科学进展，2009，20（03）：350-355.

［619］张光辉，连英立，刘春华，等．华北平原水资源紧缺情势与因源［J］.地球科学与环境学报，2011，33（02）：172-176.

［620］张豪．河南省洛宁县农业化肥和农药利用效率的研究［D］.荆州：长江大学，2016.

［621］张宏艳．发达地区农村面源污染的经济学研究［D］.上海：复旦大学，2004.

［622］张厚瑄．中国种植制度对全球气候变化响应的有关问题Ⅰ：气候变化对我国种植制度的影响［J］.中国农业气象，2000，21（01）：9-13.

［623］张慧芳，赵荣钦，肖连刚．不同灌溉模式下农业水能消耗及碳排放研究［J］.灌溉排水学报，2021，40（12）：119-126.

［624］张杰，金梁，李艳，赵士诚，徐新朋，魏丹，张丽娟，仇少君，何萍，周卫．不同施肥措施对黑土区玉米氮效率及碳排放的影响［J］.植物营养与肥料学报，2022，28（03）：414-425.

［625］张静静，汪文生，李杨．区域水-能源-粮食绿色效率、地区差异及影响因素［J］.中国环境科学，2022，42（01）：483-496.

［626］张俊香，延军平．关中平原小麦产量对气候变化区域响应的评价模型研究［J］.干旱区资源与环境，2003，17（01）：85-90.

［627］张丽杰，巩在武．气候变化对粮食单产的影响分析——以南京为例［C］.第四届中国科学与科技政策研究会学术年会，2008：759-767.

［628］张利庠，彭辉，靳兴初．不同阶段化肥施用量对我国粮食产

量的影响分析——基于 1952—2006 年 30 个省份的面板数据 [J]. 农业技术经济, 2008 (04): 85-94.

[629] 张林秀, 黄季焜, 乔方彬, 等. 农民化肥使用水平的经济评价和分析 [M] //朱兆良, NRSE David, 孙波. 中国农业面源污染控制对策. 北京: 中国环境科学出版社, 2006: 81-100.

[630] 张玲玲, 丁雪丽, 沈莹, 王宗志, 王小红. 中国农业用水效率空间异质性及其影响因素分析 [J]. 长江流域资源与环境, 2019, 28 (04): 817-828.

[631] 张陆彪, 刘静, 胡定寰. 农民用水户协会的绩效与问题分析 [J]. 农业经济问题, 2003 (02): 29-33+80.

[632] 张润杰, 何新凤. 气候变化对农业虫害的潜在影响 [J]. 生态学杂志, 1997, 16 (6): 36-40.

[633] 张维理, 徐爱国, 冀宏杰, K. H. 中国农业面源污染形势估计及控制对策Ⅲ. 中国农业面源污染控制中存在问题分析 [J]. 中国农业科学, 2004 (07): 1026-1033.

[634] 张卫峰, 李增源, 李婷玉, 刘家欢, 仲鹭勍. 化肥零增长 呼吁肥料产业链革新 [J]. 蔬菜, 2018 (05): 1-9.

[635] 张正斌, 陈兆波等. 气候变化与东北地区粮食新增 [J]. 中国生态农业学报, 2011, 19 (01): 193-196.

[636] 张志乐. 水资源价值量核算的初步构想 [J]. 中国人口·资源与环境, 1995 (03): 46-51.

[637] 张宗勇, 刘俊国, 王凯, 田展, 赵丹丹. 水-粮食-能源关联系统述评: 文献计量及解析 [J]. 科学通报, 2020, 65 (16): 1569-1581.

[638] 赵昶, 孔祥智, 仇焕广. 农业经营规模扩大有助于化肥减量吗——基于全国 1274 个家庭农场的计量分析 [J]. 农业技术经济, 2021 (04): 110-121.

[639] 赵定国. 限制肥料施用量减少化肥的面源污染 [J]. 农村生态环境, 1992 (04): 54-55.

［640］赵连阁．灌区水价提升的经济、社会和环境效果——基于辽宁省的分析［J］.中国农村经济，2006（12）：37-44.

［641］赵耀东，刘翠珠，杨建青，等．气候变化及人类活动对地下水的影响分析——以咸阳市区为例［J］.水文地质工程地质，2014，41（01）.

［642］赵永，窦身堂，赖瑞勋．基于静态多区域 CGE 模型的黄河流域灌溉水价研究［J］.自然资源学报，2015，30（03）：433-445.

［643］赵云峰．水肥一体化项目综合效益评价研究与应用［D］.扬州：扬州大学，2021.

［644］郑旭媛，徐志刚．资源禀赋约束、要素替代与诱致性技术变迁——以中国粮食生产的机械化为例［J］.经济学（季刊），2017，16（01）：45-66.

［645］中国国家发展和改革委员会．中国应对气候变化国家方案［R］.2007.

［646］中华人民共和国国家统计局．中国统计年鉴［M］.北京：中国统计出版社，2016.

［647］中华人民共和国水利部．中国水资源公报［M］.北京：中国水利水电出版社，2013.

［648］钟甫宁．农业政策学［M］.北京：中国农业大学出版社，1999.

［649］周春应，章仁俊．农业需水价格弹性分析模型［J］.节水灌溉，2005（06）：24-26.

［650］周芳，金书秦．产出率视角下的农业化肥利用效率国际比较［J］.世界农业，2016（04）：35-44.

［651］周芳，金书秦，张惠．西藏农业面源 TN、TP 排放的空间差异与分布特征［J］.中国农业资源与区划，2019，40（01）：35-41+67.

［652］周力，周曙东．极端气候事件的灾后适应能力研究——以水稻为例［J］.中国人口·资源与环境，2012，22（04）：167-174.

［653］周力，周应恒．粮食安全：气候变化与粮食产地转移［J］．中国人口·资源与环境，2011，21（07）：162-168.

［654］周露明，谢兴华，朱珍德．水-能源-粮食纽带关系耦合模拟模型及案例研究［J］．中国农村水利水电，2020（10）：1-6.

［655］周茜，郑林颖．规则流变视角下农村基层治水体系建设——以福建省永春县农田水利设施管护改革为例［J］．中国农村观察，2020（02）：2-15.

［656］周曙东，周文魁．气候变化对长三角地区农业生产的影响及对策［J］．浙江农业学报，2009，21（04）：307-310.

［657］周曙东，周文魁，林光华，等．未来气候变化对我国粮食安全的影响［J］．南京农业大学学报（社会科学版），2013（01）：56-65.

［658］周四军．对我国粮食生产影响因素的计量分析，统计与决策，2003（04）：41-42.

［659］周卫．化肥减施增效六大关键技术［J］．农村新技术，2017（07）：8-9.

［660］周晓平，王宝恩，由国文，朱东恺．基于和谐用水的组织创新：农民用水者协会［J］．水利发展研究，2008（02）：26-29+42.

［661］周雅清，任国玉．中国大陆1956~2008年极端气温事件变化特征分析［J］．气候与环境研究，2010，15（04）：405-417.

［662］周一凡，李彬，张润清．县域尺度下河北省农业碳排放时空演变与影响因素研究［J］．中国生态，2022，30（04）：570-581.

［663］周义，覃志豪，包刚等．气候变化对农业的影响及应对［J］．中国农学通报，2011，15（04）：405-417.

［664］周玉玺，周霞，宋欣．影响农户农业节水技术采用水平差异的因素分析——基于山东省17市333个农户的问卷调查［J］．干旱区资源与环境，2014，28（03）：37-43.

［665］朱红根．气候变化对中国南方水稻影响的经济分析及其适应策略［D］．南京：南京农业大学，2010.

［666］朱红根，康兰媛，周曙东．南方稻区季节性干旱农户适应行为及其影响因素实证分析［J］．自然资源学报，2016，31（09）：1540-1552.

［667］朱洪燕．云南马铃薯产业发展概况研究［J］．时代金融，2016（36）：62+68.

［668］朱晶，晋乐．农业基础设施与粮食生产成本的关联度［J］．改革，2016（11）：74-84.

［669］朱玲，周科．低碳农业经济指标体系构建及对江苏省的评价［J］．中国农业资源与区划，2017，38（05）：180-186.

［670］朱宁，马骥．粮食生产中化肥利用率的测算及其决定因素分析［J］．技术经济，2014（09）：91-96.

［671］朱兆良，金继运．保障我国粮食安全的肥料问题［J］．植物营养与肥料学报，2013（02）：259-273.

［672］祝伟，王瑞梅．技术进步和经营规模对农业碳排放的影响研究［J］．农业经济，2023，430（02）：13-15.

［673］庄钠．引入环境成本的化肥最经济投入量研究［D］．南京：南京农业大学，2012.

［674］卓乐，曾福生．农村基础设施对粮食全要素生产率的影响［J］．农业技术经济，2018（11）：92-101.